HENRI STIERLIN
CHRISTIANE ZIEGLER

TANIS
VERGESSENE SCHÄTZE DER PHARAONEN

HIRMER VERLAG

CIP-Kurztitelaufnahme der Deutschen Bibliothek

Stierlin, Henri:
Tanis: Vergessene Schätze d. Pharaonen / Henri Stierlin u. Christiane
Ziegler. Fotos von Henri Stierlin. Vorw. von Jean Leclant. [Die Übers.
aus d. Franz. besorgte Dietrich Wildung]. – München: Hirmer, 1987.
  Aus d. Ms. übers.
  ISBN 3-7774-4460-X

NE: Ziegler, Christiane:

Die Karten wurden eigens für diesen Band von José Conesa gezeichnet,
der auch die Pläne auf den Seiten 44, 50 und 60 nach Originalzeichnungen
von Alexandre Lézine, Mitglied der Grabungsmannschaft von Pierre
Montet in Tanis, ausgeführt hat.

Die Übersetzung aus dem Französischen besorgte Dietrich Wildung.

Titel der französischen Originalausgabe:
Tanis – Trésors des Pharaons
© 1987 by Office du Livre Fribourg
© der deutschsprachigen Ausgabe:
  1987 by Hirmer Verlag München und Office du Livre Fribourg
Alle Rechte vorbehalten

Satz: Febel AG, Basel
Farblithos: Eurochrom 4, Treviso
Schwarzweißlithos: look graphic sa, Acacias-Genf
Druck und Einband: Carl Ueberreuter Ges.m.b.H., Korneuburg
Layout: Henri Stierlin
Herstellung: Emma Staffelbach
Redaktion: Hubertus von Gemmingen

ISBN 3-7774-4460-X

Printed in Austria

Vorwort
von Jean Leclant

Immer wieder immer neue Schätze aus Ägypten – wie groß war doch die Pracht der Kultur der Pharaonen über mehr als drei Jahrtausende! In der langen Liste der archäologischen Fundstätten des Niltals gehört der Name Tanis zweifellos nicht zu den allerbekanntesten. Und trotzdem gebührt den Grabschätzen von Tanis, die Pierre Montet von 1939 bis 1945 ans Tageslicht förderte, ein Platz unter den bedeutendsten archäologischen Entdeckungen der Welt.

Es muß im Winter 1941 gewesen sein, als ich zum erstenmal von den Grabungen in Tanis hörte. Während der schweren Monate der Besetzung hatte trotz der eisigen Kälte im Institut d'Art et d'Archéologie in der Rue Michelet mein Lehrer Jean Sainte-Fare Garnot in seiner offenen Art und in seinem Bemühen um umfassende Information einen Professor der Universität Clermont-Ferrand (wohin die Universität Straßburg evakuiert worden war) eingeladen, uns über Tanis zu berichten, eine Fundstätte im Delta, wo soeben neue Grabungen stattgefunden hatten. So führte also Pierre Montet Fotos vor, in aller Eile während der Grabungen gemachte Schwarzweißaufnahmen – keine Spur von der Pracht, die in dem vorliegenden Band ausgebreitet wird. Wegen der Kriegswirren fanden die Funde von Tanis nur in einem kleinen Kreis von Fachleuten Beachtung; gerade einige wenige Bilder erschienen in der Presse. Eines zeigte den Ausgräber in seinem Arbeitsmantel, wie er sich über eine Bahre beugte; darauf lagen, von kostbarem Schmuck umgeben, die sterblichen Überreste eines Pharao, den er dem Bewußtsein der Menschheit wiedergegeben hatte. Als sich später Pierre Montet mit seiner Familie in Paris niederließ, wurden die jungen Ägyptologen jener Jahre von ihm in seine reiche Dokumentation eingeweiht, und sie konnten persönlich miterleben, wie die Publikation des ersten Bandes, der Osorkon II. gewidmet war, in mühsamer Handarbeit entstand und schließlich 1947 auf einer Handpresse gedruckt wurde.

Als Forschungsstipendiaten am Französischen Archäologischen Institut Kairo wurden Paul Barguet und ich von Pierre Montet eingeladen, auf dem Tell von San el-Hagar bei den Grabungen mitzuarbeiten, denn er hatte es sich nicht nehmen lassen, dort gleich nach Kriegsende seine Arbeit wiederaufzunehmen. Es wurde eine lange Reise für uns: zunächst ein archaischer Zug bis Zagazig, der überquellenden Hauptstadt des Ostdeltas, dann ein uraltes Taxi, das die Kanäle entlang über die immer wieder von Seitenkanälen unterbrochenen Dämme holperte; längst war es Nacht, als wir in Tanis ankamen. Am nächsten Morgen bot sich vom Grabungshaus der Blick auf das Riesengelände zu unseren Füßen: Berge von Granitblöcken inmitten einer welligen Landschaft von Schutthügeln und Ziegelmauern, die der Regen bis zur Unkenntlichkeit zerstört hatte. Tanis – nichts ist da von jenem romantischen Ägypten voll Sonne und mit ewig blauem Himmel, den Palmenhainen und den üppig grünenden Äckern. Nebel und Wolken sind im feuchten Delta ein häufiges Bild, und rauhe Winde – wahrhaft »sethische« Ausbrüche der Naturgewalten – fegen nicht selten über die endlosen Salzsümpfe. Es war für Pierre Montet keine leichte Entscheidung, in dieser Abgeschiedenheit und unter schwierigen Bedingungen die Ausgrabungen von Tanis in Angriff zu nehmen. Seine verbissene Entschlossenheit wurde am 27. Februar 1939 mit der Entdeckung des Königsgrabes Osorkons II. belohnt, dem am 18. März das unberührte Grab des Psusennes folgte; dort wartete auf Montet der außergewöhnliche Silbersarg mit Falkenkopf, der einem bis dahin unbekannten König gehörte, Heka-Cheper-Rê Scheschonk. Zugleich aber zogen die dunklen Wolken des Krieges auf.

Im Grabungsjahr 1939 stand Pierre Montet in den frühen Fünfzigern; er war am 27. Juni 1885 in Villefranche-sur-Saône im Beaujolais geboren und blieb dieser Landschaft mit ihren Hügeln und Weinbergen zeit seines Lebens verbunden. Der Ägyptologie verfiel er an der Universität Lyon; sein Lehrer Victor Loret war für ihn fortan das große Vorbild. Als Forschungsstipendiat des Französischen Archäologischen Instituts arbeitete er über Grabreliefs des Alten Reiches und unternahm eine Forschungsreise in die damals nur unter großen Schwierigkeiten zugängliche Ostwüste, um die Felsinschriften im Wadi Hammamat zu kopieren. Infolge des Ausbruchs des Ersten Weltkriegs nach Europa zurückgerufen, kehrte er mit der Orientarmee in den Nahen Osten zurück und wurde mit der Ausgrabung von Byblos an der phönikischen Küste beauftragt, wo nach der Legende der Sarg des Osiris angeschwemmt worden war und schon seit dem Alten Reich die ägyptische Göttin Hathor verehrt wurde. Schon hier hatte Pierre Montet als Ausgräber eine glückliche Hand – sie blieb ihm während seiner langen und großartigen Karriere erhalten – und legte eine Gruppe von Königsgräbern frei. Der berühmte Ahiram-Sarkophag lieferte ihm die bislang älteste alphabetische Inschrift.

Nun wollte Montet seine Studien zur Beziehung zwischen der semitischen Welt und dem Niltal in Ägypten selbst fortführen und entschloß sich deshalb, die Erforschung der Ruinen von San el-Hagar, des antiken Tanis, wiederaufzunehmen. In dieser Delta-Nekropole hatten schon der Abenteurer J.-J. Rifaud, dann 1860 Auguste Mariette und 1884 William Matthew Flinders Petrie eindrucksvolle Funde gemacht: kolossale Königsstatuen, Opferträger, die »Hyksossphingen« und mehrere bedeutende Stelen, darunter die 400-Jahr-Stele. Ein erster Besuch im Jahr 1928 brachte Pierre Montet zu der »Überzeugung, daß das Gelände nur oberflächlich angekratzt ist«. Mit bemerkenswerter Beharrlichkeit kam er von nun an Jahr für Jahr zu einer langen Grabungskampagne auf diesen riesenhaften Ruinenhügel, der sich über mehr als drei Kilometer erstreckt und eine Höhe von 35 Metern über dem Meeresspiegel erreicht.

Wer wird je die wirkliche Geschichte archäologischer Grabungen schreiben, frei von den billigen Klischees, die man so gerne damit in Zusammenhang bringt? So entscheidend die Persönlichkeit des Grabungsleiters in ihrer Tatkraft und ihrer wissenschaftlichen Qualifikation ist, so wesentlich ist auch die Auswahl der Mitarbeiter. Montets Mannschaft war ein fast familiäres Unternehmen. Madame Montet mit ihrem gesunden Menschenverstand und ihrem Sinn fürs Praktische spielte hier eine wichtige Rolle. Schon in jungen Jahren nahmen Montets Töchter Pernette und Camille an den Grabungen teil; später waren sie für Zeichen- und Fotoarbeiten zuständig. Pernette heiratete schließlich den Grabungsarchitekten Alexandre Lézine. Fernand Beaucour, der Mann von Camille, assistierte bei den Publikationsarbeiten. In den großen Tagen der Entdeckung der Königsgräber bestand die Mannschaft aus dem Architekten J.-L. Fougerousse, dem Pater Paul Bucher, einem stämmigen Elsässer, der bei Wilhelm Spiegelberg studiert und sich auf Totentexte spezialisiert hatte, und schließlich dem frohsinnigen und erfindungsreichen Georges Goyon, dessen Familie am Suezkanal lebte; er war Spezialist für die Bewegung schwerer Steinblöcke, unterstützt von einer Mannschaft von Schwergewichtlern, den »gebrochenen Armen«. Goyon studierte in Straßburg Ägyptologie und kam dann ans Centre National de la Recherche Scientifique; bedeutende Veröffentlichungen markieren seine berufliche Laufbahn bis hin zum »Forschungsdirektor«. Die Geschichte der Ausgrabung liest sich wie der spannendste Roman; nicht einmal Räuberbanden fehlen, und der Transport der kostbaren Schätze ins Museum in Kairo bildet das Happy-End.

Schon vor seinem großen Erfolg von 1939 hatte Pierre Montet die Fachwelt regelmäßig über seine Untersuchungen und Interpretationen unterrichtet, wobei ihn der hoffnungslose Zustand des Großen Tempels mit seinem Gewirr von Obeliskenfragmenten und zerbrochenen Säulen nicht entmutigen konnte. Montet war von der Identität der drei Namen Auaris, Pi-Ramses und Tanis zutiefst überzeugt. An diesem Ort, der für ihn ein und derselbe war, hatten die Hebräer als Gefangene Ziegel geformt, wie es die Bibel berichtet. In Wirklichkeit lagen, wie die neuesten Forschungen gezeigt haben, der Hauptort der Hyksos und die von Ramses II. gegründete Residenz etwa 30 Kilometer weiter südlich. Tanis wurde erst von den Königen der 21. Dynastie als ihr »nördliches Theben« erbaut, wobei sie in größtem Umfang Bausubstanz von Pi-Ramses wiederverwendeten. Manch eine Hypothese über die Beziehungen zwischen Tanis und der Welt der Bibel muß heute über Bord geworfen werden. Die »kanaanäischen« Bestattungen – Skelette, die meist in Tongefäßen beigesetzt sind – erklären sich auf völlig andere Weise (eine genauere Untersuchung dieser Bestattungen wird ohne Zweifel einen neuen Beitrag zur ältesten Geschichte von Tanis bringen). Tanis hat ja auch nicht die Schätze Salomos geliefert, die von Scheschonks siegreichen Truppen in Jerusalem geraubt wurden.

Aber wieviel Licht ist seither auf die so wenig bekannte Geschichte der Dritten Zwischenzeit gefallen! Heute kann man die Geschichte des 1. Jahrtausends in Ägypten nicht mehr geringschätzig abtun. Wenn auch noch mehr als eine Frage offen bleibt, wenn auch die Fachleute noch über viele Detailprobleme verschiedener Ansicht sind, so sind doch diese »dunklen« Jahrhunderte heute ins Licht gerückt – und Montets Entdeckungen haben einen bedeutenden Anteil am Fortschritt unseres historischen Wissens.

Ebenso aber gebührt den Tanis-Funden ein Platz in der ägyptischen Kunstgeschichte. Im Schatten der Glanzleistungen der 18. Dynastie, die in den Meisterwerken der Zeit Amenophis' III. und Tutanchamuns gipfeln, und der kolossalen Bauten Ramses' II., beispielsweise Abu Simbel, hat man bis heute einfach nur noch von einer langen Dekadenzperiode gesprochen, der Spätzeit. In Wirklichkeit erlebt die ägyptische Kunst nach den Ramessiden noch anderthalb Jahrtausende staunenswerter Leistungen. Ganz am Anfang dieses langen Weges bilden die »Grabschätze von Tanis« einen wichtigen Orientierungspunkt.

Die herrlichen Bronzefiguren der Libyerzeit haben zwar mittlerweile die ihnen gebührende Wertung erfahren, Takuschit in Athen, Karomama im Louvre und Merit in West-Berlin, auch der sogenannte Mosu im Louvre und Petubastis in der Gulbenkian-Sammlung. Aber auch der Schmuck von Tanis muß ins Bewußtsein der Kunsthistoriker und der Öffentlichkeit gehoben werden, muß seinen Platz neben Tutanchamun finden, mit dessen Schätzen ein Vergleich nicht gescheut zu werden braucht: nicht weniger als 250 Stücke, darunter vier Goldmasken, zwei Silbersärge mit minutiös gravierten Darstellungen und Inschriften, zahlreiche Pektorale und Anhänger, prachtvoller Halsschmuck, Armreife, Finger- und Zehenhülsen, Goldsandalen, Waffen und Stöcke, dazu überreiches Kultgerät mit Kannen, Tellern, Schüsseln und Bechern – Objektgruppen übrigens, die im Grab des Kindkönigs der 18. Dynastie nicht vorkommen. Von besonderem Interesse sind zweifellos Bedeutung und Wert der Silberarbeiten. Darf man in dem »weißen Metall«, das von den Ägyptern lange Zeit höher als Gold geschätzt wurde, wirklich schon ganz am Anfang des 1. Jahrtausends einen Hinweis auf phönikische Handelsverbindungen mit den berühmten südspanischen Silberminen im fernen Westen sehen? Vor allem aber gilt es die nüchterne Klarheit, die Schlichtheit, die kühle Eleganz der Kunst von Tanis zu betonen.

Die Aufmerksamkeit und Bewunderung, die diese durch äußere Umstände unverdientermaßen verkannten Kunstwerke heute finden, könnten die Erfüllung zweier Wünsche in greifbare Nähe rücken: Sollte es nicht möglich sein, für den Tanis-Schatz im Ägyptischen Museum Kairo Ausstellungsräume zu finden, die seiner Pracht angemessener sind als die beiden winzigen finsteren Kammern, wo er heute gestapelt ist? Der zweite Wunsch: Mögen die von Jean Yoyotte und Philippe Brissaud auf dem Tell von Tanis wiederaufgenommenen Grabungen die noch offenen Fragen zu Tanis beantworten: die Gründung der Stadt, die Rolle dieser Hauptstadt des Nordreiches, die ungewöhnliche Lage der Gräber innerhalb eines Tempelbezirks (eine Vorwegnahme der saitischen Königsgräber, über die Herodot II, 109 berichtet), schließlich auch – und vor allem – die architektonische Gestalt der Gräber selbst: Gab es jemals Grabkammern ohne Kultstelle?

Unter all diesen Aspekten gebührt Tanis endlich sein Platz in der Archäologie und Geschichte des ewigen Ägypten.

Jean Leclant
Professor am Collège de France
Ständiger Sekretär der Académie des inscriptions et belles-lettres

Einleitung

Mitten im Kriegsjahr 1942 las ich mit Begeisterung Pierre Montets Buch »Tanis«, in dem der französische Ägyptologe berichtet, wie er kurz zuvor, 1939 bis 1940, die unberührten Königsgräber der Pharaonen Scheschonk, Psusennes und Amenemope entdeckt hatte. Ich war gerade 14 Jahre alt. Dieser Grabungsbericht war damals für mich das, was heute »Raumschiff Enterprise« für junge Science-Fiction-Fans sein mag. 1939 hatte ich, schon damals an Archäologie interessiert, die gesamten Fotos des Grabschatzes von Tutanchamun bekommen, der 1922 von Lord Carnarvon und Howard Carter entdeckt worden war. Als ich nun von Tanis las, war mir auf Anhieb klar, daß Pierre Montet einen durchaus gleichrangigen Fund gemacht hatte.

Vom Tanis-Rausch zum Tanis-Buch

Seit jenem Augenblick beherrschte mich ein Wunsch wie eine fixe Idee: Ich mußte diese beiden Schatzfunde im Museum in Kairo sehen. Sobald der Krieg vorbei war, versuchte ich wieder und wieder, nach Ägypten zurückzukehren, wo ich geboren war, aber ich mußte bis zum Ende des ersten israelisch-arabischen Krieges warten. Kaum war im Jahr 1949 der Geschützdonner verstummt, da war ich schon auf dem Weg quer durchs Delta von Port Said nach Alexandria, um dann nach Kairo weiterzureisen, wo ich sofort ins Ägyptische Museum eilte. Mein Staunen war unvorstellbar.

Während jedoch in der breiten Öffentlichkeit jedermann Tutanchamun kannte, sprach niemand von Tanis, obwohl doch der letzte Fund der Montet-Grabung erst drei Jahre zurücklag, die Entdeckung des Grabes des Wen-djebau-en-djed im Komplex des Königsgrabes des Psusennes – der krönende Abschluß der prachtvollen Grabungsfunde der französischen Ägyptologen in Tanis.

Von nun an war ich von der Idee besessen, dem sensationellen Erfolg von Ausdauer und Scharfsinn, der der Welt diese großartige Sammlung von Altertümern beschert hatte, zur gebührenden Anerkennung zu verhelfen. Tanis mußte internationale Berühmtheit erlangen. Die Meisterwerke aus den Gräbern des Deltas würden dereinst allen Liebhabern altägyptischer Kunst zugänglich sein.

Noch einmal mußte ich mich mit Geduld wappnen, obwohl ich mehrere Studienaufenthalte in Ägypten verbringen konnte. Nachdem ich 1981 eine erste Serie von Fotos des Tanis-Schatzes im Museum von Kairo erstellt hatte, nahm ich auf Vermittlung der schweizerischen Botschaft mit Ägypten Verhandlungen über eine Tanis-Ausstellung auf. Der Botschafter Jean Cuendet stellte erste Kontakte zu Dr. Ahmed Kadry, dem Präsidenten der Ägyptischen Altertümerverwaltung, her, und ich konnte die ausgezeichnete Zusammenarbeit mit Dr. Mohamed Saleh, dem Direktor des Ägyptischen Museums Kairo, fortsetzen. Die Verhandlungen zogen sich hin und führten lange nicht zum Ziel, bis schließlich Frankreich sie in gegenseitigem Einvernehmen wieder aufnahm und zu einem positiven Abschluß brachte: Etwa fünfzig Stücke aus dem Kairo-Museum wurden für eine Ausstellung im Grand Palais in Paris für 1987 zur Verfügung gestellt.

Von nun an beginnt der Tanis-Schatz aus der Anonymität aufzutauchen. Seine Wunder werden endlich vierzig Jahre Verbannung und Mauerblümchendasein hinter sich lassen.

Mein Haupterlebnis während der Fotoarbeiten im Ägyptischen Museum in den Jahren 1981 und 1985 war die Gelegenheit, die kostbarsten Objekte aus Tanis, insbesondere die Schmuckstücke, in Händen halten zu können. Dieser unmittelbare Kontakt hat mir eindringlich die Schönheit dieser Werke vor Augen geführt, die – vor dreitausend Jahren geschaffen – bis heute in einem Zustand erhalten geblieben sind, der wahrhaft ans Wunderbare grenzt. Mit anderen Arbeiten konnte ich diese Stücke um so besser vergleichen, als ich auch den Schatz des Tutanchamun fotografiert hatte.

Heute nun versuche ich, den strahlenden Glanz der Meisterwerke aus Tanis in einem Buch zu vermitteln. Es zeigt ebenso die Hauptstücke, die in Kairo bleiben mußten, wie die Objekte, die den europäischen Ausstellungsbesuchern gezeigt werden können. Wenn auf diese Weise die Objektauswahl der Pariser Ausstellung um eine Reihe von Hauptwerken ergänzt wird, die Ägypten nicht verlassen konnten, so glaube ich, dem Leser damit einen vollständigeren Eindruck von diesem gewaltigen Ensemble altägyptischer Goldschmiedearbeiten geben zu können, das wir dem verbissenen Eifer und der Intelligenz des Ausgräbers Pierre Montet verdanken.

Aufgrund dieser zusätzlichen Stücke wird man wohl auch noch deutlicher die außergewöhnliche Begabung dieses Volkes schätzen lernen, aus reinsten Materialien Schmuck, Amulette, Ritualgefäße zu gestalten. Die vielfarbigen Schmuckstücke und die Goldmasken von Tanis künden von der Meisterschaft von Künstlern, die in einer dunklen und kaum bekannten Epoche arbeiteten, einer Epoche, die – schon zur Spätzeit gerechnet – bisweilen nicht im besten Ruf steht. Dieses Buch über die Schätze von Tanis soll also auch dazu beitragen, eine dunkle Periode der altägyptischen Geschichte zu rehabilitieren.

Zur Struktur des Buches

Die vorliegende Arbeit will gleichzeitig eine Hommage an Pierre Montet, den großen Ausgräber, und eine Würdigung der Schätze sein, die er der Welt wiedergeschenkt hat. Sie besitzt zwei Schwerpunkte, den Text und den Bildteil.

Der Text ist das Ergebnis der Zusammenarbeit mit einer Spezialistin für altägyptische Goldschmiedekunst, mit der Ägyptologin Christiane Ziegler, Konservatorin an der ägyptischen Abteilung des Musée du Louvre in Paris und Dozentin für Archäologie, die auch die Tanis-Ausstellung in Paris betreut. Sie hat sich freundlicherweise bereit erklärt, den zweiten Teil des Buches zu übernehmen, die Abschnitte, die unmittelbar die Objekte betreffen.

Ich selbst habe mir vorgenommen, im ersten Teil das Abenteuer der Grabungen Montets und seiner Mannschaft zu erzählen und den historischen Rahmen nachzuzeichnen, in dem die Kunstwerke von Tanis geschaffen wurden, drei Jahrtausende vor unserer Zeit.

Das I. Kapitel berichtet von den dramatischen Begleitumständen der Grabungen, die mitten im Zweiten Weltkrieg zur Entdeckung der verschiedenen Gräber von Tanis führten. Die Daten der einzelnen Funde sind in Beziehung gesetzt zu den damaligen zeitgeschichtlichen Ereignissen.

Das II. Kapitel versucht, die Motive offenzulegen, die Montet dazu bewegten, in Tanis zu graben. Es betont das Interesse des Archäologen an biblischen Zeugnissen, die Beziehungen zwischen den tanitischen Pharaonen und insbesondere König Salomo belegen.

Im III. Kapitel folgen wir den spannenden Arbeitsschritten der französischen Grabungsmannschaft unter Leitung von Pierre Montet, wie sie 1939 die ersten unberührten Gräber im Areal des Tempels von Tanis freilegt.

Das IV. Kapitel setzt den Bericht über die Grabungen fort. Es schildert die Freilegung des reichsten der Tanis-Gräber, des Grabes des Königs Psusennes I., das im Februar 1940 geöffnet wurde. Bald darauf, am 25. April desselben Jahres, fand Montet das Grab des Königs Amenemope.

Im V. Kapitel beginnt die Analyse der Königsgräber von Tanis mit einem Vergleich dieser Anlagen mit den Nekropolen von Memphis und denen im oberägyptischen Tal der Könige. Die Beschreibung von Architektur und Wanddekoration soll die Eigenständigkeit der tanitischen Königsgräber unterstreichen.

Das VI. Kapitel entwirft in großen Zügen den historischen Rahmen des ausgehenden Neuen Reiches und der Epoche der Könige von Tanis. Es versucht, die Quellen des Reichtums dieser Deltahauptstadt im 11. und 10. Jahrhundert v.Chr. zu bestimmen und somit die Herkunft der gewaltigen, von Montet ausgegrabenen Schätze zu klären.

Auf diesem Weg gelangen wir im VII. Kapitel zur Rehabilitierung der fast vergessenen Könige und ihrer nur allzu oft mit Geringschätzung betrachteten Epoche. Insbesondere geht es dabei um den Hinweis auf die äußerst beachtliche Qualität der Metallarbeiten – Schmuck und Bronzen im Wachsausschmelzverfahren – als Anzeichen hohen kulturellen Niveaus.

Im zweiten Teil des Buches schildert Christiane Ziegler im VIII. Kapitel die königlichen Bestattungsriten, wie sie sich zur Zeit des Psusennes zwischen dem Tod des Königs und seiner Grablegung abgespielt haben dürften. Man kann der Herstellung der Schmuckstücke folgen, die den toten König ins Grab begleiten sollten, und lernt dabei ihre Rolle im Bestattungsritual kennen.

Im IX. Kapitel untersucht die Ägyptologin die Ausstattung der tanitischen Gräber, die Sarkophage, die Beigaben für das Jenseits, die kostbaren Gefäße, die im Königsgrab beigesetzt wurden.

Das X. Kapitel schließlich bietet Christiane Ziegler als Spezialistin für altägyptische Goldschmiedekunst die Gelegenheit, am Schatzfund von Tanis Materialien und Herstellungstechniken zu untersuchen, die sich hier in ihrer ganzen Vollendung zeigen.

Abschließend fasse ich die verschiedenen Veränderungen zusammen, die das Grab Psusennes' I. im Gefolge einer ganzen Reihe von nachträglichen Bestattungen von Herrschern und ihren Angehörigen erfuhr. Schließlich versuche ich, anhand der von Pierre Montet entdeckten Schätze die Grundzüge der tanitischen Kunst herauszuarbeiten.

Abbildungen und Bildkommentare

Für die Fotodokumentation dieses Bandes – die Bildtexte stammen von Christiane Ziegler – stand von vornherein fest, daß sie mit Ausnahme einiger historischer Aufnahmen ausschließlich in Farbe erstellt werden sollte. Die verschiedenen Schatzfunde aus den tanitischen Gräbern sind in Einzelabschnitte gegliedert. Auf die Objekte Psusennes' I. (Abb. 1–55) folgen die des Wen-djebau-en-djed (Abb. 56–73), des Königs Amenemope (Abb. 74–87), des Kind-Priesters Hornacht (Abb. 88 und 89) und Scheschonks II. (Abb. 90–104). Daran schließen sich einige derselben Zeit zugehörige Objekte aus dem Musée du Louvre an (Abb. 105–115); den Abschluß bildet ein Anhänger in Kairo, der zwar nicht zum Tanis-Schatz gehört, aber in dieselbe Zeit zu setzen ist (Abb. 115 und 116). Alle Objekte auf den Abbildungen

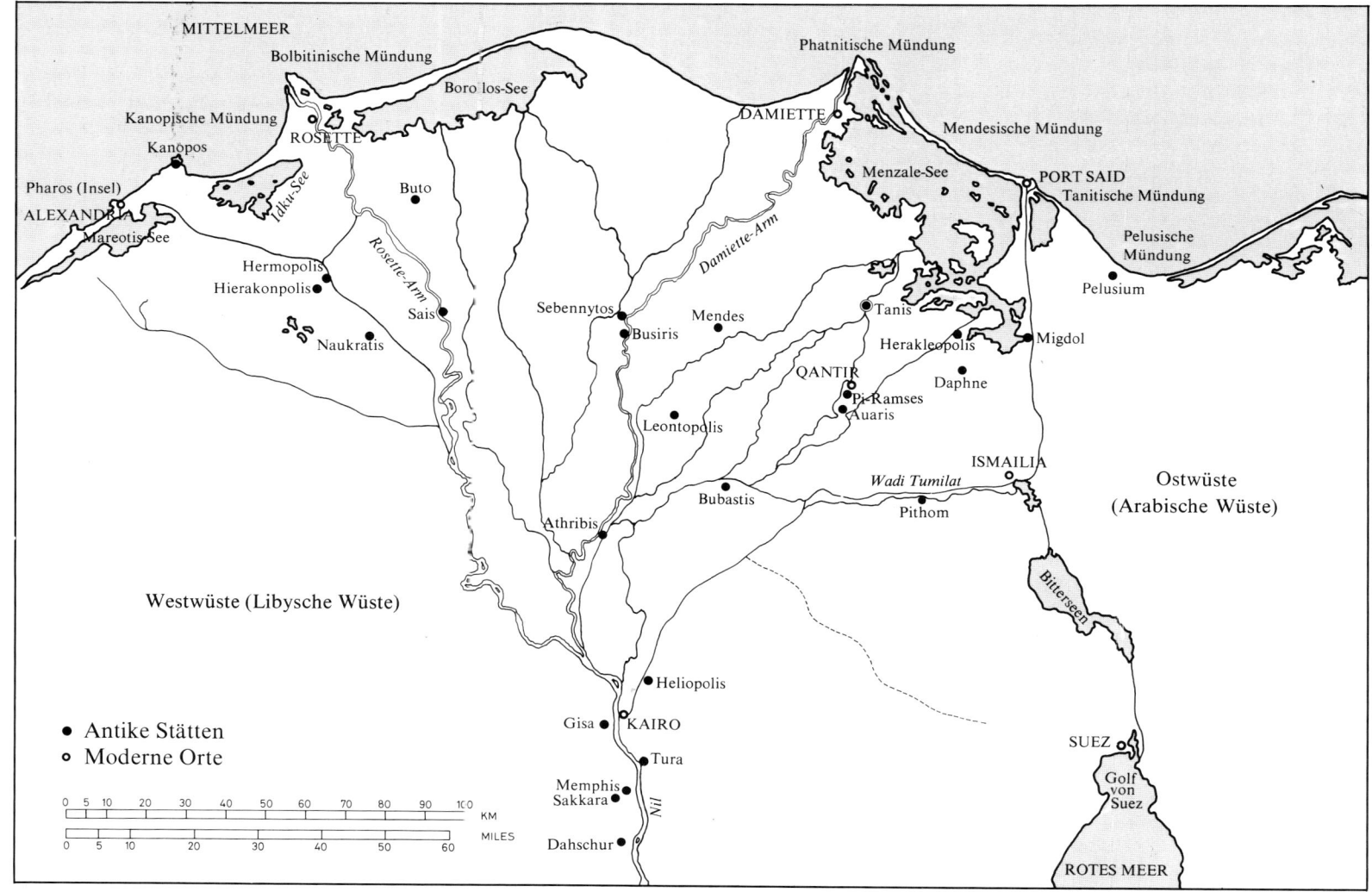

Deltakarte mit den wichtigsten antiken Orten der tanitischen Epoche. Die Mündungsarme des Nils haben im Lauf der Jahrhunderte ihre Lage stark verändert und entsprechen nicht dem modernen Verlauf.

1 bis 103 wurden an ihrem Aufbewahrungsort, dem Ägyptischen Museum in Kairo, fotografiert.

So stellt dieses Buch auf 117 Farbabbildungen 75 Tanis-Objekte vor. Vierzig Stücke aus dieser Gesamtauswahl sind in der Ausstellung im Grand Palais nicht zu sehen. Der größte Teil des Tanis-Schatzes ist übrigens nie zuvor in Farbabbildungen gezeigt worden.

Zur Illustration gehören auch zeitgenössische Schwarzweißfotos, die die Arbeiten Montets in den Jahren 1939–1940 und 1946 dokumentieren. Karten, Pläne und Zeichnungen runden die Bilddokumentation des Bandes ab.

Schließlich findet der Leser im Anhang eine Bibliographie, eine Kurzbiographie von Pierre Montet, Zeittafeln und ein Register.

Diese Konzeption und die ausführlichen Kommentare zu den chronologisch angeordneten Abbildungen sollen gewissermaßen zu zweifachem Lesen einladen: Neben dem eigentlichen Text stehen die Erklärungen zum Bildteil, die die Grundlagen für das Verständnis der Kunst von Tanis liefern.

I. Die Entdeckungen von Tanis inmitten der Kriegswirren

Wenn man einem Laienpublikum gegenüber die Schätze von Tanis erwähnt, erntet man gemeinhin Erstaunen, ja Ratlosigkeit. Tanis, was ist das? Wo liegt eigentlich Tanis? Welcher Epoche gehören diese Funde an? Die altägyptischen Schätze von Tanis stammen aus einer Nekropole im Nordosten des Nildeltas. Die Grabungsfunde datieren größtenteils ins 10. Jahrhundert v.Chr. Diese knappe Information genügt jedoch nicht, um den Schleier des Geheimnisses zu lüften, das Tanis umgibt.

Wenn man dagegen Kunstliebhaber, und seien sie noch so wenig über die Hauptwerke ägyptischer Kunst informiert, nach dem Schatz des Tutanchamun fragt, wird man mit Sicherheit eine positive Antwort bekommen. Zahllose Publikationen und mehrere Ausstellungen, die rings um die Welt reisten, haben die einzigartige Anhäufung von Reichtümern, die 1922 von Howard Carter im Tal der Könige entdeckt wurden, einem breiten Publikum bekannt gemacht. Die Herrlichkeiten des Tutanchamun-Grabes waren einst für einen unbedeutenden Kindkönig eingegraben worden, der – von der Geschichte vergessen – um 1323 v.Chr., unmittelbar nach den unruhigen Jahren der »Revolution von Amarna«, in aller Eile beigesetzt worden war. Die Ausgrabung des Tutanchamun-Grabes war für alle kulturgeschichtlich Interessierten ein wahrer Donnerschlag. Zum allerersten Mal trat ein königliches Felsengrab mit all seinen Schätzen ins helle Licht der Öffentlichkeit.

Dagegen kann man fast wetten, daß der Gesprächspartner – es sei denn, er wäre ein Ägyptologe – noch nie vom Schatz von Tanis gehört hat. Und doch ist die Entdeckung der unberührten Königsgräber von Tanis das großartigste Abenteuer der Ägyptologie nach dem Tutanchamun-Grab, dessen Entdeckung nur zwei Jahrzehnte früher erfolgte.

In Tanis handelt es sich nicht um ein einziges Grab, sondern gleich um drei Königsgräber und zwei Gräber königlicher Würdenträger, eines Priester-Prinzen und eines Generals, die von den französischen Forschern ausgegraben wurden. Die Ausgräber hatten das große Glück, auf unerhörte Reichtümer zu stoßen, die einst für Könige bestimmt waren, auf Silbersärge, außergewöhnlichen Schmuck, goldene Gefäße und wunderbare Totenmasken. Warum wurde daraus nicht eine große Sensation? Warum fanden die Juwelen, unschätzbare Zeugnisse einer dreitausendjährigen Kultur, nicht auf Anhieb die Beachtung wie die Entdeckungen von Lord Carnarvon und Howard Carter?

Dieser Frage will ich mich zunächst zuwenden; denn das Halbdunkel, in dem bis heute die Entdeckung der Schätze von Tanis verharrt, bedarf der Erklärung. Weder die Ausgräber noch die ausgegrabenen Schätze sind für diesen Tatbestand verantwortlich zu machen. Die Qualität der Goldschmiedearbeiten ist beachtlich, ihr Stil und ihre technische Perfektion verdienen allerhöchste Auszeichnung. Angesichts einer solch ungerechten Wertung hätte eigentlich eine gewisse Presse von dem »Fluch der Pharaonen von Tanis« sprechen müssen.

1 In keinem anderen ägyptischen Grab sind so viele Silberobjekte gefunden worden wie im Grab des Königs Psusennes, der von 1045 bis 994 v.Chr. in Tanis regiert. Der einzigartige silberne Sargdeckel zeigt den König in Mumiengestalt, die Arme über der Brust gekreuzt. Ziselierte Götterfiguren und Schutzformeln bedecken den Körper des Königs. Das Stirnband und der Uräus aus massivem Gold glitzern über dem Gesicht, das durch die mit buntem Glas eingelegten Augen besondere Lebendigkeit erhält.

Und doch erklärt sich die Mißachtung, der die sensationelle Entdeckung verfiel, recht einfach: Der Schatz von Tanis wurde nicht zwischen den Kriegen gefunden, wie 1922 Tutanchamun, sondern mitten in den Wirren, in die die Welt durch die tragischen Ereignisse des Zweiten Weltkrieges gesunken war. Die Gräber von Tanis wurden zwischen 1939 und 1946 freigelegt. Die Bedeutung dieser Zeugnisse pharaonischer Kultur ging völlig unter in den Auseinandersetzungen, die einerseits in Europa und Nordafrika die Alliierten und die Mächte des Nationalsozialismus und Faschismus einander konfrontierten, zum anderen im Fernen Osten die Amerikaner und Japaner. Mochte ihr Wert auch noch so groß sein, die Welt hatte andere Sorgen als sich um die Entdeckungen von Ägyptologen zu kümmern.

Es ist der Mühe wert, den historischen Kontext in Erinnerung zu rufen, in den die von Erfolg gekrönten Forschungen der Ausgräber von Tanis gehören und noch einmal die dramatischen Ereignisse aufleben zu lassen, die die Arbeiten der französischen Tanis-Mannschaft unter Pierre Montet begleiteten.

Sensationelle Funde ohne Echo

Es ist bereits das elfte Grabungsjahr in Tanis, als die sensationellen Entdeckungen anfangen; wir stehen am Beginn des Jahres 1939. Am 27. Februar um 14 Uhr dringt der Ägyptologe Pierre Montet, Professor an der Universität Straßburg, in das – leider beraubte – Grab des Königs Osorkon II. ein, erstes Glied einer Kette von Königsgräbern innerhalb des großen Tempelbezirks von Tanis. Die Arbeiten hatten 1936 in einer Häusergruppe begonnen, deren Untersuchung sich die Archäologen vorgenommen hatten. Während sie an der Arbeit sind, tobt in Spanien der Bürgerkrieg. Die Untersuchungen verlaufen in angespannter Atmosphäre, die insbesondere von den folgenschweren Münchner Verträgen geprägt ist; darin wird die Abtretung des Sudetenlandes an das Dritte Reich besiegelt.

Am Donnerstag, dem 16. März 1939, besetzt die deutsche Wehrmacht den Rest der Tschechoslowakei. Am 18. März 1939 dringt Montet in Tanis in das Grab eines Pharao namens Psusennes ein, in dem er zunächst den vollständig erhaltenen Silbersarg eines anderen Königs namens Scheschonk findet. Aber dieser unvergeßliche Augenblick im Leben eines Archäologen, die Öffnung eines unberührten Grabes, wird angesichts der dramatischen politischen Lage in der Presse mit fast völligem Stillschweigen übergangen. Die beunruhigte Öffentlichkeit konnte nichts mit der Entdeckung eines Grabes anfangen, und mochte es eine dreitausend Jahre alte Königsgruft sein.

Am 21. März macht sich Montet daran, den Sarkophag des Scheschonk zu öffnen. König Faruk von Ägypten ist eigens aus Kairo angereist, um an diesem feierlichen Ereignis teilzunehmen. In der Atmosphäre äußerster internationaler Spannung, die in Europa herrscht, ist es verständlich, daß dieses Ereignis kaum die Gemüter erregt. Ende April wird die Grabungskampagne abgeschlossen.

Trotz der äußerst ungünstigen Umstände wird die Ausgrabung im folgenden Jahr fortgesetzt. Die sich verschärfende Krisensituation kann den Enthusiasmus der Forscher nicht bremsen; sie scheinen den unmittelbar bevorstehenden Erfolg zu ahnen, der ihre Bemühungen krönen wird.

In der Zwischenzeit überstürzen sich die Ereignisse. Im April 1939 besetzt Mussolini Albanien. Am 23. August wird der deutsch-russische Nichtangriffs- und Konsultativpakt unterzeichnet, und am 24. August übernimmt angesichts der bedrohlichen Konzentration deutscher Truppen an der polnischen Grenze Großbritannien formell die Garantie für die Unabhängigkeit Polens. Am 1. September um 4.45 Uhr marschiert die deutsche Wehrmacht in Polen ein. Am 3. September sind die Würfel gefallen: Frankreich und Eng-

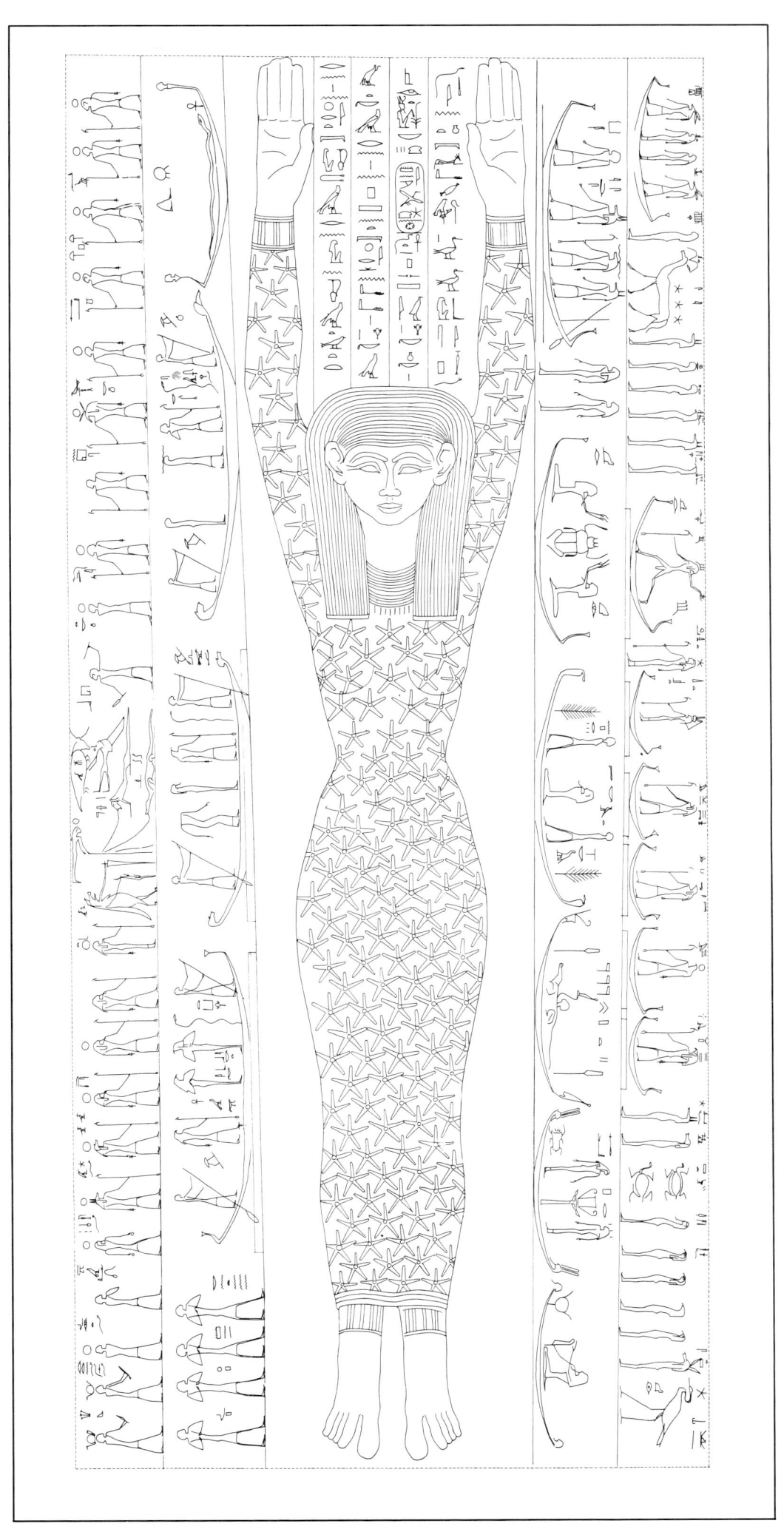

Zeichnung der Innenseite des Deckels vom Rosengranitsarkophag Psusennes' I.: Nut zwischen den Barken der zweiten und dritten Nachtstunde und den Sternbildern des Nord- und Südhimmels (Zeichnung A. Lézine)

15

land erklären Hitler den Krieg. Nun beginnt an der Rheinfront die »drôle de guerre«. Im Osten fallen am 17. September Sowjettruppen in Polen ein. Unter den vereinten Schlägen der deutschen und russischen Verbände bricht Polen zusammen. Am 28. September kapituliert Warschau.

Obwohl in Europa Krieg herrscht, sieht sich Pierre Montet durch den Erfolg der erstmaligen Entdeckung eines ungestörten Grabes in Tanis veranlaßt, seine Grabung ab Januar 1940 fortzusetzen. Am 15. Januar werden die Arbeiten wieder aufgenommen. Gleich im ersten Anlauf legt das französische Team im Komplex des Grabes Osorkons II. den Sarkophag eines jungen Prinzen namens Hornacht frei. Obwohl schon im Altertum geplündert, enthält diese Bestattung noch reiche Beigaben.

Auch diesmal ist das Echo auf internationaler Ebene schwach. Die Aufmerksamkeit der Welt wird zu Jahresbeginn ganz durch den seit dem 30. November 1939 laufenden russischen Angriff gegen Finnland gefangen genommen. Verständlich, daß die Entdeckung des halb ausgeraubten Grabens eines unbekannten Prinzen nur geringe Bedeutung hat.

Die Grabungen in Tanis gehen ungestört voran. Am 15. Februar findet das französische Team den Eingang zur Grabkammer des Königs Psusennes, die sich als unberührt erweist. Am selben Tag löst die Unterzeichnung des deutsch-sowjetischen Wirtschaftsabkommens in Berlin Begeisterungsstürme aus, während der russische Angriff gegen die Mannerheim-Linie fortgesetzt wird.

Am 21. Februar 1940 wird im Grabungsgelände von Tanis in Anwesenheit von König Faruk die feierliche Öffnung des ersten Granitsarkophags des Königs Psusennes I. vollzogen. Wenig später hebt man den Deckel eines zweiten Steinsarkophags an, der im ersten Sarg liegt, und es zeigt sich noch eine dritte Umhüllung: der Sarg aus massivem Silber, in dem die Königsmumie liegt. Am 23. Februar macht sich Pierre Montet an die Öffnung des Silbersarges, der die goldene Totenausstattung freigibt.

Das Ereignis wird zwar von den Presseagenturen verbreitet, aber es findet weltweit kaum Beachtung – nichts, was der Erregung vergleichbar wäre, die die Grabfunde des Tutanchamun auslösten. Die Pariser Zeitung »Le Temps« erwähnt das Ereignis in einem einspaltigen Artikel vom 25. Februar unter der Überschrift »Académie des inscriptions et belles-lettres«. Man liest dort alles in allem folgenden Bericht: »Der Ständige Sekretär, René Dussaud, teilt mit, daß die ihm zugegangenen Meldungen bestätigen, daß Pierre Montet unlängst in Tanis die Sargkammer des Pharao Psusennes und dessen Sarkophag entdeckt hat. Der Erhaltungszustand der Malereien und der Reichtum der Beigaben rings um die Mumie sind offenbar völlig außergewöhnlich.«

Am 28. Februar beauftragt König Faruk die französische Equipe von Tanis, die Grabungen fortzusetzen, nachdem im Grab des Psusennes noch eine weitere Bestattung festgestellt worden ist, die unter keinen Umständen an Ort und Stelle bleiben darf. Sie muß in aller Eile geborgen werden, um während der Abwesenheit der Ägyptologen dem Zugriff von Grabräubern entzogen zu sein. Zwischen dem 3. und 7. März werden in einer regelrechten Notgrabung die kostbaren Funde aus der Bestattung des Königs Psusennes geborgen.

In Nordeuropa wird der russisch-finnische Konflikt am 12. März mit dem Moskauer Vertrag beigelegt, in dem Finnland gezwungen wird, mehrere Provinzen an die Sowjetunion abzutreten. Am 19. März findet auf dem Brenner das Treffen Mussolini-Hitler statt, durch das die Achse zwischen Berlin und Rom gefestigt werden soll. Auf König Faruks Drängen setzt Montet die Grabung fort und dringt am 16. April in das Grab neben dem Psusennes-Grab ein, wo ein König namens Amenemope ruht. Am gleichen Tag landen britische Truppen in Norwegen.

Ein fernes Echo der Ereignisse in Tanis gelangt durch einen Bericht in »Le Temps« vom 20. April 1940 an die Ohren der Pariser. Unter der Überschrift

2 Die Detailaufnahme des Silbersarges Psusennes' I. läßt die Gesichtszüge des Königs erkennen. Die dreieckige Gesichtsform und die leicht gebogene Nase erinnern an Königsporträts der frühen 18. Dynastie, an Hatschepsut und Thutmosis III.

»Die archäologischen Entdeckungen in Ägypten« kann man in einem Bericht aus Kairo vom 19. April lesen, daß »Professor Montet von der Universität Straßburg, der erst im letzten Februar an der Stelle der antiken Stadt Tanis in Unterägypten die Grabstätte des Königs Psusennes freigelegt hatte, im Beisein von König Faruk die Öffnung der Nebenräume in Angriff genommen hat, wo er das Grab des Pharao Amonémothe entdeckte, des Nachfolgers des Psusennes aus der 21. Dynastie. Rings um den Granitsarg, in dem sich die Mumie des Pharao befindet, entdeckte man zahlreiche Gefäße, Statuetten und alle möglichen anderen Kunstgegenstände, aus Gold, aus Silber und aus Kupfer, dazu eine ganze Grabausstattung.«

Die Schätze aus den ungestörten Königsgräbern werden am 3. Mai 1940 in einem streng bewachten Konvoi nach Kairo gebracht und im Ägyptischen Museum aufgestellt; Montet verläßt Kairo am 13. Mai 1940. Fünf Jahre lang wird er aufgrund der politischen Lage nicht nach Tanis zurückkehren können. Der Feuerschein des Krieges liegt nun über ganz Europa. Ägyptologie ist kein Thema mehr.

Drei schwere Jahre folgen: die Besetzung Frankreichs, die Schlacht um England, der deutsch-russische Krieg an der Ostfront, der Kriegseintritt der Vereinigten Staaten, gefolgt vom japanischen Angriff auf Pearl Harbour, die Landung der Alliierten in der Normandie am 6. Juni 1944, die Befreiung von Paris am 25. August 1944. Aber der Krieg ist damit nicht zu Ende: Bis zum Zusammenbruch des Dritten Reiches im Frühjahr 1945 kämpft Deutschland an allen Fronten verbissen weiter. Der Sieg der Alliierten zeichnet sich bereits am Horizont ab, als am 12. April 1945 Präsident Roosevelt stirbt. Sein Nachfolger wird Präsident Truman.

Wiederaufnahme der Grabungen

Pierre Montet beginnt am 15. April 1945 wieder mit den Ausgrabungsarbeiten in Tanis, wo, wie er weiß, noch unberührte Schätze ruhen. Noch bevor der Waffenlärm in Europa verstummt, macht sich die französische Grabungsmannschaft wieder an die Arbeit.

Am 20. April dringen die Russen in Berlin ein, und am 29. April kapitulieren die deutschen Truppen in Oberitalien. Am 2. Mai erfährt die Weltöffentlichkeit vom Tode Hitlers und vom Fall der Reichshauptstadt. 7. Mai 1945: Kriegsende in Europa mit der bedingungslosen Kapitulation der deutschen Wehrmacht in Reims.

Am 30. Juni 1945 beschließt Montet seine dreizehnte Grabungskampagne in Tanis. Anderthalb Monate später kapituliert Japan, nachdem am 6. und 9. August 1945 in Hiroshima und Nagasaki die ersten Atombomben gefallen sind.

Während die Nürnberger Prozesse laufen, startet Montet seine vierzehnte Tanis-Kampagne. Die Lage in Ägypten ist gespannt. Am 13. Februar 1946 entdeckt die Grabungsmannschaft im Gefolge der Sondierungen des Grabungsarchitekten Alexandre Lézine das vollständig erhaltene Grab des Wen-djebau-en-djed, eines Generals der Bogenschützentruppen des Königs Psusennes. Es ist bereits das fünfte Grab mit Schatzfunden, das Montet in Tanis öffnet. Am selben Tag brechen in Kairo im Anschluß an eine Studentenrebellion Unruhen aus. Am 15. Februar tritt das Kabinett Nokrashi Pascha zurück; Sidky Pascha wird am 17. Februar von König Faruk mit der Bildung einer neuen Regierung beauftragt. Am 21. Februar kommt es in Kairo zu Ausschreitungen; das Gebäude der belgischen Ägyptologen, die »Fondation Reine Elisabeth«, wird »vom Pöbel gestürmt, ausgeplündert und in Brand gesteckt«, wie Jean Capart im Januar 1947 in der »Chronique d'Egypte« als Augenzeuge der Ereignisse berichtet, die bald nach Kriegsende in Ägypten in einer Explosion von Gewalt gipfeln.

3   Das »Fleisch der Götter«, das Gold, verlieh den Königsmumien Unsterblichkeit. Die großartige Goldmaske des Psusennes steht gleichrangig neben der Maske Tutanchamuns, unterscheidet sich aber von ihr durch ihre beeindruckende Schlichtheit. Unter Verzicht auf grelles Farbenspiel und Einlagen aus Edelsteinen beruht die Wirkung ganz auf dem Schimmer des Gesichts, das sich glatt und strahlend von den feinen Gravuren der Königsinsignien abhebt.

3

In der Zeitung »Le Monde« vom 26. Februar 1946 findet man in der Rubrik »Académie des inscriptions et belles-lettres« folgende Notiz über die neuesten Entdeckungen Montets: »Der Ständige Sekretär berichtet von einer bedeutenden Entdeckung, die Herr Montet, korrespondierendes Mitglied der Akademie, vor kurzem in Ägypten gemacht hat. Die Nachrichten in dieser Sache sind widersprüchlich. Ein vom Außenministerium übermitteltes Telegramm Montets besagt lediglich: Entdeckung Tanis unversehrtes Grab – Schatzfund künstlerisch historisch bedeutend.«

Erst am 5. März 1946 werden in »Le Monde« erste Details über Montets Entdeckung veröffentlicht. Unter der Überschrift »Académies – Académie des inscriptions et belles-lettres: Die archäologischen Entdeckungen von Tanis« steht zu lesen: »Ch. Picard berichtet über interessante Einzelheiten der von Herrn Montet und seinen Mitarbeitern in Tanis/Ägypten gemachten Entdeckungen. Den Archäologen war seit langer Zeit bekannt, daß sich im Grab des Pharao Psusennes (Beginn des 1. Jahrtausends v.Chr.) eine Geheimkammer befand. Am 13. Februar drangen sie durch das Dach ein. Den Malereien auf den vier Wänden war zu entnehmen, daß das Grab dem bereits bekannten Kommandanten der Bogenschützen namens Wen-debau gehörte. Der Tote war in einem Silbersarg beigesetzt worden, der in einem vergoldeten Holzsarg lag. Beide Särge haben durch Feuchtigkeitseinwirkung gelitten. ›Etwas Vergoldung, einige Platten, Zapfen und Nägel aus Bronze und viel Staub, das ist alles, was übrig geblieben ist‹, schreibt Herr Montet. Schmuck und Gefäße jedoch sind von höchster Qualität und ausgezeichnetem Erhaltungszustand. Manche Stücke sind in Form und Dekor außergewöhnlich, insbesondere drei Schalen und ein Becher, der einer geöffneten Blüte ähnelt. Ein Skarabäus und ein Ring stammen von Ramses II., mehrere Inschriften bringen neue Erkenntnisse.«

Vor diesem historischen Hintergrund also rollte die Freilegung der fünf kostbaren Gräber, darunter drei Königsgräber, ab, die Pierre Montet zwischen dem 18. März 1939 und dem 13. Februar 1946 in Tanis entdeckte. Angesichts der entsetzlichen Ereignisse während dieser archäologischen Arbeiten hatten die Entdeckungen wenig Aussicht, öffentliche Begeisterung auszulösen. Auch die Publikationen von Pierre Montet – Artikel in Fachzeitschriften, während der deutschen Besetzung Frankreichs erschienene Bücher und vor allem als großartige »Summe« seiner Arbeiten die drei Prachtbände »La Nécropole royale de Tanis«, die 1947, 1951 und 1960 in einer Auflage von je 475 Exemplaren erschienen – sind nicht in der Lage, diesem phantastischen archäologischen Abenteuer zur Berühmtheit zu verhelfen, das uns die schönste Sammlung pharaonischer Schätze seit der Entdeckung des Tutanchamun-Grabes beschert hat. Die Meisterwerke von Tanis müssen fast ein halbes Jahrhundert warten, bis sie die breite Beachtung finden werden, die sie für sich beanspruchen dürfen.

Einzig der Waffenlärm des Krieges und die Erschütterungen des von schrecklichen Kämpfen verwüsteten Planeten lassen die Totenstille verständlich werden, die sich über eine der außergewöhnlichsten archäologischen Entdeckungen des 20. Jahrhunderts senkte. Europa hatte mit Entsetzen von den Konzentrationslagern vernommen und machte sich nun an den Wiederaufbau. Es galt, die Schäden der Bomben zu beheben, die zahllose Städte hinweggefegt und Verkehrswege vernichtet hatten, die Millionen Menschen zur Flucht zwangen und Hungersnöte entfesselten. Vor diesem Hintergrund wird es leicht verständlich, daß Presse und Öffentlichkeit kaum auf die Ausgrabung von Schmuck, Grabbeigaben und Totenmasken achteten, mochten sie auch aus Gold und drei Jahrtausende alt sein.

Mit dem Abschluß der Grabungen war die Zeit über die eigentliche Aktualität dieser Entdeckungen hinweggegangen. Andere, viel wichtigere Ereignisse mußten in die neu zu schreibende Weltgeschichte aufgenommen werden. Heute ist der Zeitpunkt gekommen, die Schätze von Tanis ins

4 Mit höchster Sensibilität hat der Goldschmied das Idealporträt des Königs Psusennes gestaltet, das zeitlose Jugendlichkeit ausstrahlt. Der Glanz des Goldes wird durch die Glaseinlagen und durch die überaus feinen Ziselierungen differenziert, die zur Oberflächengestaltung des Königkopftuchs, des Blütenkragens und des geflochtenen Bartes dienen.

Bewußtsein zu heben; wir haben jetzt genügend Abstand, um eine Bilanz der großartigen Ergebnisse der französischen Grabungen im Delta während des Zweiten Weltkrieges ziehen zu können. Heute endlich kann die überreiche Ernte Pierre Montets ins Rampenlicht einer neuen öffentlichen Aufmerksamkeit gerückt werden, denn diese Kostbarkeiten, aus ihrer »Stätte der Ewigkeit« an den Tag gefördert, zeugen von einer der größten Kulturen der Menschheitsgeschichte. Sie entstanden vor dreitausend Jahren aus dem Bedürfnis, den Königen den Weg zur Unsterblichkeit jenseits der Pforten des Grabes zu bereiten und das Leben im Jenseits zu sichern. Hierin liegt die Legitimation, die Meisterwerke von Tanis der Vergessenheit zu entreißen, in der sie bis heute gefangen waren, und sie vor den Augen der Welt in ihrer ganzen Pracht erstrahlen zu lassen.

II. In Tanis graben: Warum?

Tanis ist keineswegs archäologisches Niemandsland, als Pierre Montet sich dazu entschließt, hier zu graben. Schon lange vor ihm forschte man in diesem Ruinengelände nahe dem modernen Dorf San el-Hagar (»das felsige San«), dessen Name auf die über das ganze Gelände verstreuten Steinblöcke anspielt. In dieser Gegend besäße das Nildelta, diese weite Schwemmlandebene, keinerlei Steinmaterial, wenn es nicht über lange Zeit von den Pharaonen besiedelt gewesen wäre. Den heute noch allenthalben herumliegenden Steinblöcken verdankt das moderne Dorf seinen Namen, denn die antike Stadt, die sich hier einst erhob, war eine der Hauptstädte Ägyptens. In dieser Funktion bestand sie nicht nur aus Ziegelbauten, sondern war reich an Gebäuden aus Kalkstein, Granit und Sandstein. All diese Gesteine wurden unter erheblichen Kosten aus Tura, Assuan und Gebel es-Silsila herangeschafft, aber auch einfach aus den Ruinen benachbarter Städte geholt, wie das im alten Ägypten recht häufig geschah.

Besonders aber sticht in Tanis von vornherein der gewaltige künstliche Hügel ins Auge: der Tell, der Schutthügel also, der sich von Generation zu Generation über der Siedlung weiter auftürmte und eine Fläche von mehr als 400 Hektar bedeckt. Rings um ihn liegen noch kleinere Hügel, Anzeichen der Bedeutung dieser Stadt, deren Gründung in frühe Zeiten zurückreicht. Mit seinen zusammengestürzten oder vom Erdboden verschwundenen Tempeln nimmt Tanis eine Schlüsselstellung für die altägyptische Geschichte ein; im Osten des Deltas am tanitischen Mündungsarm des Nils gelegen, der die Verkehrsader zum Mittelmeer bildet, ist es einerseits durch die Sümpfe und das labyrinthische Dickicht des Menzale-Sees am Deltarand gegen Angriffe vom Meer her abgesichert, andererseits aber liegt es nahe der Ostwüste, an deren Grenzen es die asiatischen Eindringlinge unter Kontrolle hält, die aus den endlosen Weiten des Sinai vorstoßen könnten. Die geographische Lage macht die Stadt zu einem bedeutenden Hafen für den Handel zwischen Ägypten und Phönikien-Palästina.

Tanis, Auaris und Pi-Ramses

Die Identifizierung des Ortes hat den Ägyptologen viele Rätsel aufgegeben, obwohl die Untersuchungen bereits mit den ersten Schritten der Archäologie einsetzten. Schon Ende des 18. Jahrhunderts erkundete die Expedition Bonapartes den Ort. Montet berichtet, daß Dieudonné Dolomieu in San Aufzeichnungen machte und daß Cordier das Wichtigste aus den gesammelten Informationen veröffentlichte, wobei er sich auf sein Gedächtnis stützen mußte, da die vor Ort gemachten Originalaufzeichnungen während der Gefangenschaft der französischen Soldaten und Offiziere, die sich drei Jahre nach der Niederlage von Abukir den Engländern ergaben, verloren gingen. Diese älte-

5

6

sten Informationen über Tanis finden sich im Band VIII der berühmten »Description de l'Egypte«, die 1809 erschien.

Ab 1825 – als Jean-François Champollion gerade die ersten in Hieroglyphen geschriebenen Worte entzifferte – grub J.-J. Rifaud im Auftrag des Konsuls Bernardino Drovetti in den Ruinen von Tanis, und er machte dort reiche Beute an Statuen, Sphingen und Kolossen, die ihren Weg nach Europa nahmen. Montet weiß zu berichten, daß Champollion die Erforschung von Tanis dringlichst empfahl, obwohl er selbst Tanis nie besucht hat.

Auguste Mariette schlug im Jahr 1860 sein Lager in Tanis auf. Er beschränkte sich nicht darauf, Stücke einzusammeln, um sie den Museen zuzuführen, sondern unternahm wirkliche Grabungen, vor allem im Großen Tempel, dessen Höfe mit ihren Obelisken und Säulen seine Aufmerksamkeit fesselten. Seine Untersuchungen leisteten einen wichtigen Beitrag zum besseren Verständnis der ägyptischen Geschichte, denn er fand die sogenannte 400-Jahr-Stele, die jedoch noch zu Lebzeiten ihres Entdeckers verloren ging – glücklicherweise nachdem eine Abschrift angefertigt worden war. Erst gut siebzig Jahre später wird Pierre Montet sie noch einmal entdecken.

Nach einer Phase des Vergessenseins, während der die von Mariette freigelegten Statuen am Boden herumlagen, ließ Barsanti im Jahr 1904 eine ganze Reihe bedeutender Stücke abtransportieren; er stellte sie im Ägyptischen Museum in Kairo auf, das von Gaston Maspéro geleitet wurde. In der Folge kümmerte sich ein Vierteljahrhundert niemand um Tanis; keinerlei Grabungen fanden statt. Die Diskussionen über die Identifizierung der Ruinenstätte gingen indes lebhaft weiter. Schon seit der Expedition Bonapartes lagen sich die Spezialisten über die Geschichte des Ortes in den Haaren: Könnte nicht Tanis früher Auaris gewesen sein, die Hauptstadt der Hyksos, dieser gegen 1650 v.Chr. aus dem Osten nach Unterägypten eingedrungenen Fremdherrscher, die dem Mittleren Reich ein Ende setzten? Andere vertreten die Meinung, Tanis sei vielmehr identisch mit Pi-Ramses, der prachtvollen Residenz Ramses' II. im Ostdelta.

Montet seinerseits vertrat die Ansicht, daß Auaris, Pi-Ramses und Tanis ein und dieselbe Stadt seien. Er bekannte sich zu dieser Auffassung sowohl in seinem Buch »Le drame d'Avaris« (Die Tragödie von Auaris, 1940) als auch in »Tanis, douze années de fouilles dans une capitale oubliée du Delta égyptien« (Tanis, zwölf Grabungsjahre in einer vergessenen Hauptstadt des ägyptischen Deltas, 1942). In einen einzigen Ort, Tanis also, legte er die Hyksos-Hauptstadt und die Stadt zusammen, in der das Volk Israel unter Ramses II. seine Knechtschaft in Ägypten verbrachte.

Bis vor kurzem erregte diese Debatte noch die Gemüter der Ägyptologen; W.M. Flinders Petrie und F.L. Griffith haben sie 1885 geschürt, später gaben ihr um die Jahrhundertwende Gaston Maspéro und gegen 1920 Alan H. Gardiner Nahrung. In seiner zusammenfassenden Arbeit »Die Zivilisation des pharaonischen Ägypten« (München 1966) schreibt François Daumas, daß Auaris »vielleicht Tanis gewesen« ist. Er fügt an, daß Pi-Ramses sich »möglicherweise beim modernen Qantir« befinde. Diese vorsichtige Stellungnahme zeigt, wie wenig entwickelt die Delta-Archäologie immer noch ist. Es gereicht Montet durchaus zur Ehre, daß er sich bemühte, den Schleier des Geheimnisses zu lüften, der noch immer »die Hälfte des alten Ägypten« umgibt.

Heute wissen wir, daß Pi-Ramses etwa 25 Kilometer südlich von Tanis liegt, und Auaris kann etwa 2 Kilometer südlich von Pi-Ramses lokalisiert werden. Neue Grabungen österreichischer und deutscher Ägyptologen haben dies klar gezeigt. Pi-Ramses am pelusischen Nilarm, direkt am Rand der Ostwüste, war vermutlich der Ort, wo – wie es der Exodus (2. Buch Mose) berichtet – die Israeliten arbeiteten, die als Sklaven die Arbeitskräfte für die Erbauung der Hauptstadt Ramses' II. stellten. Dieser kriegerische König wollte sich unter dem Zwang militärpolitischer Gegebenheiten am Delta-

5, 6 Nachdem die Balsamierer die Finger und Zehen des Psusennes in feine Leinenbinden gewickelt hatten, steckten sie sie in goldene Hülsen. Alle Hülsen trugen einen Haltering, mehrere überdies Ringe mit Edelsteinen.

rand niederlassen, um seine asiatischen Feldzüge effektiver durchführen zu können und Ägypten nötigenfalls gegen einen hethitischen Invasionsversuch zu verteidigen; die Schlacht von Kadesch, nach der sich beide Gegner des Sieges rühmten, war eine deutliche Warnung gewesen. Pi-Ramses war dann wohl auch unter Merenptah, dem Sohn Ramses' II., gegen 1200 v.Chr. der Ausgangspunkt des Auszugs der Kinder Israels aus Ägypten.

Wie dem auch sei, für Pierre Montet war noch vor seinem ersten Spatenstich in Tanis diese Stadt identisch mit Pi-Ramses. Diese Hypothese war nicht ohne Folgen, als es für ihn darum ging, sich für einen Grabungsplatz in Ägypten zu entscheiden. Das sollte man sich vor Augen halten, wenn man die Gründe untersucht, die den Ägyptologen dazu bewogen, Tanis zu wählen.

Seit 1920, kaum daß der Erste Weltkrieg vorbei ist, wo er sich heldenhaft geschlagen hat, unternimmt Pierre Montet, der sich zuvor schon in Ägypten aufgehalten hat, Ausgrabungen in Byblos an der phönikischen Küste. Während seiner vierjährigen Tätigkeit findet er außer den Spuren der giblitischen Kultur auch Hinweise auf das pharaonische Ägypten. Er entdeckt einen Tempel und eine Nekropole, aber sein ganz spezielles Interesse gilt den zahllosen Zeugnissen ägyptischer Präsenz in Byblos, die vom Alten Reich bis ins 1. Jahrtausend v.Chr. reichen. Byblos nämlich war der Transithafen für das Zedernholz des Libanon, dessen Bergwälder schon früh der Hauptlieferant von Zedern- und Pinienholz für das holzarme Niltal waren, sei es für den Schiffbau oder für den Bedarf der Paläste.

Dann aber beginnt, wie es Serge Sauneron später schildert, »im Frühjahr 1928 das Abenteuer von Tanis«. Der Grund für diese Ortswahl ist seltsam: Pierre Montet ist fasziniert von den biblischen Berichten und möchte die Frage nach den Beziehungen zwischen dem hebräischen Volk und Ägypten vertiefen, und er verbindet damit – wie viele Archäologen seiner Generation – die Absicht, den Wahrheitsgehalt des Alten Testaments zu bestätigen. Dazu schreibt er: »Es sind die Ausgrabungen in Byblos, die mich dazu bewegten, die Grabungen in Tanis zu unternehmen. An den Küsten Syriens (heute Libanon) suchte und fand ich die Spuren der Ägypter. Von da an erschien mir Tanis als der Ort Ägyptens, wo die größten Aussichten bestanden, die Spur der Semiten zu finden.« Diese Feststellung erscheint zunächst seltsam, aber Montet begründet sie mit den Beziehungen, die der Osirismythos zwischen Byblos und Tanis herstellt. Er bezieht sich aber auch auf eine ägyptische Expedition, die in der Regierungszeit des Königs Smendes im 11. Jahrhundert v.Chr. von Tanis aus unternommen wurde, um in Byblos Holz zu holen. Dann brechen seine Erklärungen unvermittelt ab, und er schreibt schlicht und einfach: »Das Bildungsministerium beauftragte mich, den Tell von San zu untersuchen.«

Wahrscheinlich aber hat Montet aufgrund sorgfältiger Bibelstudien einen formellen, offiziellen Antrag gestellt, in Tanis graben zu können, wußte er doch, daß es noch andere Beziehungen zwischen den Israeliten und der Deltahauptstadt gab. Einerseits denkt er bei den Spuren der Semiten, von denen er immer wieder spricht, an die Israeliten, die in Pi-Ramses lebten, von dem er – wie schon erwähnt – glaubte, es sei Tanis. Andererseits weiß er sehr wohl, daß König Scheschonk I., der Begründer der 22. Dynastie, die in Tanis residierte, eine militärische Operation gegen Israel durchführte und 925 v.Chr. den Tempel von Jerusalem zerstörte, wie es sowohl im Buch der Könige als auch in der Chronik steht. Montets Wahl beruht auf seiner Kenntnis dieser historischen Fakten. Ohne es offen auszusprechen, hegte er vielleicht die Hoffnung, er könnte bei der Entdeckung der Gräber der tanitischen Könige auf einen Teil der Kriegsbeute stoßen, die bei jenem Kriegszug gemacht wurde, als der ganze heilige Schatz des salomonischen Tempels weggeschleppt worden war. Die Bundeslade wiederzufinden – welch verrückte, aber begeisternde Hoffnung!

7 Auf dem Bauchschnitt, den die Balsamierer zur Entnahme der Eingeweide angebracht hatten, lag ein Goldblech. Es zeigt als Schutzmotiv für die Mumie das Udjat-Auge, Symbol der Unversehrtheit, und die vier Horussöhne, die über die Eingeweide wachen (Breite 16,5 cm).

8 Neben der Mumie des Psusennes lagen mindestens sechs Stöcke. Sie waren mit hauchdünnem Goldblech überzogen und trugen teilweise ziselierte Darstellungen; hier verleiht der Gott Amun dem vor ihm räuchernden König Leben und Gesundheit.

9 Als Sitz des Verstandes besaß das Herz für das Fortleben des Toten eine ganz besondere Bedeutung. Auf der Mumie des Psusennes fanden sich zahlreiche Anhänger in Herzform. Das schönste Herzamulett besteht aus Lapislazuli und ist teilweise mit Goldblech überzogen. Der Künstler hat auf ihm den Sonnengott in drei verschiedenen Gestalten abgebildet (Höhe 7,7 cm).

7

8

9

Die Bibel und der Tempelschatz

Was berichtet die Bibel hierzu? Was war das für ein Schatz, den Scheschonk raubte? Es ist der Mühe wert, die Originaltexte heranzuziehen, um sich wirklich das Ausmaß der Schätze vorzustellen. In 1. Könige 7, 13–51 findet sich eine minutiöse Beschreibung der Schätze Salomos, die er in seinem Palast und im Tempel von Jerusalem aufbewahrte. Außer den beiden ehernen Säulen mit ihren ziselierten Kapitellen, außer dem Meer aus Erz, dem riesigen runden Becken für rituelle Waschungen, außer den zehn ehernen Basen auf Rädern, mit Löwen, Stieren und Cherubim geschmückt, außer den zehn bronzenen Trögen und den Kultgeräten, die Hiram von Tyros aus poliertem Erz gefertigt hatte, erwähnt der Text (7, 48ff.): »Auch ließ Salomo alles Gerät machen, das zum Hause des Herrn gehört: den goldenen Altar, den goldenen Tisch, auf dem die Schaubrote liegen, fünf Leuchter zur rechten Hand und fünf Leuchter zur Linken vor dem Chorraum von lauterem Gold, mit goldenen Blumen, Lampen und Lichtscheren; dazu Schalen, Messer, Becken, Löffel und Pfannen von lauterem Gold. Auch waren die Angeln an den Türen zum Allerheiligsten innen im Hause und an den Türen der Tempelhalle von Gold. (...) Und Salomo brachte hinein, was sein Vater David geheiligt hatte an Silber und Gold und Geräten, und legte es in den Schatz des Hauses des Herrn.«

Das 2. Buch der Chronik (3.–5. Kapitel) ergänzt seinerseits noch die Beschreibung der Kostbarkeit des Tempels und seiner Ausstattung. Der Vorraum wird dort beschrieben, den Salomo »innen mit lauterem Gold überzog. Die große Halle aber täfelte er mit Zypressenholz und überzog sie mit bestem Gold. Das Gold aber war Parwajim-Gold. Und er überzog die Halle, die Balken und die Schwellen samt ihren Wänden und Türen mit Gold und ließ auf die Wände Cherubim schnitzen. Er machte auch den Raum des Allerheiligsten (...) und er überzog ihn mit dem besten Gold, an die sechshundert Zentner; und er gab auch für die Nägel fünfzig Lots Gold an Gewicht und überzog die Obergemächer mit Gold. Er machte auch im Raum des Allerheiligsten zwei Cherubim, kunstreiche Werke, und überzog sie mit Gold.«

Allein die Nägel von fünfzig Lot wegen 680 Gramm; dazu kommen 30 Tonnen Gold für die Verkleidung des Allerheiligsten! Sind diese Mengenangaben dichterische Übertreibungen? Ich werde später auf diese Frage des Überflusses an Gold im salomonischen Jerusalem zurückkommen.

Zur Einweihung des Jahwe-Tempels berichtet das 2. Buch der Chronik (5. Kapitel): »Und Salomo brachte hinein alles, was sein Vater David geheiligt hatte, und legte das Silber und Gold und alle Geräte in den Schatz im Haus Gottes. Da versammelte Salomo alle Ältesten Israels, alle Häupter der Stämme und die Fürsten der Sippen Israels in Jerusalem, damit sie die Lade des Bundes des Herrn hinaufbrächten aus der Stadt Davids, das ist Zion (...), und die Leviten hoben die Lade auf und brachten sie hinauf samt der Stiftshütte und allem heiligen Gerät, das in der Stiftshütte war.«

Zwei Fragen stellen sich zur Ausstattung des Tempels, wie sie in diesen Texten beschrieben wird: Worin bestanden die Schätze Davids, und wie muß man sich die Bundeslade vorstellen? Die Bibel beantwortet beide Fragen. Die Reichtümer, die David seinem Gott geweiht hatte, werden im zweiten Buch Samuel (8, 7–12) aufgezählt. Nach seinem Sieg über Aram von Damaskus und über Hadad-Eser »nahm David die goldenen Schilde, die Hadad-Esers Männer gehabt hatten, und brachte sie nach Jerusalem. (...) Da sandte Toi, der König von Hamath, seinen Sohn Joram zum König David, ihm Frieden und Segen zu wünschen, weil er gegen Hasad-Eser gekämpft und ihn geschlagen hatte. (...) Und Joram brachte mit sich silberne, goldene und kupferne Kleinode. Auch diese heiligte der König David dem Herrn samt dem Silber und Gold, das er geheiligt hatte von allen Heiden, die er unterworfen hatte, von Edom, von Moab, von den Ammonitern, von den Philistern, von Amalek und von dem, was er erbeutet hatte (...) vom König von Zoba.« Es ist also ein gewaltiger Kriegsschatz, der im Tempel von Jerusalem aufbewahrt wird.

Nun ist es zwar durchaus zutreffend, daß die Bücher der Chronik relativ spät abgefaßt wurden, aber trotzdem bleibt anzunehmen, daß dies anhand alter Aufzeichnungen geschah. »Da der Chronist Quellen zur Verfügung hatte, die wir nicht kennen und die vertrauenswürdig sein konnten, besteht kein Anlaß, generell all das anzuzweifeln, was er den uns bekannten kanonischen Büchern zufügt«, schreibt Pater de Vaux in seiner Einführung zur Jerusalemer Bibel.

Jedenfalls werden hier (1. Chronik 29, 3ff.) die Gaben Davids für den Tempel detailliert beschrieben: »Aus Wohlgefallen am Hause meines Gottes aber und da ich noch eigenes Gut an Gold und Silber habe, gebe ich für das Haus meines Gottes außer allem, was ich schon zum heiligen Hause beschafft habe, dreitausend Zentner Ophirgold und siebentausend Zentner lauteres Silber. (...) Und sie waren willig, und sie gaben zur Arbeit am Hause Gottes fünftausend Zentner Gold (...) und zehntausend Zentner Silber.«

Der Machtbereich Davids ist groß: David, Sieger über Philister, Moabiter, Aramäer von Damaskus, Ammoniter, Edomiter beherrscht ein ausgedehntes vorderasiatisches Reich.

Zur Bundeslade weiß der Exodus (2. Mose 25) zu berichten: »Und der Herr redete mit Mose und sprach: (...) Macht eine Lade aus Akazienholz. (...) Du sollst sie mit feinem Gold überziehen innen und außen und einen goldenen Kranz an ihr ringsherum machen. Und gieß vier goldene Ringe und tu sie an ihre vier Ecken. (...) Und mache Stangen von Akazienholz und überziehe sie mit Gold und stecke sie in die Ringe an den Seiten der Lade, daß man sie damit trage. (...) Du sollst auch einen Gnadenthron machen aus feinem Golde (...) und du sollst zwei Cherubim machen aus getriebenem Golde an beiden Enden des Gnadenthrons. (...) Und die Cherubim sollen Flügel nach oben ausbreiten, daß sie mit ihren Flügeln den Gnadenthron bedecken.«

Der Text des Exodus (2. Mose 25, 23–29) fährt fort: »Du sollst auch einen Tisch machen aus Akazienholz. (...) Und du sollst ihn überziehen mit feinem Gold und einen goldenen Kranz ringsherum machen. (...) Und du sollst vier goldene Ringe machen an die vier Ecken, (...) so daß man Stangen hineintun und den Tisch tragen könne. Und du sollst die Stangen aus Akazienholz machen und sie mit Gold überziehen. (...) Und du sollst auch aus feinem Golde seine Schüsseln und Schalen machen, seine Kannen und Becher, in denen man das Trankopfer darbringe.«

Die Beschreibung gilt nun der Herstellung des siebenarmigen Leuchters, der ebenfalls zur Tempelausstattung gehört: »Du sollst auch einen Leuchter aus feinem Gold machen, (...) in getriebener Arbeit. (...) Aus einem Zentner feinen Goldes sollst du den Leuchter machen mit seinen Lichtscheren und Löschnäpfen.« Nach diesem Text sind also allein für den Leuchter und seine Zusatzgeräte 50 Kilogramm Gold nötig.

Unter diesen Umständen, angesichts dieses Berges von Reichtümern, die Salomo im Tempel seiner Hauptstadt aufgehäuft hatte, kann man sich gut vorstellen, daß die Schätze des Tempels von Jerusalem Begehrlichkeiten wecken mochten. Wie aber flossen Salomo solche Reichtümer zu? Wiederum gibt uns die Bibel Antwort; im 1. Buch der Könige (9, 26–28) heißt es: »Und Salomo baute auch Schiffe in Ezion-Geber, das bei Elath liegt am Ufer des Schilfmeers im Lande der Edomiter. Und Hiram (von Tyros) sandte auf die Schiffe seine Leute, die gute Schiffsleute und auf dem Meer erfahren waren, zusammen mit den Leuten Salomos. Und sie kamen nach Ophir (Jemen oder Somalia) und holten dort vierhundertzwanzig Zentner Gold und brachten es dem König Salomo.«

Selbst wenn man für diese Zeit die eigentliche Gewichtseinheit, das Talent (»Zentner«), nicht mit 50 Kilogramm (60 Schekel von 818,5 Gramm) ansetzt, sondern, wie es etwa Edouard Dhorme in der Pléiade-Ausgabe der Bibel tut,

10 Als Ausstattung für seine Reise in die Ewigkeit hatte sich der König Psusennes Sandalen mit ins Grab genommen, die aus dünnem Goldblech geschnitten waren (Länge 23,3 cm). Das Rosetten- und Fischgrätmuster auf den Sohlen entspricht ganz dem Muster auf den Sandalen, die 500 Jahre früher die Gemahlin Thutmosis' III. getragen hatte.

nur mit 35 Kilogramm, so handelt es sich immer noch um eine Größenordnung von etwa 15 Tonnen Gold, was für diese Zeit beachtlich, aber keineswegs unwahrscheinlich ist, wie gewisse Kommentatoren glauben machen wollen.

Die Beziehungen mit den Königreichen im Süden des Roten Meeres werden durch die Erzählung vom Besuch der Königin von Saba bei König Salomo in Jerusalem unterstrichen (1. Könige 10, 10ff.): »Und sie gab dem König hundertzwanzig Zentner Gold und sehr viel Spezerei und Edelsteine. Es kam nie mehr so viel Spezerei ins Land, wie die Königin von Saba dem König Salomo gab.« Etwas früher betont der Text, daß sie »nach Jerusalem kam mit einem sehr großen Gefolge, mit Kamelen, die Spezereien trugen und viel Gold und Edelsteine«.

Von nun an führt die Karawanenstraße über Israel. Offenbar hat es aufgrund der Schwäche des spätramessidischen Ägypten – das die seit Generationen in Händen der Pharaonen befindlichen asiatischen Besitzungen verloren hatte – das kleine Königreich Israel verstanden, sich unter Führung Salomos zu einer der führenden Wirtschaftsmächte hochzuarbeiten. Zu dieser Zeit ist der internationale Warenverkehr ein königliches Privileg. Er wickelt sich zwangsläufig unter Beteiligung des Königs ab, der zugleich Organisator und Nutznießer ist.

Der König von Israel rüstet also am Roten Meer eine Flotte aus und kontrolliert die Karawanenwege, die zum Mittelmeer führen. Er hat zum größten Nutzen des ganzen Landes das Transportmonopol im Rahmen der Ein- und Ausfuhren. Jerusalem zieht den Verkehr kostbarer Waren aus Südarabien an sich, der vorübergehend nicht mehr über das Land der Pharaonen geht. Salomo gelingt es, sein Königreich eine Rolle spielen zu lassen, die ein knappes Jahrtausend später Städte wie Petra und Palmyra übernehmen; wie Häfen im Sandmeer der Wüste blühen diese Karawanenorte dank der fruchtbaren Beziehungen zwischen Orient und Okzident und halten das Monopol des Handels mit Gewürzen und Räucherwerk, Elfenbein und Seide.

Aber nicht allein der Tempel profitiert von den Reichtümern, die Salomo aufhäuft. Der Wohlstand des Reiches ist so gewaltig, daß »das Gewicht des Goldes, das Salomo in einem Jahr gebracht wurde, sechshundertsechsundsechzig Zentner war außer dem, was die Händler und Kaufleute brachten. Auch alle Könige der Araber und die Statthalter brachten Gold und Silber zu Salomo« (2. Chronik 9, 13). Der Palast schwelgte in einem Glanz ohnegleichen. Das Königshaus verfügt über eine Leibgarde von recht aufwendiger Ausstattung: »König Salomo machte zweihundert große Schilde von bestem Gold, so daß sechshundert Lot Gold auf einen Schild kam, und dreihundert kleine Schilde von bestem Gold, so daß dreihundert Lot Gold auf einen kleinen Schild kam. Und der König brachte sie in das Libanon-Waldhaus.« Alles in allem beläuft sich diese Prunkausrüstung auf etwa 2,7 Tonnen Gold.

Die Zerstörung des Tempels

Dieser Schatz, den der König von Jerusalem sein eigen nennen konnte, sollte um 925 v.Chr. die Kriegsbeute der ägyptischen Truppen werden. Bevor jedoch der Verlauf der Plünderung des Tempels geschildert werden kann, sind einige Fakten in Erinnerung zu rufen. Es muß um 1230 v.Chr. gewesen sein, daß Moses die Zehn Gebote in Empfang nahm und damit den Bund mit Jahwe schloß. Aus jener Zeit stammt die Bundeslade, die also schon fast dreihundert Jahre alt ist, als Salomo sie im Tempel von Jerusalem aufstellt. Der Tempel dagegen ist erst drei Jahrzehnte alt, als er – wie auch der Palast

11 Als Hauptstück des Tanis-Schatzes besteht dieser schwere Halsschmuck aus nicht weniger als 5000 Goldplättchen. Die in Lapislazuli und Karneol eingelegte Inschrift auf dem Verschluß nennt den Namen des Königs. Vom Verschluß hängt ein Bündel von Ketten herab, die in 98 Blüten auslaufen – ein schillernder Strauß, der sich über dem Rücken des Königs ausbreitete und bei jedem Schritt leise tönte (Höhe des Verschlusses 6,2 cm).

– von den ägyptischen Soldaten unter König Scheschonks Befehl entweiht und ausgeraubt wird.

Wie konnte Scheschonk die Reichtümer Salomos so genau kennen, daß er eine militärische Großunternehmung gegen Jerusalem wagte? Im 1. Buch der Könige (9, 26–40) steht zu lesen, daß Jerobeam, der in Salomos Diensten stand, eine Prophezeiung empfing, die ihm ankündigte, er werde über Israel herrschen. So erhob er sich gegen seinen König, obwohl dieser ihn an die Spitze der Stämme Manasse und Ephraim gesetzt hatte. Zur Strafe wollte der König den Rebellen töten; aber »Jerobeam floh nach Ägypten zu Scheschonk, wo er blieb bis zum Tode Salomos«.

Es ist durchaus wahrscheinlich, daß Jerobeam als am Königshof von Tanis aufgenommener Flüchtling versuchte, Scheschonk dazu zu bringen, ihn bei der Erringung des Thrones des alten Königs von Israel zu unterstützen. Er beschrieb ihm wohl die märchenhaften Reichtümer Jerusalems, und er versuchte die Unterstützung des Ägypters zu erhalten, indem er ihm die Schätze des Palasts und des Tempels in glänzenden Farben schilderte und ihm sicher auch einen Anteil versprach. Es gelang ihm allerdings nicht, Scheschonk dazu zu bewegen, den Feldzug noch zu Lebzeiten Salomos zu unternehmen.

Salomos Tod brachte den Bruch zwischen Israel und Juda. Rehabeam, der Sohn Salomos, wurde in Jerusalem König von Juda. Unter seiner Regierung fand die Plünderung des Tempels statt. »Aber im fünften Jahr des Rehabeam zog Scheschonk, der König von Ägypten, herauf gegen Jerusalem.« Der Text des Buchs der Könige ist knapp gehalten; er geht stillschweigend über die Niederlage hinweg und hält nur das Ergebnis fest: Scheschonk »nahm die Schätze aus dem Hause des Herrn und aus dem Hause des Königs, alles, was zu nehmen war, und nahm alle goldenen Schilde, die Salomo hatte machen lassen.« In dieser lückenhaften und gerafften Darstellung erwähnt der Chronist mit keinem Wort die erniedrigenden Umstände der Übergabe und der Plünderung. Es sieht nicht so aus, daß den Eroberern nennenswerter Widerstand geleistet wurde, und von Verlusten ist überhaupt keine Rede. Die Ägypter ließen sich nicht zu einem Gemetzel hinreißen, sondern nahmen Gefangene: »Ich werde sie nicht vernichten, und mein Zorn wird nicht über Jerusalem kommen durch die Hand Scheschonks«, spricht Jahwe durch den Mund des Propheten Schemaja. Im 2. Buch der Chronik findet sich derselbe Gedanke: »Sie haben sich gedemütigt, darum will ich sie nicht verderben, sondern ich will sie in Kürze erretten, daß mein Grimm sich nicht durch Scheschonk auf Jerusalem ergieße. Doch sie sollen ihm untertan sein.«

Scheschonk ließ es bei einem regelrechten Beutezug bewenden; offenbar hatte er die Eroberung Jerusalems nur des Goldes wegen unternommen. Der Feldzug hatte nichts anderes zum Ziel als die Ergänzung der Vorräte an dem für jedes königliche Begräbnis in Ägypten so wichtigen Edelmetall. Für die Ägypter war Gold »das Fleisch der Götter«.

Während das Buch der Könige recht zurückhaltend bleibt, spricht das 2. Buch der Chronik (12, 1–5) eine deutlichere Sprache: »Rehabeam aber verließ das Gesetz des Herrn. (…) Da zog im fünften Jahr des Königs Rehabeam herauf Scheschonk, der König von Ägypten, gegen Jerusalem – denn sie hatten sich am Herrn versündigt – mit tausendzweihundert Wagen und mit sechzigtausend Reitern; und das Volk war nicht zu zählen, das mit ihm aus Ägypten kam, Libyer, Sukkijiter und Kuschiter. Und er nahm die festen Städte ein, die in Juda waren, und kam bis vor Jerusalem. (…) So zog Scheschonk, der König von Ägypten, gegen Jerusalem herauf und nahm die Schätze im Hause des Königs; alles nahm er weg, auch die goldenen Schilde, die Salomo hatte machen lassen.«

Scheschonk führte sicherlich all dieses Gold, das er mit sich nahm, im Triumphzug durch Tanis, bevor er es dem Schatzhaus des großen Tempels seiner Hauptstadt übergab. Diese biblischen Erzählungen müssen Montet wieder und wieder durch den Kopf gegangen sein, wie sie heute noch Archäo-

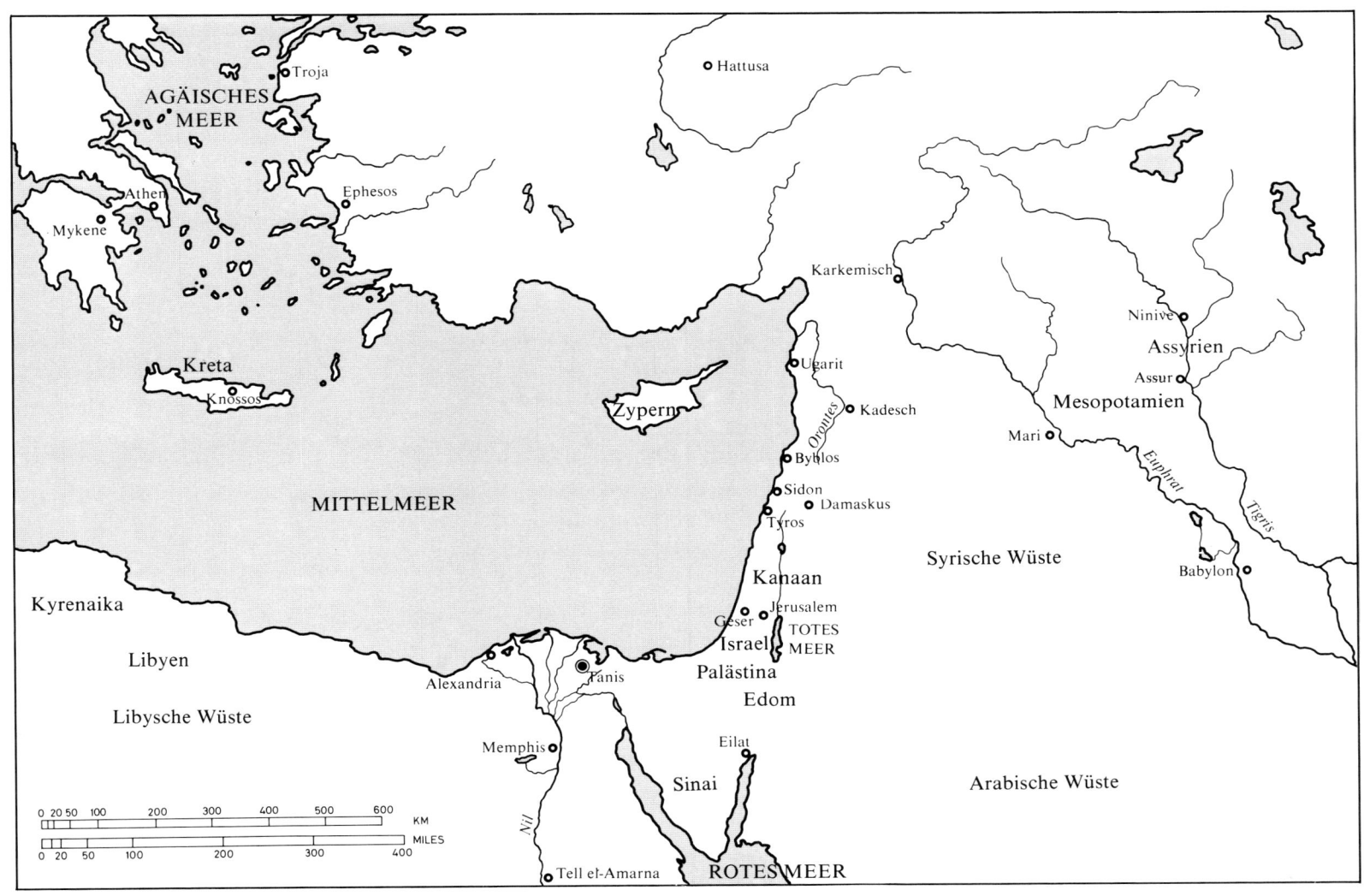

Karte des Vorderen Orients mit den wichtigsten im Text erwähnten Orten

12 Der einfachste Halsschmuck des Psusennes überzeugt durch seinen fast modernen Charakter. Der Goldschmied hat mit dem Gegensatz von Farben und Materialien gespielt und läßt Zylinderperlen aus Gold und aus Lapislazuli einander abwechseln. Der Verschluß aus Gold hat die Form einer Kartusche, in der der Königsname steht (Länge des Verschlusses 3,1 cm).

13 Die doppelte Perlenreihe von meisterhafter Schlichtheit besticht durch ihr Material, dunkelblauen Lapislazuli, den die Ägypter aus dem Vorderen Orient importierten. Als Zeugnis dieser internationalen Verbindungen trägt eine Perle eine keilschriftliche Inschrift, die Widmung eines assyrischen Großwesirs an seine Tochter.

14, 15 Die aus Gold gearbeiteten Verschlüsse der Halsketten von Abb. 13 und 12 lassen erkennen, mit welch hohem Grad von Detailgenauigkeit die Künstler arbeiteten. Die Dekoration besteht nur aus Schriftzeichen; in der Königskartusche ist der ziselierte oder mit farbiger Paste eingelegte Name des Psusennes zu lesen.

logen und Schatzgräber in ihren Bann ziehen. War es die Hoffnung, die Bundeslade wiederzufinden, die Pierre Montet zu dem Entschluß führte, im Scherbengebirge von Tanis zu graben? Die Vermutung ist nicht von der Hand zu weisen, denn übergroß war die Faszination, die die Bibel auf den Ägyptologen ausübte. In späteren Jahren gab Montet in seiner Arbeit »L'Egypte et la Bible« (Ägypten und die Bibel, 1959) selbst den entscheidenden Hinweis, weshalb sein Interesse dem Gold des Königs Salomo galt: »Zwei Armreife aus Gold und geschnittenen Steinen aus dem Besitz Scheschonks I. sind erhalten geblieben. Sie wurden in Tanis auf der Mumie Scheschonks II. gefunden, der sie als Erbstücke mit ins Grab genommen hatte. Wir konnten uns den Gedanken nicht versagen, sie seien aus dem Gold gemacht gewesen, das aus dem Tempel von Jerusalem stammte.« Welch aufschlußreiche Bemerkung...

Die ausführlichen Bibelzitate über die unendlichen Reichtümer, die Scheschonk zu seinem Raubzug gegen den Tempel von Jerusalem veranlaßten, erscheinen mir als ein wichtiger Hinweis auf die zahlreichen Verbindungen zwischen Israel und Ägypten. Am Rande dieser ägyptisch-israelischen Beziehungen sollte wohl auch noch die vergnügliche Verwechslung erwähnt werden, auf die die Presseagenturen bei der Öffnung des Psusennesgrabes hereinfielen: Vermutlich aufgrund mißverständlicher Äußerungen eines allzu begeisterten Mitarbeiters Montets sprechen die Journalisten von der »Entdeckung des Grabes des Schwiegervaters von König Salomo«. In der Überschrift einiger Artikel heißt es: »König Faruk wird an der Öffnung des Sarkophags des Schwiegervaters von König Salomo teilnehmen.« Was soll das heißen?

13

14

15

Im 1. Buch der Könige (3, 1) steht geschrieben: »Und Salomo verschwägerte sich mit dem Pharao, dem König von Ägypten, und nahm eine Tochter des Pharao zur Frau und brachte sie in die Stadt Davids.« Dann baute er ein Haus »für die Tochter des Pharao, die Salomo zur Frau genommen hatte« (7, 8). Weiter berichtet 1. Könige 9, 16. »Denn der Pharao, der König von Ägypten, war heraufgezogen und hatte Geser eingenommen und mit Feuer verbrannt und die Kanaaniter erschlagen, (...) und hatte seiner Tochter, Salomos Frau, den Ort zum Geschenk gegeben.« Es muß sich um einen König namens Psusennes gehandelt haben, wenn Salomo – wie heute allgemein angenommen – zwischen 970 und 931 regierte. Aber es handelt sich hier um einen wenig bekannten König, den zweiten dieses Namens, der zwischen 958 und 945 regierte, während Psusennes I., dessen unberührtes Grab Montet entdeckte, über einen Zeitraum von vier Jahrzehnten von 1036 und 989 herrschte. Über Psusennes II. bemerkt Montet, es handle sich um eine Person, »über die wir nur sehr wenige historische Daten besitzen«.

König Scheschonk, der im Zusammenhang mit der Plünderung des Tempels von Jerusalem genannt wurde, ist Scheschonk I., der Begründer der 22. Dynastie. Dieser König libyscher Abstammung herrschte von 945 bis 924. Scheschonk III., für kurze Zeit um 890 Koregent – Montet entdeckte seinen Sarg im Grabkomplex Psusennes' I. – war dagegen völlig unbekannt, bevor seine Schätze ausgegraben wurden.

Kein Zweifel, das Problem der Beziehungen zwischen Israel und Ägypten stellt manch schwierige Fragen, und Montet nahm sich vor, die Lösung dieser Rätsel in Tanis zu suchen. Montets Interesse an den biblischen Berichten und sein Plan einer Untersuchung über die Beziehungen beider Kulturen haben ihn schließlich dazu gebracht, die so erfolgreichen Grabungen in Angriff zu nehmen, die er in der vergessenen antiken Hauptstadt des Deltas durchführte – stets in der Hoffnung, die Antwort auf seine Fragen zu finden, aber auch – und weshalb nicht? – die Überreste der aus dem Tempel von Jerusalem geraubten Schätze.

Montet machte kein Hehl daraus, daß dies für ihn eine Möglichkeit war, mit der er glaubte rechnen zu können. Sie beschäftigte ihn noch einmal am Ende seiner Forschungen: »Wenn man eines Tages die Gräber Psusennes' II. und Scheschonks I. finden sollte, dann sollten wir wirklich nicht überrascht sein, dort Hinweise auf König Salomo oder Reste des Tempels von Jerusalem zu finden.«

Tanis sollte Montet jedoch nur sehr wenig über die Hebräer bieten, und vom Tempelschatz fand er nicht einmal die kleinste Spur. Zum Ausgleich war ihm das Glück beschieden, einen anderen Schatz ans Licht zu heben: einen großartigen Komplex von unberührten Königsgräbern, dessen Kostbarkeiten alles über den Haufen werfen, was die Ägyptologie von einer dunklen und verkannten Epoche zu wissen glaubte.

III. Ein ungewöhnliches Abenteuer: Montet findet die ersten Gräber

Montet galt bereits als erfolgreicher und aktiver Ausgräber, als er sich an die Ruinenstadt Tanis machte. 1920, bei seinen Plänen einer archäologischen Erforschung von Byblos, vollbrachte er Pioniertaten. Seine systematische Erforschung dieser antiken Stadt war auf Anhieb ein Meisterstück; hier hatte die giblitische Kultur geblüht – so benannt nach Gebail, dem phönikischen Namen der heute libanesischen Hafenstadt –, hier hatte Ernest Renan als erster Testgrabungen unternommen. Montet gelang es, ein Heiligtum und Königsgräber freizulegen, die eine reiche Grabausstattung teils phönikischer, teils ägyptischer Prägung enthielten. Die ägyptischen Fundstücke gehörten größtenteils ins Mittlere Reich und bezeugten somit bereits für sehr frühe Zeiten die Präsenz ägyptischer Abgesandter in Byblos. Legenden und Mythen waren ein weiteres Bindeglied zwischen beiden Regionen, der Osirismythos und die auf einem Papyrus überlieferte Geschichte des Wenamun, eines ägyptischen Abgesandten, der auszog, Zedernholz aus dem Libanon zu holen.

Die von Montet in den vier Grabungsjahren 1920–1924 im antiken Byblos entdeckten Schätze haben für die Geschichte des Vorderen Orients und des Niltals zentrale Bedeutung. Das Fundmaterial zeichnet sich durch eine bemerkenswerte Eigenständigkeit aus; zu erwähnen sind insbesondere Gefäße und Kästchen aus Obsidian mit Goldfassungen und hieroglyphischen Inschriften, Pektorale aus Edelmetall in Zellenschmelztechnik – alles Geschenke des ägyptischen Königs Amenemhet III. an den phönikischen König Abi-Schemu (um 1800 v.Chr.).

Diese Ausgrabungen in Byblos, die Maurice Dunand vom Institut français d'Archéologie orientale in Beirut im Auftrag der libanesischen Regierung fortführte, zählen zu den großen archäologischen Entdeckungen des Jahrhunderts. So ist Pierre Montet längst ein bewährter und erfolgreicher Archäologe, als er sich im ägyptischen Delta an das Ruinengelände von Tanis wagt. Er weiß recht genau, was er zu finden hofft, als er eine Grabungsgenehmigung für diesen riesenhaften Hügel beantragt, aus dem nur noch ein paar gestaltlose Reste kolossaler Bildwerke ragen. Wie schon berichtet, hat er sich vorgenommen, am Rande der östlichen Grenzwüsten Ägyptens jene »Spur der Semiten« zu finden, die sein Hauptanliegen bildet.

Noch kann er nicht wissen, daß die Gräber der tanitischen Könige innerhalb der Umfassungsmauer des großen Tempels liegen. Aber er ist überzeugt, neue Fakten über eine noch dunkle Periode der ägyptischen Geschichte zu entdecken, eine Periode, aus der die historischen Quellen spärlich und die archäologischen Überreste wenig aussagekräftig sind. Nicht zuletzt deshalb wagt er sich an dieses Abenteuer. Und es handelt sich fürwahr um ein Abenteuer, auf das sich die Ausgräber an diesem gottverlassenen Grabungsplatz San el-Hagar einlassen: »Da das Dorf San el-Hagar selbst für extrem anspruchslose und zähe Europäer nicht bewohnbar war, mußte man zuallererst an Unterkunftsmöglichkeiten für die Grabungsmannschaft und

A

B

C

D

40

A Das Grabungsgelände von Tanis bei San el-Hagar im Nildelta, Ende März 1939. Nach der Entdeckung des Grabes Psusennes' I. bereitet die Grabungsmannschaft von Pierre Montet die Öffnung des Grabes vor. Die Schuttberge über der Grabanlage des Königs sind schon sorgfältig abgetragen worden.

B Die von den Ausgräbern bereits freigelegte glatte Fläche hinter der Schlammziegelmauer bezeichnet die Eindeckung des Psusennes-Grabes. Pierre Montet beschäftigt in seiner Grabung eine umfangreiche Mannschaft einheimischer Arbeiter, die den Schutt in Körben abtransportieren.

C Innenansicht einer der Sargkammern im Grab Psusennes' I., in der die ausgeraubte Bestattung des Anchef-en-Mut, des Generals und Sohnes Psusennes' I., gefunden wurde. Nur die Wandmalereien des vollständig vom Sarkophag ausgefüllten Raumes sind erhalten. Die Götter Atum, »Herr der Beiden Länder«, und Harachte, »Herr der Wahrheit«, sitzen Rücken an Rücken vor Opfertischen.

D Pierre Montet steigt über den Eingangsschacht ins Grab Psusennes' I. Der Flaschenzug, dessen Stützen im Vordergrund zu sehen sind, diente zum Abheben des Kalksteinblocks, der den Schacht verschloß. Die historische Aufnahme vom 18. März 1939 dokumentiert den ersten Schritt der Ägyptologen in das ungestörte Grab (Fotos Keystone).

16 Psusennes besaß zwei Pektoralanhänger, deren Motive in die Umrahmung einer kleinen Kapelle mit Hohlkehlenbekrönung gesetzt sind. Trotz der Vielfalt an Einzelthemen, die sich alle auf die Wiedergeburt des Toten beziehen, ist die Gesamtkomposition harmonisch und wirkt durch die durchbrochene Arbeit und die farbenreiche Zellentechnik ausgesprochen leicht (Höhe des Pektorals 12 cm).

17 Wie bei vielen Schmuckstücken aus Tanis ist bei diesem Pektoral des Psusennes die Rückseite ebenso aufwendig gestaltet wie die Vorderseite. Die gleichen Motive sind hier auf das Goldblech ziseliert, das als Grundfläche für die vielfarbigen Einlagen der Vorderseite dient.

an unsere Versorgung denken. Die Umgegend konnte praktisch nichts bieten; sie hatte kaum Straßen und lag 40 Kilometer von der nächsten etwas größeren Stadt entfernt; zum nächstgelegenen Postamt waren es 15 Kilometer. Ein Haus zu bauen und einzurichten, ein Auto zu erwerben, dazu eine Feldbahn, Seilwinden, Flaschenzüge, andere Werkzeuge und Geräte, die Gehälter des wissenschaftlichen Personals zu bezahlen – das alles zusammengenommen ergab gewaltige Summen und überstieg die Zuschüsse, die normalerweise für archäologische Expeditionen bewilligt wurden.«

Hier wird deutlich, daß die materiellen Voraussetzungen ein nicht unwesentlicher Gesichtspunkt bei einer archäologischen Expedition sind. Glücklicherweise fand Montet Unterstützung, um sein großes Projekt verwirklichen zu können. Der Senator Victor Bérard, Autor des Buches »Die Phöniker und die Odyssee«, brachte einen Antrag ein, der die nötigen Mittel zur Verfügung stellen sollte. Sogar König Fuad I., der bis 1936 regierte, unterstützte aufs lebhafteste die Pläne der französischen Grabungsmannschaft. Sobald diese materiellen Fragen gelöst waren, konnten im Mai 1929 die Grabungsarbeiten an der Stelle des antiken Tanis beginnen.

Sechs Jahre lang laufen die Grabungen in Tanis ohne nennenswerte Ergebnisse. Die Ausgräber legen umfangreiche Architekturreste frei, insbesondere den Tempel und seine monumentale Umfassungsmauer. Montet gräbt zerborstene Obelisken aus, meist zerbrochene Statuen, Sphingen, Reliefs... Er entdeckt ein kleines Heiligtum für den kanaanäischen Gott Hurun, eine teilweise Bestätigung seiner Vermutungen über die Semiten in Tanis. Er stößt auch auf eine Bildhauerwerkstätte mit zahlreichen Lehrstücken, langsam kommen auch die ersten Gräber zum Vorschein, die aber ausgeraubt sind. Der Grabungsleiter hat jedoch von nun an einen Trumpf in der Hand: Er weiß jetzt, daß er sich im Nekropolenareal befindet. Schon »alle unsere Vorgänger«, schreibt Montet, »angefangen von den Wissenschaftlern der napoleonischen Expedition, haben die Nekropole gesucht. Normalerweise lokalisierte man sie weiter im Osten, auf einem Nebenhügel.«

Die Öffnung der Königsgräber

Bei der Untersuchung von Hausruinen am Rand des Tempels stießen die Ausgräber auf den Friedhof, der den Königen von Tanis vorbehalten war. »Die Entdeckung der Königsgräber der 21. und 22. Dynastie war das große Ereignis unserer elften Kampagne im Jahr 1939«, schreibt Montet. »Zu Beginn (...) stießen unsere Arbeiter auf einen Schacht, der in das Ziegelmauerwerk gegraben war. Ich ließ ihn ausräumen. Auf seinem Grund zeigte sich ein senkrecht stehender Kalksteinblock. Als die Grabungsfläche erweitert wurde, konnte man feststellen, daß es sich nicht um eine einzelne Steinplatte handelte, sondern daß vielmehr eine Art ausgedehntes Pflaster unter den Lehmziegelhäusern durchlief. Schon bald lag die Idee nahe, daß diese Blöcke nicht das Fundament eines Tempels oder Palastes bildeten, sondern vielmehr das Dach eines Grabes.«

Es gibt keinen Zweifel mehr: Was zunächst wie ein Pflaster aussah, überdeckt in Wirklichkeit einen ganzen Grabkomplex. »Ein einziger Block fehlte in der Steinreihung. Hier lag das Loch, durch das sich Grabräuber in das Grab hinuntergelassen und das sie dann nur flüchtig wieder verschlossen hatten.« Montet steigt am 27. Februar durch diese Öffnung in eine kleine Kammer hinunter, die zur Hälfte verschüttet ist. Ihre Wände sind mit Texten und Jenseitsbildern geschmückt, und die Inschriften verraten dem Ägyptologen, daß er ins Grab des Königs User-maat-Rê Setep-en-Amun Osorkon, Sohn der Bastet, eingedrungen ist, »eines der bedeutendsten Könige der 22. Dynastie«.

17

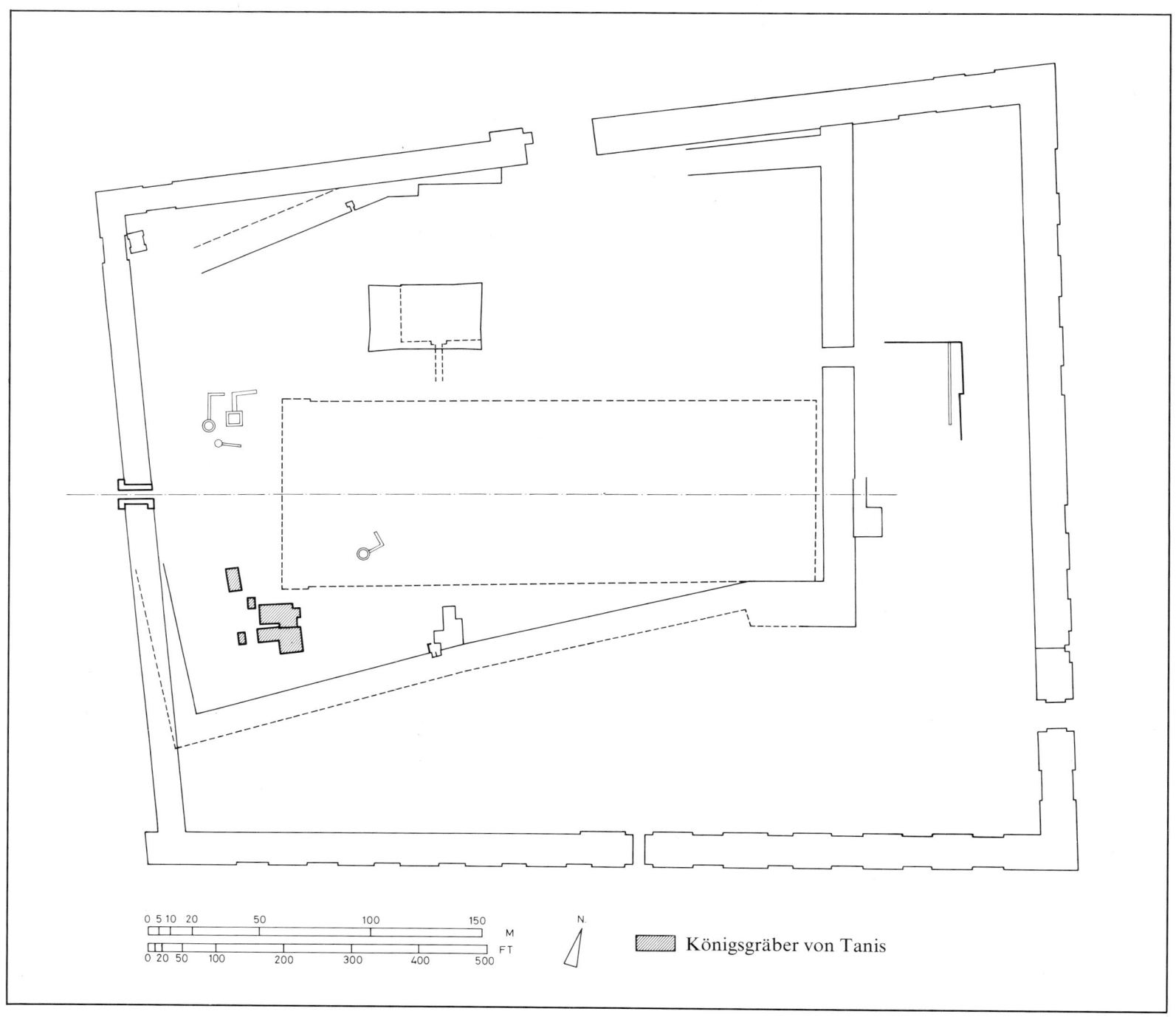

Lageplan der Baureste des Großen Tempels von Tanis (gestrichelt), der verschiedenen Bauphasen des Tempelbezirks und der von Montet im Südwesten entdeckten Nekropole

Von dieser ersten Kammer aus stößt Montet in einen Nachbarraum vor, der einen Sarkophag enthält. Durch eine Wandöffnung erreicht er einen dritten Raum, »dessen Tür durch große Kalksteinblöcke versperrt war«. Die Ausgräber sind dabei, ein unterirdisches Labyrinth zu erkunden. Sie stellen fest, daß »der Sargraum (...) mit einem anderen Raum weiter im Westen durch einen Gang in Verbindung stand, den die Architekten mit einem Granitblock vermauert hatten. »Die antiken Grabräuber waren nur dazu gekommen, einen engen Spalt herauszuschlagen, den sie anschließend mit Gips verschlossen.« Um einen Blick auf den Inhalt dieses neuen Raumes werfen zu können, läßt Montet diese Vermauerung entfernen. »Wir konnten das Innere mit unseren elektrischen Lampen ausleuchten. Es war ein Raum, tiefer als breit, die Wände aus Granit, bis in halbe Höhe mit Schlamm und Sand angefüllt, und daraus ragte ein Sarkophag hervor, der ebenso grob war wie der erste.«

Doch die Entdeckung dieser Überreste wird für die Ausgräber sogleich zur Enttäuschung, denn sie müssen feststellen, daß es einen Mauerdurchbruch gibt, durch den die Grabräuber schon im Altertum ins Innere dieser Granitkammer eingedrungen waren. So folgen sich leere Kammern und ausgeplünderte Särge. Die Funde sind recht spärlich: ein großer Krug aus Kalzit-Alabaster, leere Kanopenkrüge, einige hundert Uschebtis (Grabstatuetten) und ein Sandsteinsarkophag – ausgeraubt wie die vorher gefundenen Särge. Nach der fiebrigen Erregung der Entdeckung des Grabes Osorkons II. (874–850 v.Chr.) und der Hoffnung, nun das eigentliche Grabungsziel zu erreichen, ist das eine Enttäuschung, mögen auch die Einzelfunde durchaus interessant sein. Aber ist es nicht das Los der meisten Ägyptologen, ausgeraubte Gräber zu finden?

Glücklicherweise haben die Grabräuber nicht alles mitgenommen. Unter Sand und Schlamm, mit denen die Granitkammer halb ausgefüllt ist, kommen Fundstücke zutage: »Schließlich kam auf der Westseite des großen Granitsarkophages der Deckel eines weiteren, kleineren Sarkophags aus feinem Sandstein zum Vorschein. Die Relieffigur des Verstorbenen zierte den Deckel«, schreibt Montet, der noch nicht weiß, daß es sich – wie bei allen in Tanis gefundenen Särgen – um einen wiederverwendeten Sarkophag handelt. Offenbar gab es nämlich zu dieser Zeit in Tanis keine Bildhauerateliers mehr, und selbst die Könige zogen es vor, sich in den Nekropolen der Nachbarstädte zu bedienen. Jedenfalls ist die Inschrift, die den Sarkophagdeckel umzieht, ein Palimpsest. Sie teilt mit, daß der Sarkophag den Leichnam des Hornacht, Hohenpriesters des Amun, enthält.

Dieser Sarkophag läßt sich nicht öffnen; er wird durch einen riesigen Granitquader blockiert, den die Grabräuber auf ihn geschoben haben. Man müßte einen gewaltigen Arbeitseinsatz organisieren, um zunächst diesen Monolith zu entfernen und dann den von ihm blockierten Sarkophagdeckel anzuheben. Aber seltsamerweise bricht Montet, der doch dem Ziel ganz nahe zu sein scheint, die weitere Freilegung dieses Grabes ab. Soeben ist nämlich unmittelbar neben dem Grab Osorkons II. von den Arbeitern, die weiter mit der Entfernung des Oberflächenschutts im ganzen Nekropolenareal beschäftigt sind, ein neues Grab freigelegt worden. So »entschlossen wir uns, die Arbeit in der Granitkammer einzustellen«, schreibt der Grabungsleiter. Er ordnet an, die Wanddurchbrüche der Grabräuber wieder zu schließen und die Tür des Grabes zuzumauern, »um bis zur nächsten Kampagne zu warten«.

Die Grabungsmannschaft wird nun zwischen Hoffnung und Mutlosigkeit hin und her gerissen, denn bald scheint das neu entdeckte Grab unberührt, bald zeigen sich Indizien, die man als Spuren von Grabräubern interpretieren könnte. Zwei Wochen lang sind die Arbeiter damit beschäftigt, eine etwa 20 auf 12 Meter große Fläche von Steinblöcken freizulegen, die das Dach eines großen Gebäudes bilden. »Die Fugen waren sorgfältig mit Zement ausgefüllt. Man konnte nicht den geringsten Sprung, keine Spur eines gewaltsamen Eindringens feststellen.« Es herrscht freudig erregte Stimmung.

Um einen Zugang zu dem Grab zu schaffen, entschließt sich Montet dazu, die Deckblöcke abzuheben. Während dieses Manövers stellt er schon beim zweiten Block einen Spalt fest. »Für einen Augenblick glaubten wir, das Grab sei beschädigt.« Glücklicherweise trifft das nicht zu, und die Erregung der Ausgräber erreicht ihren Höhepunkt: Sie werden schon bald in ein Grab eindringen, das seit drei Jahrtausenden keines Menschen Auge mehr gesehen hat. Die Spannung ist kaum noch auszuhalten, denn es dauert einen ganzen Tag, bis der Schacht ausgeräumt ist, der sich unter den abgehobenen Blöcken auftut. Dann gilt es, die Tür des Grabes zu finden. Sie ist noch vermauert und bestätigt dadurch, daß das Grab unberührt ist.

Einer jener großen und aufregenden Augenblicke ist gekommen, der den Archäologen wohl bekannt ist, wenn sie das Glück einer großen Entdeckung haben. Aber es ist auch eine Situation, in der sich echte Sicherheitsprobleme ergeben. Hierzu schreibt Montet: »Die Gefahr eines Diebstahls ist für den Ausgräber – und insbesondere für den erfolgreichen Ausgräber – eine beson-

18, 19 Die Zellentechnik, seit der Pyramidenzeit bekannt, betont durch die goldenen Stege den Glanz der nebeneinandergesetzten Steine, des roten Karneol und des blauen Lapislazuli. Die nur 2 cm hohe Basiszone des Pektorals von Abb. 16 bietet ein prachtvolles Beispiel dieser in Ägypten überaus beliebten Dekorationstechnik.

20, 21 Die Rückseite des Pektorals von Abb. 17 zeigt auf dem ziselierten Goldblech die gleichen Motive, die ein Totenbuchkapitel illustrieren: Der verklärte Tote darf in der Sonnenbarke Platz nehmen. Zweimal ist Psusennes dargestellt, wie er selbst das Ruder führt und den Phönix, Symbol der Ewigkeit, und den Totengott Osiris fährt.

18

19

20

21

ders brennende Sorge. Zu offensichtliche Vorsichtsmaßnahmen haben den gegenteiligen Effekt, denn Leute, die man zu offensichtlich verdächtigt, sehen sich geradezu getrieben, die schlechte Meinung zu rechtfertigen, die man von ihnen hat.« Kurz, wenn man auf eine größere Entdeckung gefaßt ist, muß man ständige Wachsamkeit an den Tag legen. Für die Grabungsmannschaft gilt es von nun an, die Augen offen zu halten.

Am 18. März 1939 dringt Montet in das Grab ein. Zweimal beschreibt er das erregende Erlebnis der Entdeckung – für unterschiedliche Leserkreise, in sehr nüchternen Worten. Seine Zurückhaltung bei der Schilderung dieses außergewöhnlichen Augenblicks ist bewundernswert: »Ich ließ mich nun in das Grab hinabgleiten und befand mich in einem kleinen Raum von etwa 4 auf 2 Metern.« Der Archäologe kann auf den mit Reliefs und Inschriften bedeckten Wänden die Kartuschen des Königs Aa-cheper-Rê Psusennes entziffern, der keineswegs unbekannt ist. Aber sein Erstaunen wird noch größer, als er den Inhalt dieser Grabkammer wahrnimmt: »Ausgestreckt auf einer Art Sockel, zog ein Silbersarg mit Falkenkopf den Blick auf sich. Er schien völlig intakt zu sein. Durch einen Spalt konnte man in seinem Innern Gold schimmern sehen.« Endlich also steht der Ausgräber in einem ungestörten Königsgrab. Zehn Jahre hat diese Entdeckung gekostet, jeden Winter eine mehrmonatige Grabungskampagne. Der Silbersarg und sein noch geheimnisvoller goldener Inhalt sind indes nicht alles, was Montet sieht: »Die übrige Kammer war angefüllt mit Gegenständen: Uschebtis, Kanopen, Geräten und Werkzeug aus Bronze...«

Nach dieser kurzen Bestandsaufnahme der Reichtümer, die in der Kammer liegen und die noch niemand zu berühren wagt, kann man sich den Jubel der Ausgräber vorstellen. In einem zweiten Bericht kommt Montet auf die Beschreibung dieses bewegenden Augenblicks zurück und faßt sie ausführlicher: »Unterstützt von meinen beiden Kollegen Fougerousse und Georges Goyon, nahm ich einen Stein aus der Mauer und drang in einen leeren und schmucklosen Gang vor, sodann in einen Raum mit Wanddekorationen, der angefüllt war mit Grabbeigaben.« Es folgt eine genaue Aufstellung der Fundstücke: »Zehn Kanopen, ein großes rotes Tongefäß lehnten an der Südwand. Hunderte von Uschebtis und Bronzegeräten waren an der Westwand aufgehäuft.« Nach einer neuerlichen Erwähnung des Silbersarges mit dem Falkenkopf bemerkt Montet: »Der Sargdeckel schien dekoriert zu sein, aber Staub, Schutt und Verputzstücke, die von der Decke heruntergefallen waren, ließen keine Details erkennen. Er war etwas zur Seite gerutscht, und man konnte durch den Spalt Gold sehen.«

So gleichmütig er sonst auch sein mag, ein Archäologe reagiert auf einen Goldfund stets in besonderer Weise. Der Grund dafür ist nicht so sehr der eigentliche Wert des Goldes – der gering bleibt im Verhältnis zum Wert der aus dem Gold gefertigten Kunstwerke –, sondern die Aussicht, auf vollständig erhaltene Stücke zu stoßen, die trotz der Jahrtausende keinerlei Korrosion angreifen konnte.

»Meine beiden Begleiter machten sich nun ihrerseits ein Bild von unserer Neuentdeckung.« Und Montet stellt fest: »Wir waren bei Psusennes, dem tanitischen König schlechthin.« Die Archäologen beraten einen Augenblick lang und beschließen vorsichtshalber, sich zunächst wieder zurückzuziehen, so groß auch ihre Ungeduld ist. »Nach wenigen Minuten verließen wir den Raum wieder. Die Mauer wurde wieder verschlossen, und alle stiegen nach oben.« Nachdem der Zugang vermauert worden ist, muß für ununterbrochene Bewachung gesorgt werden. »Diese Entdeckung verpflichtete uns, doppelt wachsam zu sein, denn zweifelhafte Gestalten trieben sich seit längerem in der Gegend herum. Die Wächter zu beseitigen und den Schatz zu rauben, wäre für entschlossene Leute ein leichtes Spiel gewesen.«

Schnellstens also müssen alle Maßnahmen ergriffen werden, um den Schutz des Schatzes zu garantieren. Fougerousse beauftragt einen Schmied

22 Ein Detail aus dem Pektoral von Abb. 17, eine Göttinnenfigur von nur 7 cm Höhe, zeigt die außergewöhnliche Kunstfertigkeit der Goldschmiede der Dritten Zwischenzeit. Isis breitet in einer eleganten Bewegung ihre Flügelarme aus, um dem Toten den Lebenshauch zu geben.

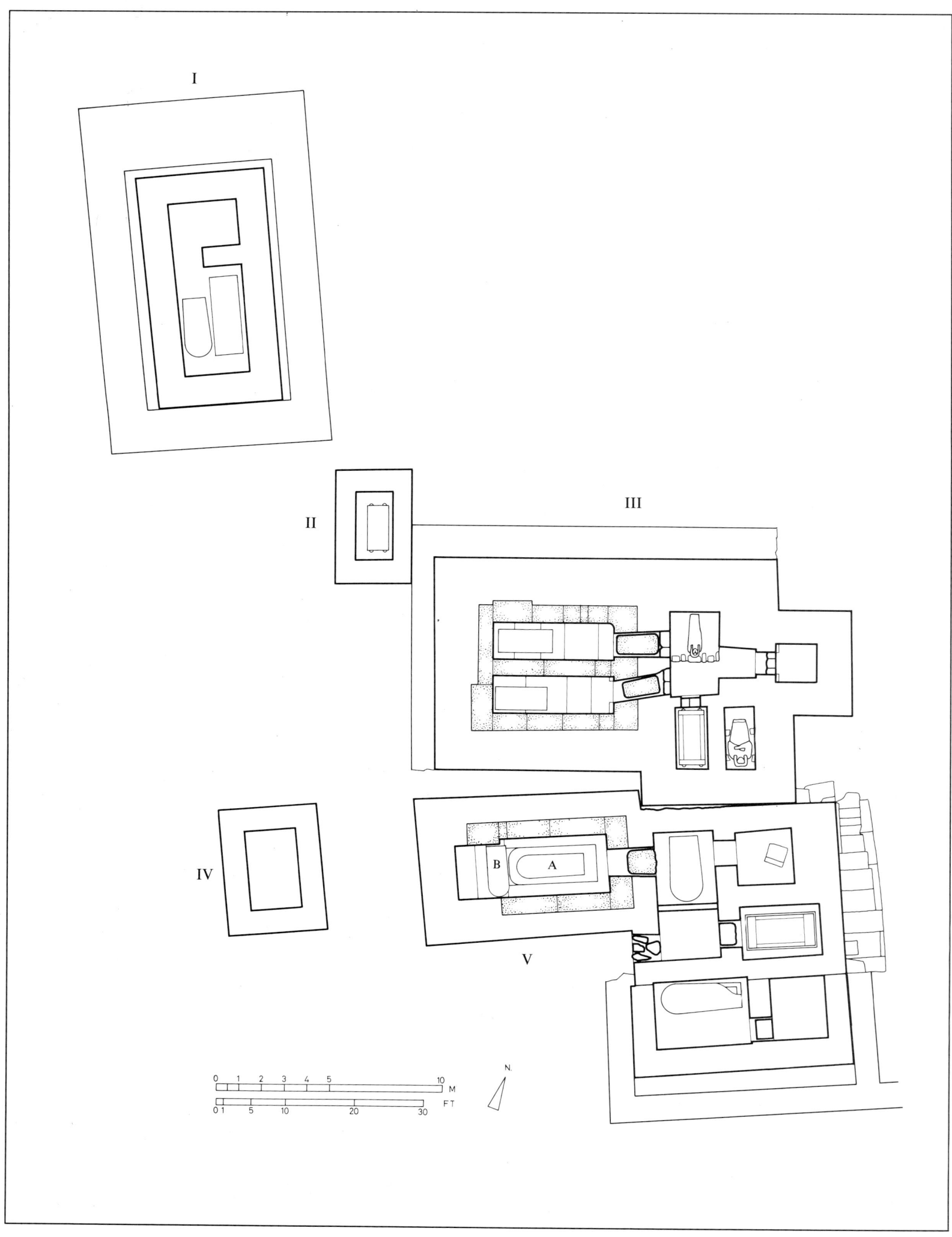

Die von Pierre Montet freigelegten Königsgräber von Tanis
I   Grab Scheschonks III. (ausgeraubt)
II Erstes Grab des Königs Amenemope
III Grabkomplex Psusennes' I. (Detail S. 60)
IV Anonymes Grab
V   Grabkomplex Osorkons II.
A   Sarkophag Osorkons II. (ausgeraubt)
B   Sarkophag des Prinzen Hornacht

aus dem Dorf, am Grabeingang eine Eisentür anzubringen, was schon am folgenden Tag geschieht. Montet seinerseits alarmiert den Chef der ägyptischen Sicherheitspolizei und bittet ihn, ihm eine Abteilung Soldaten zur Verfügung zu stellen, »damit das Grab und unser Magazin Tag und Nacht bewacht würden«.

Eine Riesenüberraschung

Der Grabungsleiter macht sich auf den Weg nach Kairo, um die Behörden zu verständigen. Er informiert die zuständigen ägyptischen Stellen und den Direktor der Altertümerverwaltung, dann besorgt er alles, was für die Bergung der Schätze nötig ist, die beim Abtransport keinesfalls beschädigt werden dürfen. Dann kommen die offiziellen Termine. »Am 20. März besuchten die Konservatoren des Museums in Kairo die Gräber.« Die Fundstücke, die die Grabkammer gefüllt hatten, waren bis auf den Silbersarg bereits ins Magazin gebracht worden. »Am 21. März kam Seine Majestät König Faruk, begleitet von Chanoine Etienne Drioton, dem Direktor der Altertümerverwaltung«, und beide sind bei der Öffnung des Sargdeckels dabei. »Der König bestand darauf, bei der archäologischen Arbeit mit Hand anzulegen, und ich half ihm, den Deckel neben der Sargwanne abzustellen, in der die Mumie lag mit all ihrem Schmuck, bedeckt von vergoldeter Mumienkartonage.«

In diesem Augenblick bemerkt der Ägyptologe zu seinem größten Erstaunen, daß die Kartusche auf der Mumie nicht mit dem Namen übereinstimmt, der sich allenthalben auf den Wänden der Grabkammer findet. Wer ist diese Persönlichkeit, die da in dem Silbersarg bestattet ist und ins Grab des Psusennes gelegt wurde? »Der Sarg gehörte einem unbekannten König: Heka-Cheper-Rê Scheschonk, der mindestens ein Jahrhundert nach Psusennes gelebt haben mußte.« Sofort erkennt Montet, daß dieser geheimnisvolle König ein Nachfahre oder Nachfolger von Scheschonk I., dem für die Plünderung des Tempels von Jerusalem Verantwortlichen, sein muß und damit in die 22. Dynastie gehört, während König Psusennes I. zur 21. Dynastie zählt. Was hat sich also in diesem Grab abgespielt? Es sollte noch ein Jahr dauern, bis die Archäologen dieses Rätsel lösen würden.

Aber zurück zur eigentlichen Entdeckungsgeschichte: Nach dem Abheben des Deckels stellt Montet fest, daß die Mumie einem Herrscher zuzuschreiben ist, der im altägyptischen Königsbuch nicht belegt ist. Die nächsten Arbeitsschritte waren für die Ausgräber aufregend: »Die Mumie war bis auf das Skelett zerfallen. Das Bitumen, das sie einst umgeben hatte, bildete nur noch eine schwärzliche Masse. Der Schmuck jedoch befand sich in ausgezeichnetem Zustand. Schritt für Schritt wurde er geborgen, zuerst die Goldmaske, ein wahres Meisterwerk, dann ein breiter Schulterkragen in Gestalt eines Geiers mit ausgebreiteten Schwingen, ein Halsschmuck, drei Pektorale, vier Amulette, ein Parfümfläschchen, Gürtel und Schließe vom Königsschurz, sieben Armreife und zwei Ringe, Finger- und Zehenhülsen, ein Paar Sandalen.«

Es war eine reiche Ernte, die alleine im Silbersarg dieses der Vergessenheit entrissenen Königs Scheschonk II. eingebracht wurde. Sein Thronname lautete Heka-Cheper-Rê Setep-en-Rê, und er war für kurze Zeit um 890 v.Chr. Koregent – eine recht unbedeutende Person also, deren Reichtümer jedoch, wie die Grabausstattung zeigt, überaus eindrucksvoll sind.

Die Grabungssaison neigt sich dem Ende zu. Montet teilt mit: »Die Fundstücke wurden schnell gereinigt und gefestigt, und ich brachte sie persönlich am 6. April ins Museum nach Kairo. (...) Am Monatsende waren die Schätze bereits im Eingangsbereich des Museums ausgestellt.« In Tanis führt eine abschließende Untersuchung zur Entdeckung einer Tür; sie wird aufgebro-

23, 24 Psusennes besaß nicht weniger als vier Anhänger in Gestalt eines geflügelten Skarabäus. Ein Gegengewicht in Blütenform, an einer zweireihigen Kette von Gold- und Edelsteinperlen aufgehängt, ergänzt diesen Totenschmuck. Hauptthema ist die Wiedergeburt der Sonne, die hier in Gestalt des Käfers auftritt, der vor sich wie die Sonnenscheibe die Königskartusche herschiebt und sie in den ewigen Sonnenlauf integriert. Zentrales Motiv der Komposition ist der Skarabäus aus grünem Jaspis; der stark geometrische Bildaufbau wird durch das Farbenspiel der Einlagen aufgelockert (Höhe des Pektorals 10 cm).

23

24

chen und vermittelt den Zugang zu einem Raum, in dem ein riesiger Sarkophag steht. Er erweist sich jedoch als leer. »Name und Titel des einstigen Besitzers waren auf den Wänden ausgekratzt. Der Sachverhalt wurde für uns immer mysteriöser. In einem von Psusennes erbauten Grab, das nicht die geringsten Spuren einer Beschädigung aufwies, hatten wir den Sarg und den reichen Schmuck eines unbekannten Königs gefunden, und wir hatten festgestellt, daß eine Nebenbestattung geplündert worden war, deren Besitzer bis hin zu seinem Namen getilgt werden sollte.« Später erst sollte Montet die Identität des Unbekannten klären: Anchef-en-Mut, Oberbefehlshaber der Armee des Psusennes.

Die beginnende Sommerhitze zwingt die Mannschaft, die Grabung zu beenden. Posten ziehen als Wache vor den Königsgräbern von Tanis auf, und die Zugänge sind mit eisernen Toren verschlossen. Erst im darauffolgenden Jahr kommen die Archäologen wieder. Die Bilanz der elften Kampagne kann sich sehen lassen. Montets Mannschaft hat einen Sarg mit einer unberührten Königsmumie entdeckt. Das war seit der aufsehenerregenden Freilegung des Tutanchamun-Grabes 1922 im Tal der Könige nicht mehr vorgekommen. Trotzdem aber hat die internationale Lage das Ereignis überhaupt nicht ins Licht der Öffentlichkeit treten lassen.

Obwohl im September 1939 der Krieg zwischen Frankreich und Deutschland ausgebrochen ist, setzt Montet ab Januar 1940 seine Arbeit unbeirrt fort. Als erste Aufgabe nehmen die Ausgräber die Arbeiten im Grab Osorkons II. wieder auf, die unterbrochen worden waren, als das unberührte Grab des Psusennes die ganze Aufmerksamkeit der Equipe in Anspruch genommen hatte. Nun macht man sich an die Öffnung des Sarges des Hohenpriesters des Amun namens Hornacht.

Zwar hatten die antiken Räuber den Sarg aufgebrochen, aber es war ihnen nicht gelungen, alles mitzunehmen. Vor dem Loch »fand man Uschebtis und vier Kanopen in ausgezeichnetem Erhaltungszustand«, die auf dem Boden im Schlamm lagen. Nach der Entfernung des Deckels entdeckte man, daß »die Mumie des Hornacht, in Bänder gewickelt und in ein Perlennetz gehüllt, in einem Silbersarg lag, der seinerseits in einem Sarg aus vergoldetem Holz steckte.« Auch hier hatte die Feuchtigkeit des Deltaklimas ihre Spuren hinterlassen: Die beiden Särge befanden sich »in erbärmlichem Zustand. Das Holz war praktisch nicht mehr existent.« Der Silbersarg »war von den Räubern zerbrochen worden, die die größtmögliche Zahl von Bruchstücken durch das in den Granitsarg gebrochene Loch herausgezerrt hatten«. Außerdem hatten die Grabräuber »mit Haken den Schmuck an Kopf und Hals« herausgezogen, »aber es war ihnen nicht gelungen, weiter in den Sarg einzudringen.« Obwohl die Grabräuber zuvorgekommen sind, ist die Ernte, die sich Montet bietet, durchaus interessant: »Sie hatten uns Armreife und Ringe zurückgelassen, Skarabäen mit ihren Ketten, Amulette und zudem Statuetten.«

Der Sarg des Hornacht war auffallend klein. Die Untersuchung des Skeletts lieferte die Erklärung für diese Besonderheit: Der Hohepriester des Amun war in Wirklichkeit noch ein Kind. Das Skelett, von Professor Derry in Kairo begutachtet, erlaubte es, »das Sterbealter des Hornacht auf acht oder neun Jahre festzulegen.« Es handelt sich um einen Prinzen, einen Sohn Osorkons II., der um 870 v.Chr. in der 22. Dynastie gelebt haben muß.

Pierre Montet schließt diesen Grabungsabschnitt nicht ohne Sorgen bezüglich der Sicherheit der Grabung: »Die Entdeckung der Königsnekropole, die uns eine gewisse öffentliche Aufmerksamkeit brachte, lenkte allerdings auch die Augen der Antikenhändler auf uns. Es war schon bald klar, daß man versuchte, unsere besten Arbeiter zu bestechen. (…) Während der Arbeit in den Gräbern wurden die Arbeiter niemals allein gelassen. (…) Auf diese Weise ging für die Wissenschaft nichts von diesen Schätzen verloren, die uns ein wunderbarer Glücksfall völlig intakt in die Hände gegeben hatte.«

A Im Vorraum des Grabes Psusennes' I. in Tanis ist Pierre Montet (rechts) dabei, den falkenköpfigen Silbersarg des Königs Scheschonk II. zu öffnen. Dieser 21. März 1939 ist ein historisches Datum für die Ägyptologie: Ein bislang unbekannter König aus der Zeit um 900 v.Chr. sollte aus der Vergessenheit auferstehen.

B Pierre Montet untersucht den Sarg des Scheschonk. Beiderseits des Königs waren ursprünglich zwei Unbekannte beigesetzt, von denen nur kümmerliche Reste und die Spuren von Holzsärgen geblieben sind.

C Vor dem Sarkophag des Prinzen Hornacht (um 870 v.Chr.), dessen ausgeraubte Bestattung sich im Grab Osorkons II. befand, überprüft Pierre Montet den anthropomorphen Deckel, bevor er sich an die Freilegung der von den antiken Grabräubern hinterlassenen Reste macht. Der Sarkophag wurde am 15. Januar 1940 geöffnet und enthielt noch Schmuck, der den Räubern entgangen war.

D Pierre Montet zeigt einen silbernen Miniatursarg aus einer der Kanopen Scheschonks II., der die Eingeweide des Königs enthielt (vgl. Abb. 91). Die große Anzahl von Silberobjekten ist ein Charakteristikum der Königsgräber von Tanis (Fotos Keystone).

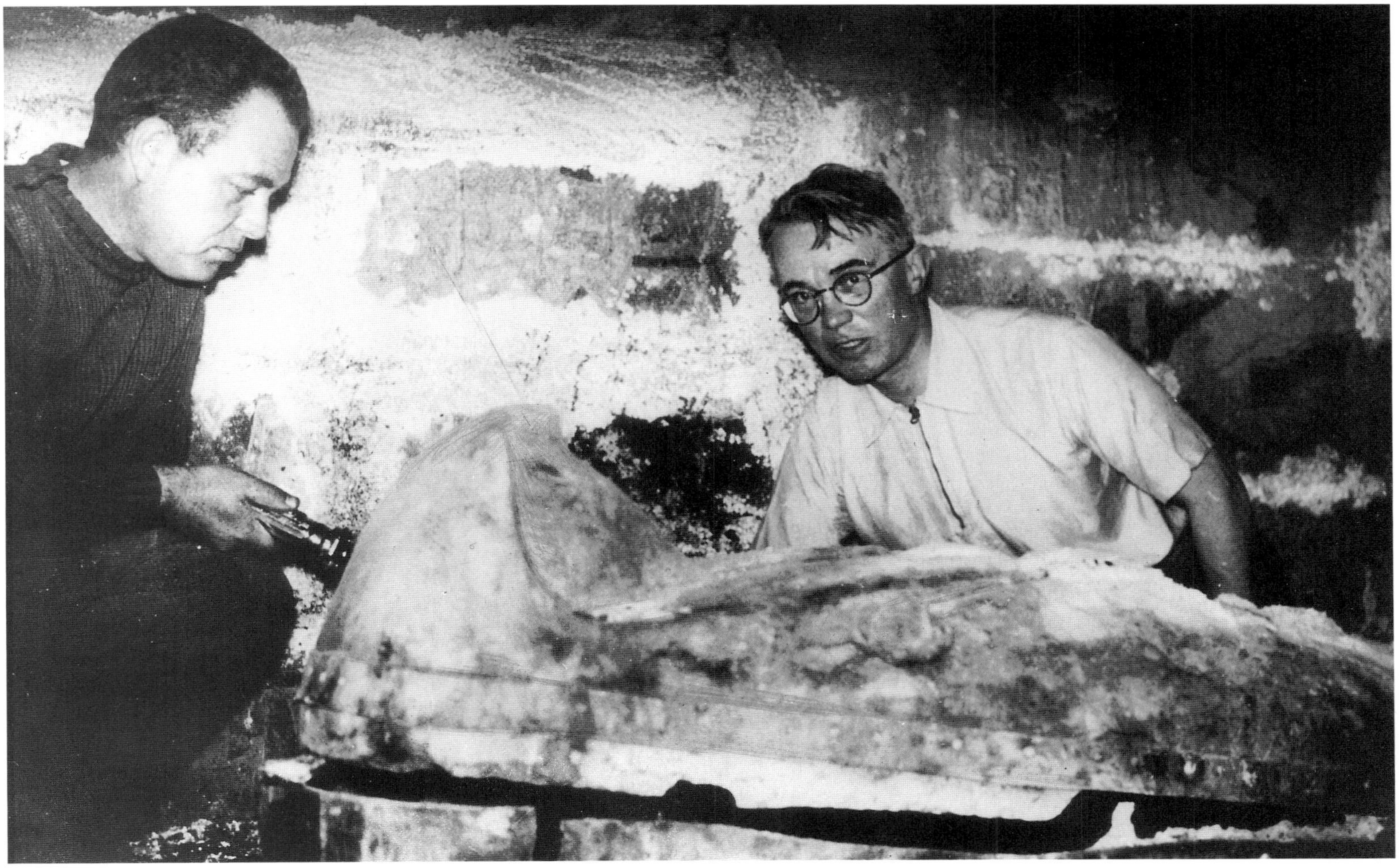

A

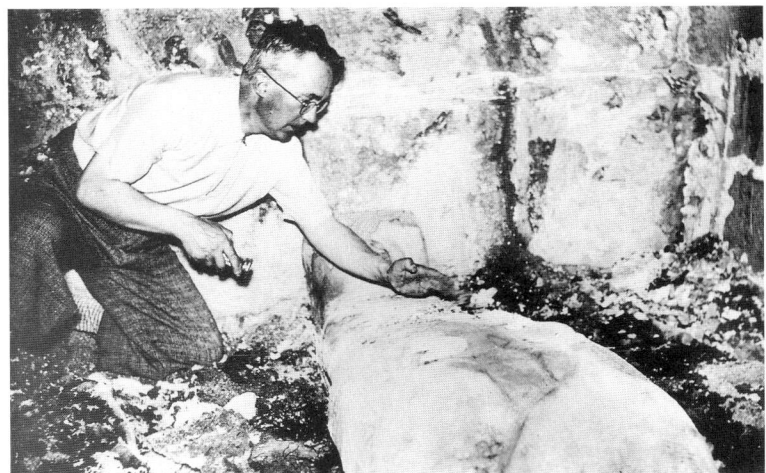

B

C

D

25

IV. Die unberührten Schätze des Psusennes und Amenemope

25 Im ziselierten Dekor der Rückseite des Pektorals ist jede Hieroglyphe des Königsnamen ein kleines Meisterwerk. Auf der Unterseite des Skarabäus steht das 30. Kapitel des Totenbuches, das das Herz des Toten beschwört, beim Totengericht nicht gegen ihn auszusagen.

26 Das zweite kapellenförmige Pektoral zeigt symbolhafte Darstellungen der Auferstehung des Toten. Die Göttinnen Isis und Nephthys heben den Sonnenskarabäus mit dem Königsnamen zum Himmel empor. Das Pektoral ist in feinster Zellentechnik ausgeführt, ebenso die Basiszone, in der sich verschiedene Symbole der Wiedergeburt der Sonne abwechseln (Höhe des Pektorals 13 cm).

27 Auf der ziselierten Rückseite desselben Pektorals verdienen die Innenzeichnung der Vogelflügel, die geblähten Leiber der Uräen und die feinen Gesichter der Göttinnen besondere Beachtung. Der Skarabäus aus Lapislazuli mit dem Namen des Königs bildet den einzigen farblichen Akzent inmitten des reinen Goldglanzes.

Bis Anfang Februar 1940 sieht Pierre Montets Bilanz in Tanis folgendermaßen aus: Das ausgeraubte Grab Osorkons II., im Vorraum des Grabes des Psusennes der Silbersarg von Scheschonk II. mit seinem Schmuck; schließlich hinter dem Sarkophag des Osorkon der Sarkophag mit den Resten des Schmucks, der mit der Mumie des jungen Prinzen und Hohenpriesters des Amun Hornacht beigesetzt worden war.

Noch aber hat Montet nicht das Grab von Psusennes selbst freigelegt. An diese Aufgabe macht er sich nun mit seinen Leuten. Der Krieg bringt die Ausgräber um das internationale Echo, das sie unter normalen Umständen schon angesichts der Bedeutung der ersten Entdeckungen verdient hätten. Das Grab des Psusennes bildet einen strahlenden Höhepunkt, denn es ist ein intaktes Königsgrab, das Montets Mannschaft im heiligen Bezirk des großen Tempels freilegen wird. Daran gibt es für den Archäologen keinen Zweifel.

Wenn schon die bislang gefundenen Objekte – von einem unbekannten Pharao und einem Hohenpriester der 22. Dynastie – überaus bemerkenswert sind, so wird es sich bei Psusennes um ältere Werke handeln. Sie sind hundert Jahre früher entstanden, denn Psusennes ist die große Herrscherpersönlichkeit der 21. Dynastie, König von 1036 bis 989 v.Chr. Daher weiß Montet auch, daß die zu erwartenden Funde die allerwichtigsten sein werden. Nun beginnt zwischen den Ausgräbern und den dramatischen Ereignissen in Europa ein wahrhafter Wettlauf gegen die Uhr. Es gibt kein Zurück mehr, obwohl die Lage in höchstem Maße ungünstig ist, denn Montet kann es nicht riskieren, die Schätze, die er im noch nicht ausgegrabenen Teil des Psusennes-Grabes vermutet, dem Rachen der Hyänen zu überlassen. Die Antikenhändler liegen bereits auf der Lauer und warten nur darauf, daß die Franzosen abreisen oder die Militärstreifen, die zur Bewachung der Gräber abkommandiert sind, sich die geringste Nachlässigkeit leisten. Es geht also darum, die Erforschung dieses Abschnitts der tanitischen Nekropole möglichst schnell zum Abschluß zu bringen. Jede Verzögerung wäre gleichbedeutend mit dem Risiko eines modernen Grabraubs, der ebenso katastrophal wäre wie die im Altertum begangenen.

Zu viele Gräber sind bereits das Ziel von Raubgrabungen gewesen, als daß nicht auch ein Königsgrab - das einzige seit der Entdeckung des Tutanchamun-Grabes – skrupellosen Händlern zum Opfer fallen könnte. Unter allen Umständen muß die Vernichtung historischer Informationen verhindert werden, die unausweichlich eintritt, wenn die Reichtümer der Vergangenheit von Dilettanten geplündert werden, die sich nur von ihrer Habgier leiten lassen. Das Fehlen jeglichen wissenschaftlichen Interesses, die Zerstreuung einer vollständigen Grabausstattung, die Jahrtausende überlebte, sind Verbrechen gegen die Geschichte. Montet kann dieses Risiko nicht auf sich nehmen. Er fühlt die Verantwortung für seine Grabung und ist fest entschlossen, die Arbeiten zu einem guten Ende zu bringen; er weiß, daß sie in die entscheidende Phase getreten sind. Die Zeit der Ernte ist gekommen, und das Wetter-

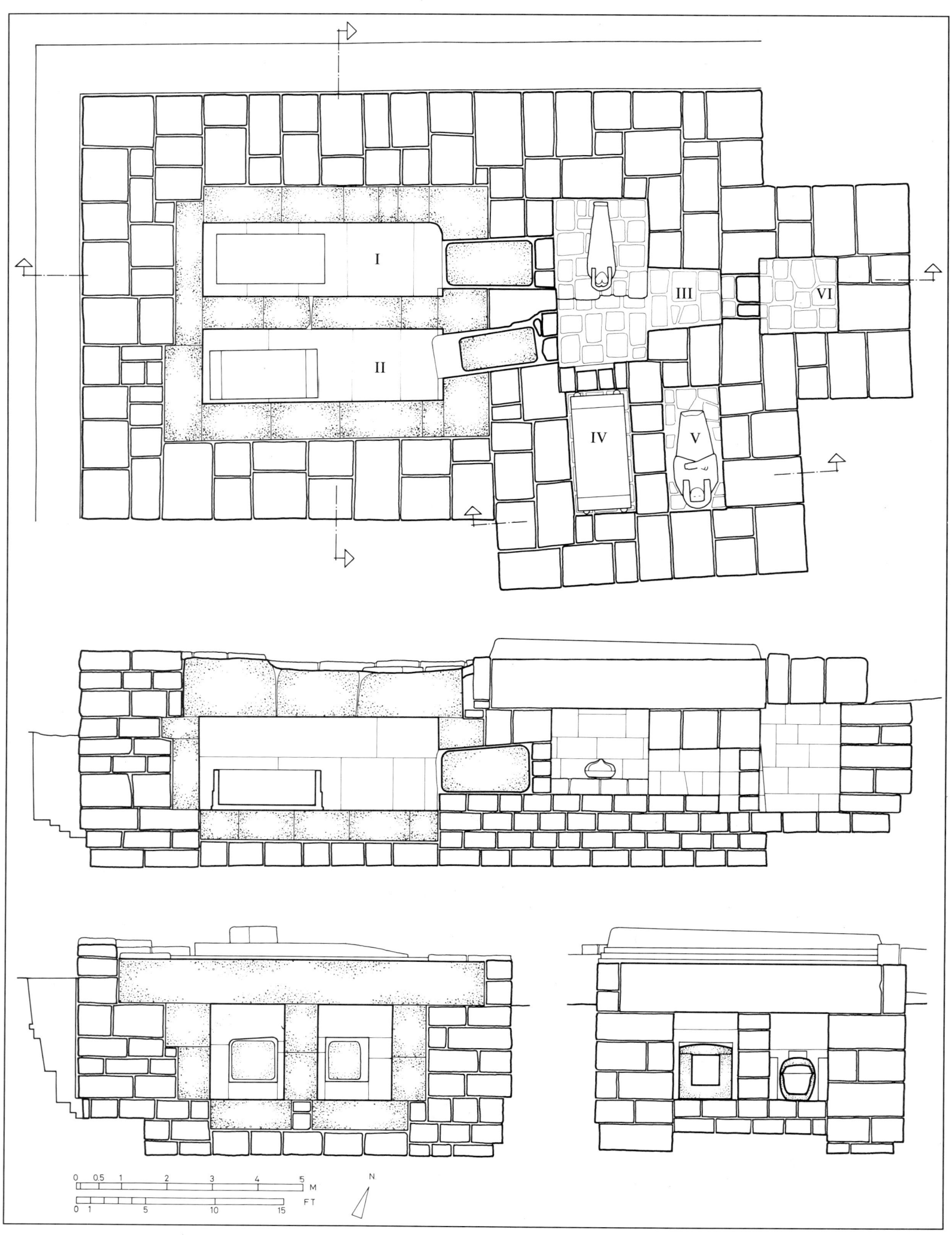

Grabkomplex Psusennes' I.: Plan, Längs- und Querschnitt sowie Schnitt des seitlichen Anbaus
I   Granitkammer Psusennes' I.
II Granitkammer der Königin Mut-nedjemet, von König Amenemope wiederbenutzt
III Vorraum mit Silbersarg Scheschonks II.
IV Sarkophag des Anchef-en-Mut, General und Sohn Psusennes' I. (ausgeraubt)
V   Sarg des Wen-djebau-en-djed, des Obersten der Bogenschützen Psusennes' I.
VI Eingangsschacht des Grabes

28 Jeder der vier geflügelten Skarabäen des Psusennes hat seinen eigenen Charakter und legt damit Zeugnis ab von der Kreativität der ägyptischen Künstler. Hier dominieren die vertikale Struktur der Flügel und der Kontrast der zwei Farben, des warmen Rot des Karneol und des tiefdunklen Blau des Lapislazuli (Höhe des Pektorals 10 cm).

29 Auf der Unterseite des Skarabäus aus blauem Granit vom Pektoral der Abb. 28 steht ein Text, der die Funktion des Schmuckstücks beschreibt: »Das Herz des Osiris König, Herr der beiden Länder Aa-cheper-Rê Setep-en-Amun, Sohn des Rê Psusennes. Er sagt: Mein Herz ist das Herz des Rê. Das Herz des Rê ist mein Herz…Es gehört mir, mein Herz. Mein Herz ruht in mir…«

leuchten über der westlichen Welt kann ihn nicht davon abbringen, seine Grabung fortzusetzen. Montet ist sich völlig sicher, an der Schwelle zu einer der ganz großen Entdeckungen der Ägyptologie zu stehen.

»Wir hatten bemerkt«, schreibt er, »daß die Rückwand« des Psusennes-Grabes »zwei sorgfältig vermauerte Türen besaß«. Diese Türen waren nicht nur durch eine Mauer verschlossen, sondern das Mauerwerk muß ursprünglich unter einer Stuckschicht unsichtbar gewesen sein. Die Schicht bedeckten Malereien mit Opferszenen, die den König vor den Jenseitsgöttern zeigten. Um den Zugang zur Grabkammer zu öffnen, mußte man sich also entschließen, diese Wandmalereien und Inschriften zu zerstören, unter denen die Feuchtigkeit die Umrisse der Blöcke und die Lage der Fugen erkennen ließ. »Wir fingen mit der nördlichen Tür an. Die kleinformatigen Blöcke ließen sich problemlos herausnehmen. Aber dann sahen wir uns durch einen riesigen Granitblock aufgehalten, der den Gang so genau ausfüllte, daß wir es zunächst einmal für unmöglich hielten, ihn herausziehen zu können.«

Vor dem unberührten Grab

Damit ist klar, daß die Grabtür niemals aufgebrochen worden ist. Und wenn nicht ein Einbruch von der Rückseite her oder durch einen unterirdischen Stollen stattgefunden haben sollte – was mehr als unwahrscheinlich ist –, dann muß das Grab völlig unberührt sein. Aber zunächst ist der riesige Granitwürfel, der in der Tür steckt, zu entfernen, um Zugang zur letzten Ruhestätte des Toten zu erhalten, der dort inmitten seiner Schätze liegt. Die Neugier der Forscher ist so groß, daß ihre ersten Anstrengungen nur dahin gehen, einfach zu sehen, was sich hinter dem Hindernis verbirgt. Rings um den Block zieht sich eine Fuge von anderthalb Zentimetern Breite. »Wir leuchteten mit einer elektrischen Lampe durch diesen Spalt und konnten im Innern zwei Metallgegenstände erkennen, einen von strahlendem Glanz, den anderen grün oxydiert.« Montet fügt hierzu noch an: »So lange auch diese Tantalusqualen dauerten, wir ertappten uns doch immer wieder dabei, durch den Spalt ins Innere zu leuchten und den Lichtstrahl unvermeidlich auf einen schillernden Gegenstand fallen zu lassen.«

Angesichts dieses unbeweglichen und schweren Verschlußblocks aus Granit, der die Tür versperrt, versuchen die Ausgräber, durch den Spalt ein Kabel zu schieben, es um den Stein zu legen und ihn so aus seiner Lage zu ziehen. »Nach mehreren erfolglosen Versuchen gelang es uns, eine insgesamt sechsfache Kabelwindung um den Block zu legen.« Ein Flaschenzug wird installiert, der an einem quer vor die Außentür des Ganges gelegten Balken befestigt ist. »Die alten Ägypter hatten den Block auf zwei runde Bronzestangen von 25 Zentimetern Länge und zwei Zentimetern Durchmesser gesetzt, um ihn in seine Maueröffnung zu schieben. Diese Rollen waren intakt.« Sie können nun noch einmal zum Einsatz kommen. »Der Granitblock begann sich sofort zu bewegen, als die Leute anfingen, den Flaschenzug in Betrieb zu setzen. Am fünften Tag war er völlig aus dem Gang herausgezogen und lag nun an der Südwand des Vorraums. Es handelte sich um die Hälfte eines Architravs von einem Gebäude Ramses' II.«

Ein faszinierender Augenblick: Ein Königsgrab wird sein Inneres preisgeben – drei Jahrtausende nachdem sich die Totenpriester, den letzten Dienst am Verstorbenen verrichtend, aus dem Grab zurückgezogen und die Grabestür versiegelt hatten. »Am 15. Februar 1940 endlich konnten Bucher und ich die Grabkammer des Psusennes betreten.« In »einem langen, schmalen Raum, der sehr sorgfältig aus riesigen Granitblöcken mit verputzten Fugen gemauert war«, erblicken die beiden Archäologen »einen großen Sarkophag aus Rosengranit«. Er nimmt schon für sich alleine den hinteren Teil der Grabkammer, die Hälfte des ganzen Raumes, ein. In der vorderen Raum-

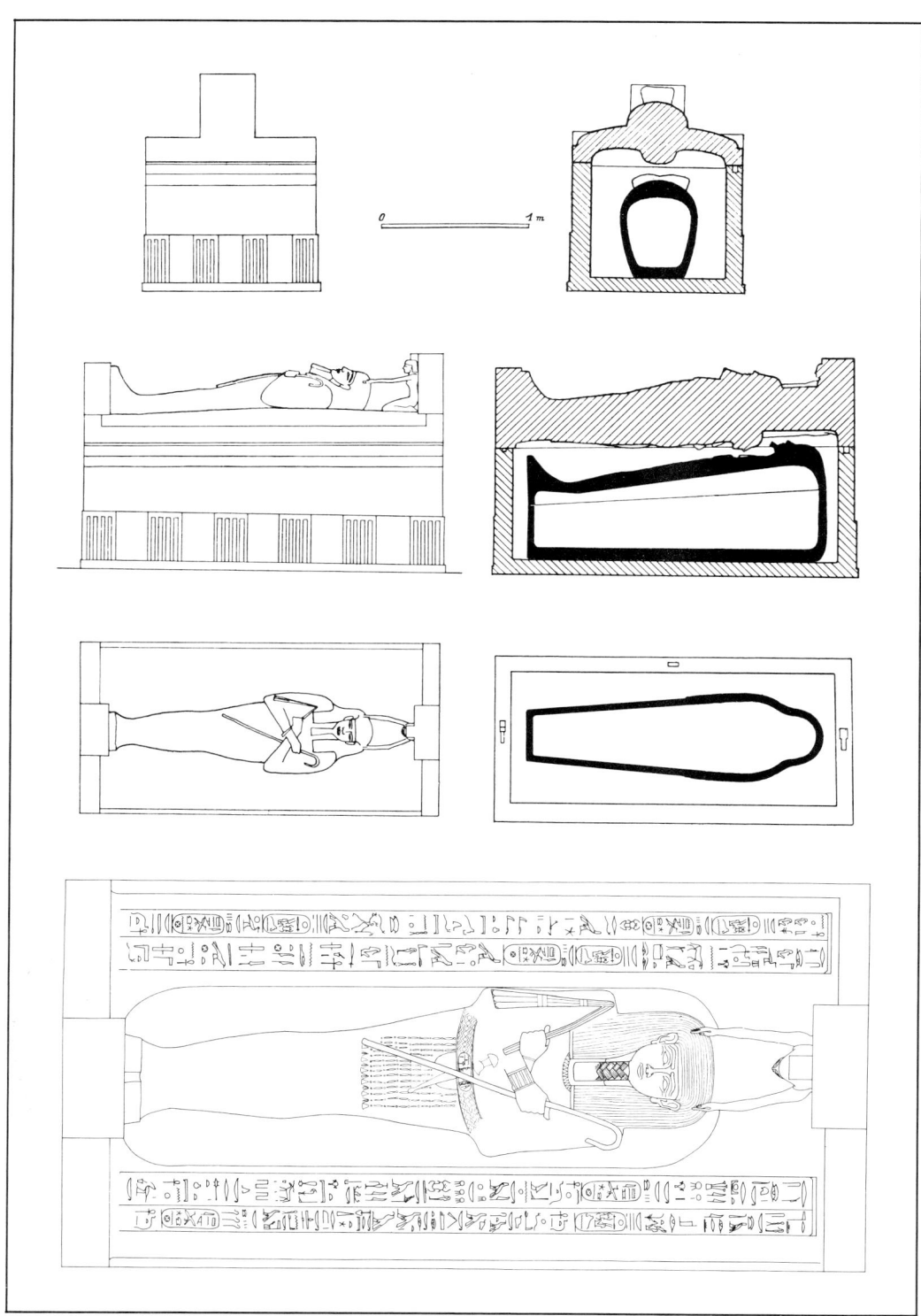

Ansichten, Schnitte und Plan der Sarkophage Psusennes' I. aus rotem und schwarzem Granit; Detailzeichnung der Außenseite des Deckels des Rosengranitsarkophags, der ursprünglich als Kenotaph für Merenptah, den Sohn Ramses' II., diente (Zeichnungen A. Lézine)

hälfte sehen sie zahlreiche Gegenstände am Boden liegen: ein versiegeltes Gefäß, vier Kanopen, Hunderte von Uschebtis, deren Anordnung übereinander noch die Form des Holzkastens erkennen läßt, der sie einstmals barg und im Lauf der Zeit verfallen ist; denn in diesem Grab herrscht so hohe Luftfeuchtigkeit, daß – wie Montet berichtet – das Wasser von den Wänden tropft.

Links vom Eingang steht auf einem bronzenen Räuchergerät eine Silberplatte für Opfergaben. Weiter nach innen, neben einer großen, nur grob bearbeiteten Kalksteintafel, blickt man auf drei Gefäße aus massivem Gold, auf goldene Becher und goldene Kelche. Montet schreibt über diese Fundstücke, daß sie »einen rötlichen Schimmer hatten, als ob sie aus Kupfer wären«. Aber es genügt, sie einfach mit Seife abzuwaschen, um ihnen den ganzen Glanz des Goldes zurückzugeben.

Eine Woche dauert es, bis die Mitarbeiter die zahlreichen Fundstücke im Raumteil vor dem Sarg und in den engen Zwischenräumen beiderseits der

30, 31 Unter den 26 Armreifen, die auf der Mumie des Psusennes gefunden wurden, fällt einer durch den Reiz seines unkomplizierten Stils auf. Die Inschrift mit der Titulatur des Königs ist in großen Hieroglyphen aus farbigen Steinen direkt in den Goldreif eingelegt (Breite des Armreifs 3,8 cm).

30

31

Granitwanne inventarisiert, gezeichnet und fotografiert haben. Inzwischen ist es auch sicher, daß der Sarkophag selbst intakt ist. Der Spalt zwischen Deckel und Sargwanne ist mit Gips verfugt, und das beweist endgültig, daß die Bestattung seit der Grablegung nicht mehr berührt worden ist. Von jetzt an kann man mit Sicherheit annehmen, daß es keine Enttäuschung mehr zu befürchten gibt.

»Am 21. Februar 1940 hoben wir den Sargdeckel ab.« Er zeigt den Toten in der liegenden Gestalt des Osiris, und auch hier handelt es sich um einen wiederverwendeten Sarg, der ursprünglich ins Neue Reich gehört. Die Figur auf dem Deckel stellt also einen Herrscher früherer Zeiten dar, dessen Gesicht sich liebevoll eine kleine Göttinnenfigur zuwendet, die am Kopfende des Sargdeckels kniet; die Inschriften auf der Sargwanne waren auf den Namen des Psusennes abgeändert worden. Die Archäologen schieben den Deckel auf eine Lage von Sandsäcken, die sie im vorderen Raumteil ausgelegt haben, und als sie sich seine Unterseite vornehmen, entdecken sie eine ausgezeichnete Figur der Göttin Nut, die das gestirnte Himmelsgewölbe darstellt. Bei geschlossenem Sargdeckel schwebte der ausgestreckte Frauenkörper der Göttin, von einem straffen Gewand hauteng umschlossen, direkt über dem Toten. Ein zweiter Sarkophag – nun aus schwarzem Granit – lag unter ihr, und sie blickte ihm ins Gesicht. Dieser schwarze Sarg, mumiengestaltig gearbeitet, füllt den ganzen Innenraum des Außensarges aus.

Dies ist der richtige Ort, noch einmal ausdrücklich darauf hinzuweisen, wie überaus wichtig es den alten Ägyptern war, den Schutz des toten Königs zu gewährleisten. Sie richten nicht nur einen großen Sarkophag aus Rosengranit her, der den Toten umschließen soll, sondern dieser Außensarg enthält seinerseits, eng ineinander geschachtelt, einen zweiten Sarkophag aus schwarzem Granit, der die Gestalt des Toten nachbildet. Noch weitere Hüllen umschließen, wie sich bald zeigen wird, die Mumie, die auf diese Weise den Jahrmillionen ihrer Reise durch die Unterwelt trotzt.

Als Montet später den Rosengranitsarkophag mit seinen herrlichen Figuren in aller Ruhe untersucht, wird er einen Namen entdecken, der bei der Tilgung vergessen worden war, den Namen des Königs Merenptah, des Nachfolgers Ramses' II., der um 1210 v.Chr. regierte, also zwei Jahrhunderte vor Psusennes. Dieser Sarkophag stammte aus einer Nekropole im Delta, in der die Könige für die Erfordernisse ihres Totenkults in Unterägypten Scheingräber besaßen, da ihre eigentlichen Gräber in Oberägypten im Tal der Könige gegenüber von Karnak lagen. Der ursprüngliche Besitzer des in diesem Sarkophag liegenden schwarzen Granitsarges konnte jedoch nicht identifiziert werden. Montet nimmt nicht an, daß er Merenptah gehört haben könnte, vertritt aber ein Entstehungsdatum in der 19. oder 20. Dynastie.

Die Reichtümer Psusennes' I.

Zwischen Innen- und Außensarg finden die Archäologen eine ganze Sammlung von Waffen und Zeptern. Nach deren Entnahme können sie sich an die Öffnung des anthropomorphen Deckels des schwarzen Granitsarges machen. Das große Ereignis findet am 28. Februar in Anwesenheit von König Faruk statt. »Da kam ein dritter Sarkophag zum Vorschein.« In Wirklichkeit handelt es sich um einen Sarg aus massivem Silber, »in eng gewickelter Mumiengestalt, über und über ziseliert«. Diesmal ist es wirklich eine Arbeit, die für Psusennes I. hergestellt wurde, nicht ein wiederverwendetes Stück wie bei den beiden äußeren Sarkophagen.

Das Gesicht, das dieser Silbersarg zeigt, ist das des großen Herrschers der 21. Dynastie, dargestellt nach dem klassischen Schema des Neuen Reiches. Die feinen idealisierten Züge vertreten einen Gesichtstyp, der in den Bildnissen Thutmosis' III. begegnet – ausdrucksstarke Augen, in Email eingelegt,

Auf der Innenseite des Deckels vom Rosengranitsarkophag Psusennes' I. befindet sich die prachtvolle Relieffigur der Göttin Nut, der Göttin des gestirnten Himmels, die über dem Toten wacht (Foto Audrain).

32 Der schwere, massiv goldene Armreif mit dreieckigem Querschnitt ist gleichermaßen in seiner schlichten Form und durch sein Gewicht bemerkenswert: Er wiegt 1742 Gramm (Durchmesser 10,5 cm).

33 Königin Mut-nedjemet hatte ihrem Gemahl zwei gleichartige Goldarmreife von raffinierter Schlichtheit gewidmet: Statt schillernder Farben und symbolträchtiger Darstellungen nur übereinandergesetzte Goldröhrchen, die abwechselnd glatt und fein gerippt sind (Durchmesser 6 cm).

34 Einer dieser beiden Fußreife des Psusennes ist mit dessen kryptographisch geschriebenem Namen geschmückt. Die ziselierte Widmungsinschrift auf der Innenseite nennt als Stifter Smendes, den Hohenpriester des Amun in Karnak (Höhe 5 cm).

35 Psusennes besaß zwei gleiche Armreife, die auf ihrer Innenseite die seltene Angabe »rechts« und »links« tragen. Der bemerkenswert elegante Dekor besteht aus zwei goldenen Volutenfriesen, die die in eine Lapislazulifläche eingelegte Titulatur des Königs einfassen.

eine leichte Adlernase, ein kleiner, scharf geschnittener Mund. Über die Stirn zieht sich ein Goldband mit einem aus massivem Gold gearbeiteten Uräus, der den König beschützenden Schlange. Der König trägt das Kopftuch und einen künstlichen Bart. In seinen vor der Brust überkreuzten Armen, in der traditionellen Haltung der Könige auf ihrer Totenbahre, hält Psusennes rechts das Zepter und links den Wedel, Abzeichen königlicher Macht.

Als Montet den Silbersarg zu öffnen versucht, stellt er fest, daß Deckel und Sargwanne vernietet sind. Um die Nieten aufsägen zu können, »erweist es sich als nötig, beide zusammen mit Gurten anzuheben. Am 1. März wurde im Beisein von Abbé Drioton ein Versuch gemacht.« Aber die Arbeit erweist sich als problematisch, denn der Sargboden läßt sich nicht von der Sargwanne aus schwarzem Granit lösen. »Das Ergebnis war nicht ganz das, mit dem wir gerechnet hatten«, berichtet Montet zerknirscht und gesteht: »Der Boden löste sich vom übrigen Sarg«, sobald man den Silbersarg hochhob. »Aufgrund der außerordentlich hohen Feuchtigkeit, die in der so dicht über dem Grundwasserspiegel liegenden Kammer herrschte und die in die Sarkophage eingedrungen war, hatte sich der Boden des Silbersarges bereits von den Seitenteilen abgelöst und war in zahlreiche Bruchstücke zerfallen. So

32

33

34

35

wurden Deckel und Seitenteile alleine abgehoben, während der Boden und der ganze Sarginhalt in der Granitwanne liegen blieben.«

Fast ganz intakt konnte dieser großartige Sargdeckel ins Magazin gebracht werden; dann mußte der Schmuck geborgen werden, der die Mumie umgab. Was sehen die Archäologen, nachdem sie den Silberdeckel abgehoben haben? Vor ihren geblendeten Augen erstrahlt eine kostbare Goldmaske, die noch einmal den Pharao im Königskopftuch zeigt. Die Gesichtszüge dieser Maske sind denen der Silbermaske gleich. Die sterblichen Überreste des Königs – besser gesagt: sein Skelett – verhüllt eine Art Deckel aus ziseliertem Goldblech, den Montet als »Aufsatz« bezeichnet; auf ihm sind Zepter und Wedel als Machtzeichen abgebildet, darunter die minutiös gravierte Darstellung eines großen Vogels, der mit ausgebreiteten Schwingen den Toten beschützt. Dieser Vogel, elegant in seiner ziselierten Zeichnung, trägt das Widderhaupt des Sonnengottes. Schutzformeln bedecken das Goldblech in seiner Länge von 1,25 Metern und der Breite von 43 Zentimetern, und in Höhe der Füße wachen die Figuren der Göttinnen Isis und Nephthys über den König.

Die Archäologen brauchen eine Woche, um den König von der umfangreichen Ausstattung zu befreien, die ihn umgibt – von Schmuck, Amuletten, goldenen Geschmeiden: zwölf Armreife am linken Arm, zehn am rechten, goldene Finger- und Zehenhülsen, über dreißig Ringe, goldene Sandalen. Dazu zwei Pektorale in durchbrochener Goldarbeit mit Emaileinlagen, vier geflügelte Goldskarabäen mit farbigen Mustern. Von den Gold- und Lapislazuli-Colliers bestehen manche aus Hunderten von kleinen Scheiben und Perlen aus Gold, und ein Armreifen-Paar mit dreieckigem Querschnitt wiegt mehr als 3500 Gramm reinen Goldes. Inventarisierung und Instandsetzung, Verpackung und Transport solcher Kostbarkeiten vom Grab bis zum provisorischen Museum, das für die Tanis-Grabung angelegt wird, all diese Arbeiten erregen natürlich lebhafte Begehrlichkeit.

In seiner gewohnten lapidaren Knappheit teilt Montet lediglich mit: »Ein Raubversuch schlug fehl.« Trotz der Präsenz einer Abteilung Soldaten, die von der ägyptischen Regierung abkommandiert sind, die Sicherheit der Fundobjekte zu gewährleisten, scheuen sich Diebe nicht, einen Einbruchsversuch zu unternehmen. Montets Stillschweigen über die näheren Umstände dieses Versuchs erklärt sich vielleicht daraus, daß sich Soldaten der Wachtruppe haben bestechen lassen. Es kann auch nicht ausgeschlossen werden, daß das Verbrechen von einem Grabungsarbeiter begangen wurde, den Montet nicht bei den Justizbehörden anzeigen wollte.

Am 7. März 1940 wurde die kostbare Fracht mit einem Militärlastwagen nach Kairo ins Museum gebracht und alsbald ausgestellt.

Die Gruft des Amenemope

So hätte eigentlich die Grabungssaison 1940 ihr Ende finden können. In ihrem bisherigen Verlauf hat die Tanis-Mannschaft eine der reichsten Sammlungen an Goldschmuck, Juwelen und Amuletten ans Licht gebracht, einen märchenhaften Pharaonenschatz, der mit Ausnahme des Tutanchamun-Schatzes seinesgleichen nicht kennt. »Zunächst hatten wir die Absicht«, schreibt Montet, »die Grabung zu schließen und die Untersuchung der zweiten Granitkammer, die wir neben dem Grab des Psusennes lokalisieren konnten, auf das folgende Jahr zu verschieben.«

Nun hatte aber König Faruk bei seinem Besuch am 28. Februar von Montet erfahren, daß der Archäologe noch eine weitere Bestattung im Grab des Psusennes gefunden hatte. Der König bestand darauf, die Ausgräber mögen das Areal nicht schließen, bevor sie nicht jenes Grab untersucht hätten, das man nicht sich selbst überlassen dürfe, selbst wenn es gut bewacht

A Am 15. Februar 1940 öffnet Pierre Montet die Granitkammer des unberührten Grabes des Königs Psusennes I. (1045–994 v.Chr.). Der Sarkophag aus Rosengranit, der den Raum fast vollständig ausfüllt, ist noch verschlossen.

B Montet vor der liegenden Osirisfigur auf dem Deckel des Psusennes-Sarkophags. Der König war in einem wiederverwendeten Sarkophag bestattet, der ursprünglich als Kenotaph des Merenptah, des Sohnes Ramses' II., gedient hatte. Der nächste Arbeitsschritt für Montets Mannschaft ist die Abnahme des schweren Deckels, der den Sarg verschließt.

C Psusennes war in zwei Steinsarkophagen zur letzten Ruhe gebettet, einem Außensarg aus Rosengranit und einem Innensarg aus schwarzem Granit (vgl. Abb. 55), der seinerseits einen Silbersarg mit den Zügen des tanitischen Königs enthielt. Dieses Meisterwerk aus massivem Silber, rundum ziseliert und teils vergoldet (vgl. Abb. 1 und 2), ist bereits ins Grabungsmagazin transportiert worden und wird am 7. März 1940 ins Ägyptische Museum in Kairo gebracht.

D Drei Jahrtausende blicken Pierre Montet im ziselierten Silbersarg des Psusennes an (vgl. Abb. 1 und 2). Der Sarg konnte unversehrt aus dem schwarzen Granitsarkophag geborgen werden (Fotos Keystone).

A

B

C

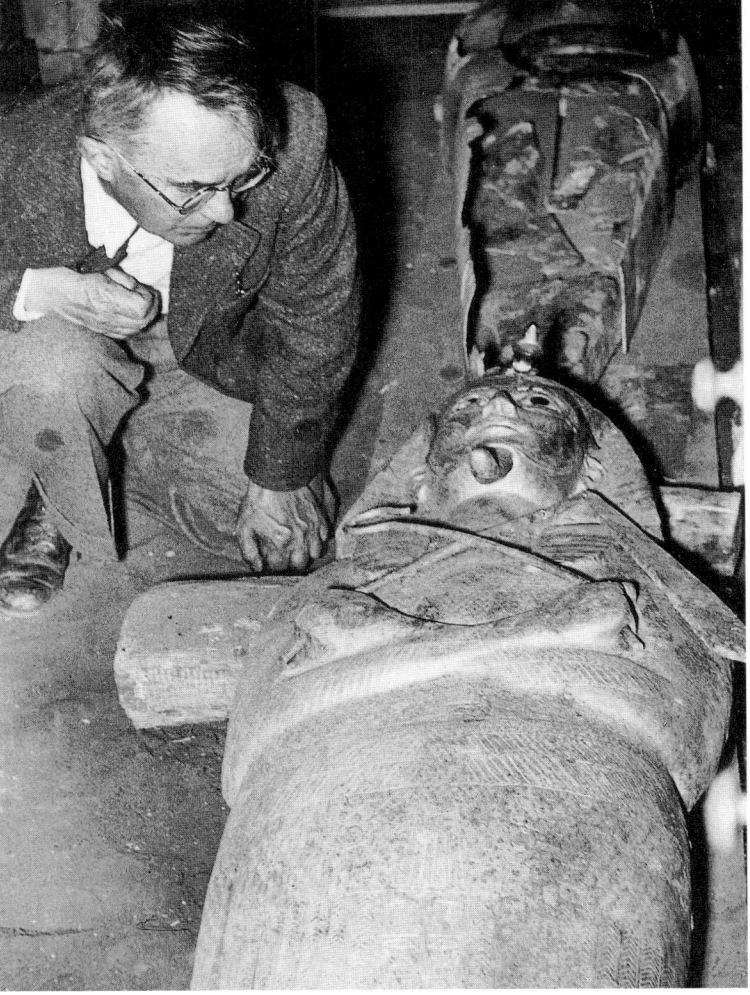

D

36 Im Rosengranitsarg des Psusennes lag neben dem König ein Bronzeschwert. Von dieser Waffe ist nur der Griff erhalten; in Gestalt eines Falkenkopfes gearbeitet, ist er mit Goldblech belegt, das überaus feine Ziselierung aufweist.

37 Der Goldring mit feinstem Muster in Zellentechnik ist das ungewöhnlichste Stück unter den 36 Ringen, die sich auf den Fingern der Mumie des Psusennes fanden. Zwei Königskartuschen auf Lapislazuli werden von goldenen Perlschnüren eingefaßt und heben sich von einem eingelegten Schachbrettmuster aus Lapislazuli und Glas ab.

38 Amulette aus dünnem Goldblech gewährleisteten den Schutz der Mumie des Psusennes: (von links nach rechts) Falke, Seelenvogel, Geier, Kronengöttinnen von Ober- und Unterägypten (Höhe 3 cm).

39 Eine funkelnde Karneolschlange, an einem Golddraht um den Hals des Toten gelegt, gehört zur Grundausstattung einer Mumie. Man sah in ihr die Personifikation eines Schutzgeistes an den Toren des Jenseits (Länge des Schlangenkopfes 6 cm).

40, 41 Das Grab des Psusennes enthielt über tausend Uschebtis aus Fayence und Bronze. Diese kleinen magischen Dienerfiguren, die anstelle des Toten im Jenseits schwere Arbeit verrichten sollten, sind nur von mäßiger künstlerischer Qualität.

wäre. Es war unmöglich, bis zur Rückkehr des Grabungsteams zu warten, die angesichts des Ernstes der Lage für die kommenden Monate mehr als unwahrscheinlich war, denn die direkte Konfrontation zwischen Frankreich und Deutschland schien nun unvermeidbar.

Es ist bereits bekannt, daß eine zweite Kammer neben der des Psusennes lokalisiert worden war; am Anfang dieses Kapitels war davon die Rede. Montet hatte in der Rückwand des Vorraums zwei Türen gefunden und sich zunächst nur an die Öffnung der nördlichen Tür gemacht. Nun wendet er sich der vermauerten Tür im Süden zu. Wie schon bei der anderen Tür muß er sich dazu durchringen, ein Wandbild, das den opfernden König zeigt, zu zerstören. Diesmal handelt es sich um die Darstellung eines gewissen Amenemope, des zweiten Nachfolgers des Psusennes, der vor Isis und Osiris dargestellt ist. Wie bei Psusennes ist die Türöffnung durch einen Architravblock aus Granit versperrt, den man mit einem Flaschenzug herausziehen muß.

»Am 16. April war der Zugang zur Kammer freigelegt. Am selben Tag kam König Faruk in San an, um tags darauf bei den Arbeiten anwesend zu sein; er hatte eine ganze Zeltstadt aufbauen lassen.« Wiederum befindet sich Abbé Drioton, der Direktor der ägyptischen Altertümerverwaltung, in der Begleitung des Königs. Die Öffnung des Sarkophags fördert nun einen ganz einfachen Sarg zutage. Offenbar war dieser König weniger wohlhabend als sein Vorgänger. »Die Ausstattung jedoch war überaus schön«, schließt Montet.

Weshalb aber wurde König Amenemope in der unmittelbar neben Psusennes liegenden Grabkammer bestattet? Diese Frage war um so berechtigter, als man zu Beginn der Grabungssaison 1940 ein ausgeraubtes Grab entdeckt hatte, das für eben diesen Amenemope angelegt worden war. Und wer hatte wohl in der Grabkammer neben Psusennes gelegen, bevor Amenemope hierher umgebettet wurde? Diese Fragen sollte Montet niemals vollständig beantworten.

Zunächst gilt es festzuhalten, daß die Archäologen im Innern der Granitkammer, in der Amenemope lag, eine interessante Ernte einbringen: »eine Goldmaske, zwei Colliers, zwei Pektorale, zwei Skarabäen, Herzamulette aus Lapislazuli und Chalzedon, Armreife und Ringe, ein großer goldener Falke mit ausgebreiteten Flügeln in Zellenschmelztechnik, mehrere Stöcke«.

Die wissenschaftliche Bearbeitung dauert etwa zehn Tage, und am 3. Mai 1940 wird die ganze Grabausstattung des Amenemope auf einen Militärlastwagen geladen und nach Kairo gebracht. Sämtliche Funde aus Tanis werden im Ägyptischen Museum aufgestellt. Von einer Art Heimweh übermannt, schreibt Montet über diesen 3. Mai: die »Grabungsmannschaft verließ San, um lange nicht mehr zurückzukommen«.

Rückkehr und letzter Fund

Für Grabräuber mußte die Nekropole von Tanis ein reizvolles Ziel sein, um bei heimlichen Grabungen in die eigene Tasche zu arbeiten. Daher war es dringend notwendig, die Bewachung weiterhin zu gewährleisten. »Der Wachposten blieb auch nach unserer Abreise in San«, schreibt Montet. »1943 ging dann in der ganzen Gegend das Gerücht um, daß wir überhaupt nicht mehr nach Tanis zurückkämen, und die Bewachungsmaßnahmen schliefen allmählich ein.« Frankreich schien in einer trostlosen Lage zu sein, und es sah nicht so aus, als ob der Krieg bald zu Ende ginge. So wurden die Grabräuber unverfrorener. »Banditen drangen ins Grabungshaus ein und durchwühlten es von unten bis oben, und ebenso geschah es im Grabungsmagazin und im Grab. (...) Die Diebe griffen nach Uschebtis, nach Beigaben des Osorkon-Grabes und einigen reizvollen Fragmenten. Sie brachen auch die

37

38

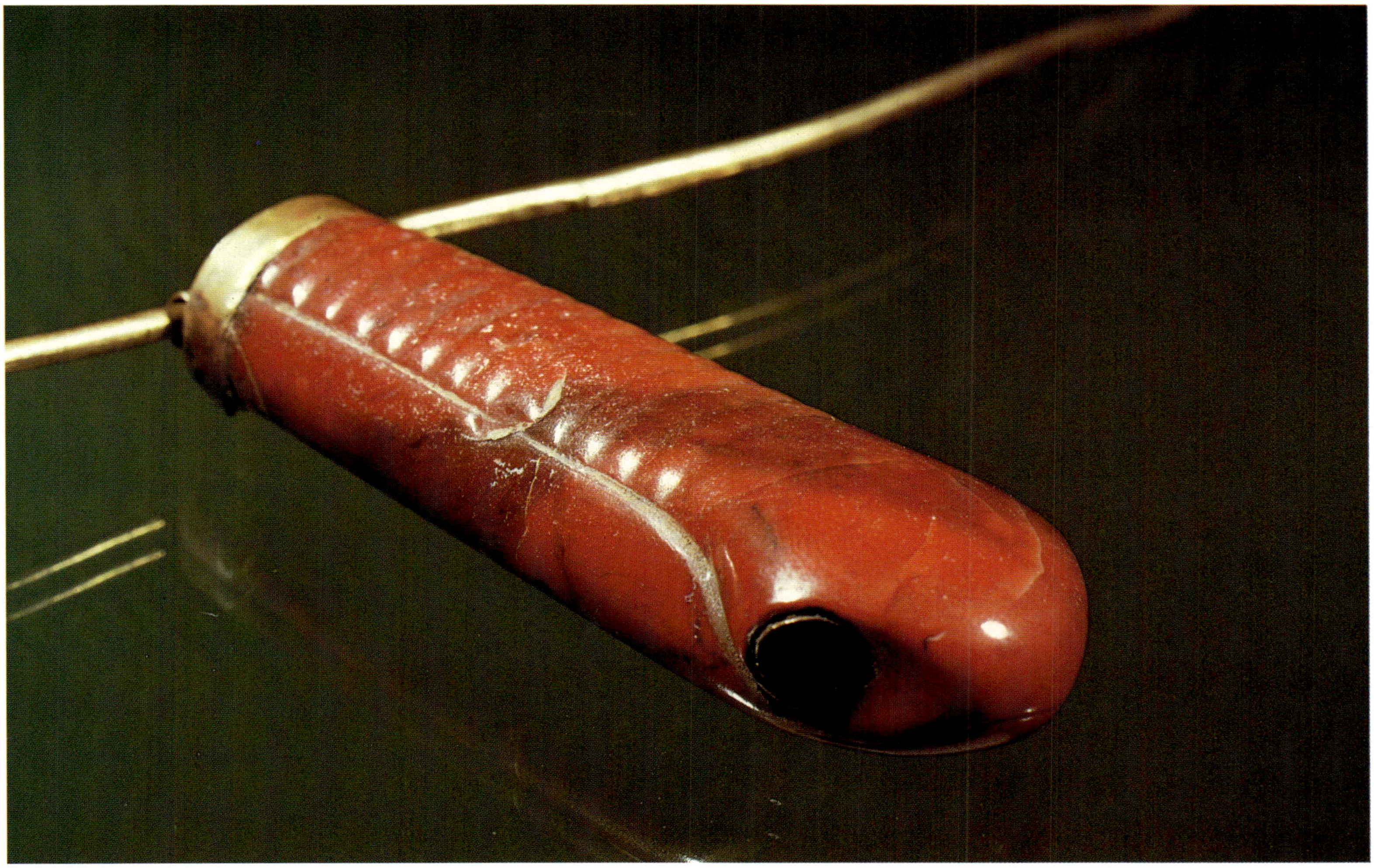

39

40

41

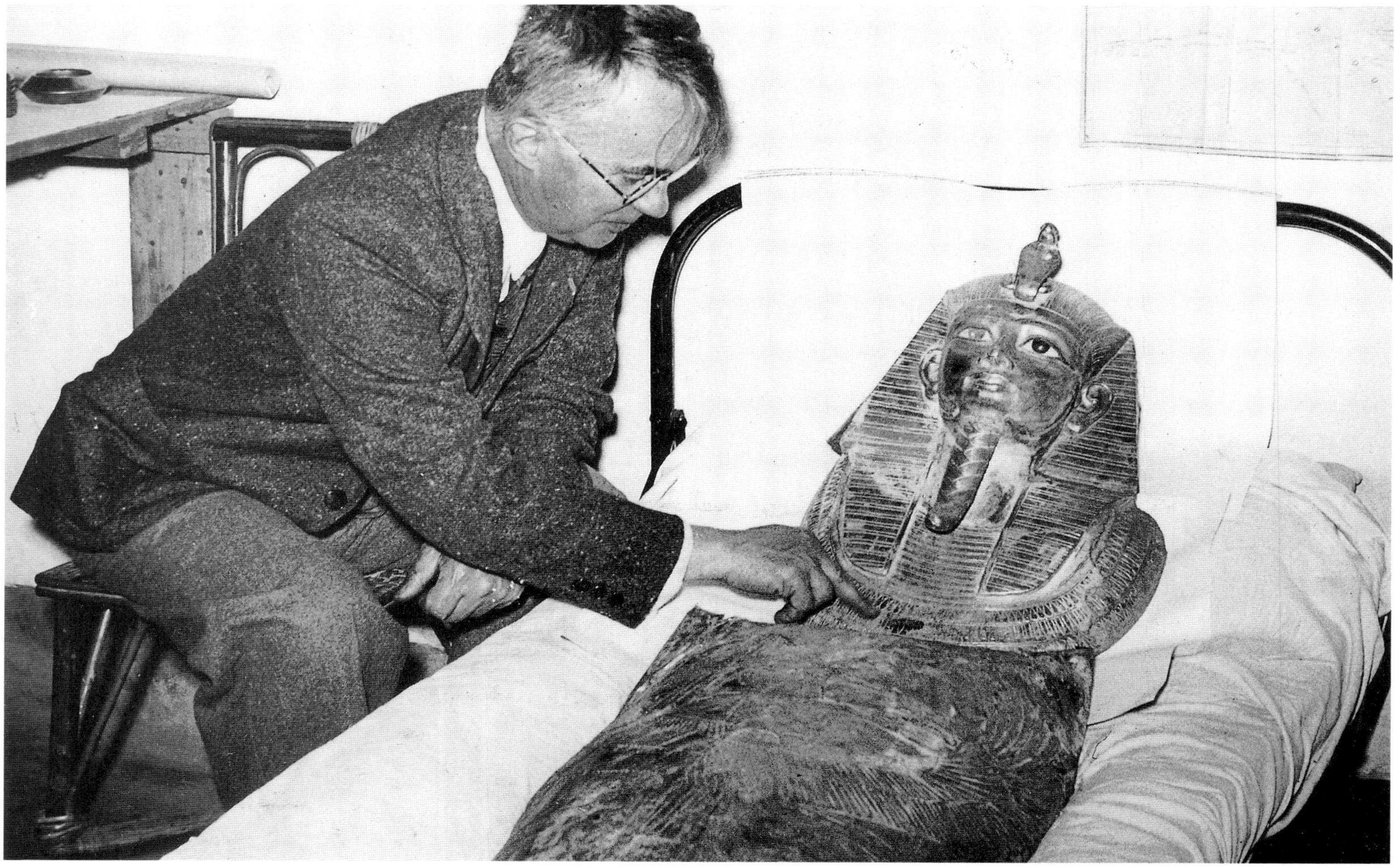

A

B

C

A Im Silbersarg fand Pierre Montet eine großartige Goldmaske mit den Zügen Psusennes' I., ferner ein goldenes Deckblech, das die übrige Mumie bedeckte. Wie einen Patienten untersucht der Forscher auf einem Bett im Grabungshaus die kostbare Ausstattung des Pharao (vgl. Abb. 3 und 4).

B Bewundernde Blicke Montets für die formvollendete, massiv goldene Schöpfkelle, die zu den Kultgefäßen des Psusennes gehört und eine der eigenwilligsten Schöpfungen aus dem Tanis-Schatz darstellt (vgl. Abb. 47 und 48).

C Nach der Bergung der Kostbarkeiten des Psusennes machte sich der Ägyptologe in der Granitkammer der Königin Mut-nedjemet noch in aller Eile an die Freilegung der Reichtümer des Amenemope, des Nachfolgers des Psusennes (997–985 v.Chr.). Weshalb mußten die Schätze und die sterbliche Hülle der Gemahlin des Psusennes der Bestattung des Amenemope weichen? Wahrscheinlich war auf das weiter nördlich gelegene ursprüngliche Grab des Amenemope ein Raubanschlag verübt worden, so daß es geraten erschien, den König neben Psusennes zu bestatten. Am 1. Mai 1940 befinden sich die kostbaren Goldgefäße, die silbernen Opferständer, die Keramik und die Kanopen des Amenemope bereits im Grabungsmagazin von Tanis (Fotos Keystone).

42, 43 Ein neben Kultgefäßen vor dem Sarkophag des Psusennes aufgestellter bronzener Opfertisch war schon zur Zeit der Tanis-Könige eine Antiquität: Er trägt die Namen des Königs Ramses II., der dreihundert Jahre vor Psusennes regiert hatte (Länge 36,5 cm).

44 Die Silberschale aus dem Gefäßbestand des Psusennes diente wohl als Trinkgefäß für Wein. Vom Zickzackornament, das eine gewellte Wasserfläche nachahmt, hebt sich ein Blumenarrangement mit Lotosknospen ab. Dieses Motiv von schlichter Harmonie erhält durch einen goldenen Henkel, der mit goldenen Nieten befestigt und von Palmetten umzogen ist, einen besonderen Akzent (Durchmesser 16 cm).

45 Das ziselierte Muster der Silberschüssel kontrastiert in seiner strengen Geometrie mit den floralen Mustern der anderen Edelmetallarbeiten des Psusennes. Das Gittermuster, von dem der Königsname sich abhebt, ahmt eine Ziegelmauer oder wohl eher ein Korbgeflecht nach (Durchmesser 14,3 cm).

Eisentür des Psusennes-Grabes auf und drangen in das Grab ein. (...) Zweifellos hatten sie auch Mitglieder der Grabungsmannschaft oder Besucher davon reden hören, daß der Kalksteinbau ein Versteck enthielt.« Glücklicherweise blieben all ihre Versuche erfolglos; aber die Ruinen sind heute noch von diesen Einbruchsversuchen gezeichnet, da die Räuber unter Zuhilfenahme von eisernen Brechstangen und von Feuer in den Vorraum des Grabes eindrangen. Meißel- und Brandspuren beschädigten eine Hieroglyphenzeile und einen Götterfries.

Der Schatz aber übt weiterhin eine unverminderte Faszination auf die Grabräuber aus, während sich das Interesse der Weltöffentlichkeit anderen Problemen zuwendet. »Um dieselbe Zeit gelang es einer anderen Bande, im Untergeschoß des Kairo-Museums einen Tresor zu knacken, in dem die Konservatoren zum Schutz vor Bombenangriffen den Schmuck des Psusennes verwahrt hatten.« Wortkarg wie immer schreibt Montet: »Durch eine sofortige gründliche Untersuchung gelang es, den größten Teil des Diebesgutes sicherzustellen. Einige Einzelteile von Colliers und einige Kleinobjekte fehlen.« In Wirklichkeit dürften die Behörden wohl darauf hingewiesen haben, daß in einem Land, das sich im Kriegszustand befand, auf jede Art von Raub die Todesstrafe stehe. Die Hintermänner des Diebstahls werden wohl Angst bekommen und ihre Beute schnellstens zurückgegeben haben.

Die Faszination von Tanis zieht nicht nur die Grabräuber und Museumsdiebe in ihren Bann, sondern hält auch Montet gefangen, den unablässig das Verlangen quält, seine Grabungen wieder aufzunehmen. Sobald sich die politische Lage etwas entspannt, sieht er eine Möglichkeit, nach Ägypten zurückzukehren. »Die Kampfhandlungen hielten noch an, als die Tanis-Mannschaft sich am 15. April 1945 schon wieder vor Ort befindet, um die Arbeit fortzusetzen.«

Zunächst muß die vor fünf Jahren begonnene und vom Krieg unbarmherzig unterbrochene Arbeit abgeschlossen werden. »Man konnte unmöglich den wunderbaren Sarkophag des Psusennes in der Grabkammer lassen«, und es wird beschlossen, ihn abzutransportieren, um ihn im Kairo-Museum auszustellen. Die Grabtür ist zu schmal; ein künstlicher Mauerdurchbruch ist notwendig. So müssen umfangreiche Abbrucharbeiten am Grab vorgenommen werden. Während dieser Arbeiten werden drei bronzene Schwalbenschwänze gefunden. Endlich »konnten der Sarkophag und sein Deckel aus dem Grab gezogen werden; im folgenden Sommer gelangten sie dann ins Museum.«

Die Inschriften auf den bronzenen Schwalbenschwänzen liefern Montet die Information, daß »das Grab für Psusennes und eine Königin mit Namen Mut-nedjemet erbaut worden war«. Seltsamerweise zieht Montet daraus den Schluß, daß diese Königin die Mutter des Psusennes ist. Zwischen den beiden Sargkammern war in der Trennwand in Höhe des Sarkophags eine Öffnung entdeckt worden, »die dem Ba (etwa: Seele) des Psusennes und seiner Nachbarin den gegenseitigen Besuch ermöglichen sollte«. Diese Maueröffnung war jedoch verschlossen und verputzt worden. In Wirklichkeit ist Mut-nedjemet die Königsgemahlin.

Weshalb war aber dann in dieser für die Königin erbauten Kammer Amenemope bestattet worden? Es hat den Anschein, daß in das ursprünglich für Amenemope errichtete Grab, das, wie bereits erwähnt, Montet ausgegraben hatte, bereits kurz nach der Bestattung Diebe eingedrungen waren. Um die Grabausstattung des verstorbenen Königs dem Zugriff der Grabräuber zu entziehen, werden sich die Priester dazu entschlossen haben, den Sarkophag des Amenemope in die für die Gemahlin des Psusennes angelegte Grabkammer zu transportieren. Ein Punkt bestätigt, falls das überhaupt nötig ist, die ursprüngliche Zuschreibung des Sarkophags, der neben dem des Psusennes stand: Man änderte die Inschriften, vergaß dabei aber die Inschrift auf der Schmalseite, die eben diese Mut-nedjemet erwähnte.

42

43

44

45

All diese Arbeiten nehmen die ganze Grabungszeit des Jahres 1945 in Tanis in Anspruch. 1946 jedoch erhält die Mannschaft Zuwachs: Der Architekt Alexandre Lézine kommt neu nach Tanis. Bei der architektonischen Aufnahme des Psusennes-Grabes kommt er zu dem Schluß, daß der Kalksteinbau noch eine weitere Kammer enthalten muß. Um die Bestätigung seiner Hypothese zu finden, legt er die Fugen zwischen den Deckblöcken an einer Stelle frei, an der er einen verborgenen Raum vermutet. Er führt eine Meßlatte aus Metall in den Spalt ein, und sie stößt ins Leere. Das bedeutet, daß sich verborgen in der Mauerdicke ein weiteres Grab befindet. Die Vermutung, es müsse im Grab noch einen Geheimraum geben, war also nicht unbegründet. Allerdings befand sich dieser geheime Raum auf der anderen Seite des Bauwerkes.

»Diese Kammer wurde am 13. Februar 1946 geöffnet. Sie gehörte Wendjebau-en-djed, dem Obersten der Bogenschützen des Pharao, der zugleich auch Priester des Chons-in-Theben und Vorsteher der Priester aller Götter war.« Für Montet ist diese Persönlichkeit kein Unbekannter, denn er hat schon 1939 im Vorraum der Psusennes-Bestattung Uschebtis mit seinem Namen gefunden. Der Granitsarkophag, der in der mit bunt bemalten Reliefs und Inschriften geschmückten Grabkammer stand, war gleichfalls ein wiederverwendetes Stück. Ursprünglich hatte er dem Dritten Amunpriester namens Amenhotep gehört. Für Wen-djebau-en-djed »hatte man ihn mit einer Gipsschicht überzogen, auf die gepunztes Blattgold aufgelegt war«.

Obwohl nicht von königlichem Geblüt, ist der Tote keineswegs weniger reich von großartigem Mobiliar und Beiwerk umgeben. »Im Innern des Granitsarkophags lag die Mumie in einem Silbersarg, der seinerseits in einen vergoldeten Holzsarg gelegt war. Auf ihn hatte man drei Opferschalen und einen Becher aus Gold und Silber gelegt, dazu Waffen und Stöcke. Das Gesicht des Toten war von einer ausgezeichnet erhaltenen Goldmaske bedeckt. Finger und Zehen steckten in goldenen Hülsen. Zum Schmuck gehörten drei Pektorale und ein Skarabäus mitsamt ihren Halsketten, Amulette, kleine Götterfiguren in großer Zahl, zwei Armbänder, fünf Ringe, zwei Schatullen. Eine Bastetfigur, die Katzengöttin, aus Bergkristall und Gold, ein Widder aus Lapislazuli in einem goldenen Schrein, ein Ptah in einem Säulentempelchen (...) bilden zusammen mit den Schalen und dem Becher die außergewöhnlichsten Stücke. Die meisten dieser Gegenstände sind Wen-djebau-en-djed von den Königen als Geschenk übergeben worden. Andere Objekte sind Erbstücke und datieren aus der Zeit Ramses' II. und sogar vom Anfang der 18. Dynastie« (um 1580 v.Chr.).

Nach der Öffnung dieser Kammer »konnte die Erforschung des Innern des Psusennes-Grabes als abgeschlossen betrachtet werden. Für eine weitere verborgene Kammer«, schreibt Montet, »war kein Platz mehr da.«

Bilanz der Grabung

Während am Horizont das grausame Bild des Krieges erlischt, der die Welt in Blut getaucht hat, können die Archäologen von Tanis Bilanz ziehen und den Stellenwert ihrer Arbeit bestimmen. Im Rückblick kann Montet auf die Ergebnisse stolz sein, die er in vierzehn Grabungskampagnen von 1929 bis 1946 erarbeitet hat. Man darf dabei aber die Hartnäckigkeit nicht vergessen, die die Mannschaft brauchte, um durchzuhalten. Zehn Jahre lang setzte sie allen Hindernissen zum Trotz ihre Untersuchungen fort, auch wenn sie keinerlei Erfolg bezüglich der Königsgräber brachten. Dann galt es, trotz der denkbar ungünstigen Kriegsumstände die Begeisterung und die Entschlossenheit, das Projektziel zu erreichen, aufrechtzuerhalten.

46 Der als Trinkbecher benutzte Kelch ahmt die elegante Form einer Lotosblüte nach. Die auf eines der Blütenblätter ziselierte Inschrift nennt drei hochgestellte Persönlichkeiten aus Theben: den Hohenpriester des Amun, Pinodjem, Sohn des Pai-anch, und die Prinzessin Henut-taui. Offenbar handelt es sich um ein Geschenk für Psusennes (Höhe 21,5 cm).

Wenn man Montets Berichte liest, in denen er die oft abenteuerlichen Begleitumstände der Ausgrabungen schildert, die Abfolge von Diebstählen, vereitelten Raubversuchen und Wiederbeschaffung verschwundener Juwelen, dann wird offenkundig, daß diese dreitausendjährigen Schätze einer extremen Gefährdung ausgesetzt waren und mehr als einmal beinahe für immer verlorengingen. Es grenzt ans Wunderbare, daß sie heute fast unversehrt vor uns liegen.

Es gibt durchaus Gründe zu Vorwürfen gegen Montet, so die für ihn typische Hast bei der Entnahme der Fundstücke, das Fehlen bestimmter Vorsichtsmaßnahmen, die geringe Zahl von Fotos und Detailplänen. Aber man muß, wenn man diese Unterlassungen verstehen will, im Auge behalten, daß die Archäologen in Tanis unter enormem Zeitdruck standen, gehetzt von den Ereignissen auf der internationalen politischen Bühne. Die ruhige Weltlage während Carters Ausgrabung des Tutanchamun-Grabes lag weit zurück. Die Hast der Arbeit in Tanis ist mehr als verständlich, und sie entschuldigt die Informations- und Dokumentationslücken, die unter anderen Umständen unverzeihlich wären.

Schließlich muß auch anerkannt werden, daß Montet die wissenschaftlichen Ergebnisse seiner Arbeiten veröffentlicht hat – was für die Ausgräber in Ägypten keineswegs die Regel ist; denn ohne genaue Veröffentlichung bleibt eine archäologische Ausgrabung praktisch nutzlos. Montet aber hat mit den drei Prachtbänden »La Nécropole royale de Tanis« eine bemerkenswerte Dokumentation geliefert – ganz zu schweigen von mehreren populärwissenschaftlichen Büchern zum Thema.

Am zweiten Band »Les constructions et le tombeau de Psousennès à Tanis« (Die Bauten und das Grab des Psusennes in Tanis) kann man den Reichtum an Funden aus diesem einen Königsgrab ermessen, in dem unmittelbar nebeneinander die ungestörten Bestattungen Scheschonks II., Psusennes' I., Amenemopes und schließlich des Obersten der Bogenschützen Wen-djebau-en-djed entdeckt wurden. Wenn man noch die Fundobjekte im aufgebrochenen Sarkophag des Prinzen Hornacht hinzunimmt, etwa vierzig Stücke, aber die Hunderte von Uschebtis außer acht läßt, von denen jeder Typ in vielen gleichartigen Exemplaren belegt ist und die nicht einzeln durchnumeriert wurden, dann beläuft sich die Liste der ausgegrabenen Objekte – Sarkophage, Särge, Masken, Schmuckstücke, Amulette, Gold- und Silbergefäße, Kultgeräte, Waffen – auf über sechshundert Nummern. Der überwiegende Teil dieser Fundstücke ist aus Metall gefertigt, aus Gold, Silber, Bronze, und zeugt von höchster handwerklicher und künstlerischer Qualität.

Diese phantastische Ausbeute läßt eine Epoche der altägyptischen Kunst in neuem Licht erstrahlen, die vorher völlig unterschätzt worden war. Viele Fundstücke, besonders Kultgefäße, waren zuvor nicht in einem einzigen Exemplar erhalten, und sie belegen bislang unbekannte Typen; denn die ägyptische Kultur äußert sich an diesem durch Montets Grabungen unserer Kenntnis erschlossenen Fundplatz unzweifelhaft in ganz und gar neuartigen Formen.

Darf man nun annehmen, daß mit Montets Arbeiten die archäologischen Entdeckungen in Tanis endgültig abgeschlossen sind? Montet selbst zweifelte daran. Schon 1942 schreibt er: »Wir halten es für sehr wahrscheinlich, daß der Friedhof das ganze ptolemäisch überbaute Gebiet einnimmt, das sich zwischen dem Tempel und der Psusennes-Mauer hinzieht.« 1956, also lange nach Abschluß seiner Untersuchungen vor Ort, präzisiert er seine Vermutungen: »Ich bin nach wie vor davon überzeugt, daß die noch fehlenden Könige der 21. und 22. Dynastie, darunter der berühmteste von ihnen, Scheschonk I., in Tanis bestattet sein müssen.« Mit diesem beiläufig geäußerten Satz bricht noch einmal die Hoffnung durch, die die Triebfeder aller Arbeiten Montets gewesen war: durch die Vermittlerdienste Scheschonks I., der

Jerusalem zerstört hatte, die »Spur der Semiten in Ägypten« wiederzufinden. Und warum auch sollte es nicht möglich sein, auf einen Teil der Beute zu stoßen, die Scheschonk im Tempel Salomos gemacht hatte?

In gewisser Hinsicht ist Montet für seine Anstrengungen und seine Entdeckungen nicht angemessen gewürdigt worden. Wie sehr daran der Krieg schuld war, ist bereits geschildert worden. Daß Tanis in Vergessenheit geriet, ist zum Teil aber auch denen anzukreiden, die diese vor über vierzig Jahren ausgegrabenen Schätze im Ägyptischen Museum in Kairo in einen winzigen Raum gestopft haben. Diese Zimmerchen bleiben völlig unbeachtet neben den in unmittelbarer Nachbarschaft ausgestellten weltberühmten Meisterwerken des Tutanchamun. In diesem überalterten Museum, voll von außerordentlichen Prachtstücken, nimmt Tanis nicht im entferntesten den Platz ein, der einer so herrlichen Sammlung von Juwelen und Schmuck gebühren würde – obwohl sich heute Dr. Mohamed Saleh, der Museumsdirektor, mit Umsicht und Engagement fortwährend um die Modernisierung und Renovierung des Museums bemüht.

Schon 1968 schrieb Serge Sauneron, damaliger Direktor des Institut français d'Archéologie orientale in Kairo: »Erst wenn eines Tages das Kairo-Museum diesem königlichen Schatz den ihm gebührenden Platz einräumte, könnte man diesen erstaunlichen Fundkomplex, den französische Archäologen freigelegt haben, angemessen würdigen.«

Es ist zu hoffen, daß das Projekt der ägyptischen Regierung für ein neues Nationalmuseum die Voraussetzungen für eine Rehabilitierung dieser Meisterwerke schaffen wird. Dieser Wunsch ist um so angebrachter, als der Schatz von Tanis jetzt erstmals außerhalb von Ägypten gezeigt wird und endlich im heutigen Kunstbetrieb aller Augen auf sich zieht.

47, 48 Die Schöpfkelle aus Gold besticht durch die Klarheit ihrer Linienführung. Der Griff läuft in einen Entenkopf aus und trägt eine Widmungsinschrift der Mutnedjemet, der Gemahlin des Psusennes (Gesamtlänge 30 cm).

47

48

A

B

C

D

86

V. Die Sonderstellung der Königsgräber von Tanis

A Pierre Montets Tochter Camille Montet-Beaucour hat während der Grabungen Dokumentationsfotos angefertigt. Die Bilder zeigen die Bestattungen genau so, wie sie sich den Archäologen im ersten Augenblick darboten. Als Montet am 21. März 1939 den Silbersarg des Königs Scheschonk II. (um 900 v.Chr.) öffnete, blickte er auf die Goldmaske, die inmitten der Mumienreste zwischen zerfallenen Ornatteilen lag.

B Bei der Öffnung der Sargkammer des Königs Psusennes I. in Tanis erblickten die Ausgräber vor dem schweren Sarkophag aus Rosengranit großartiges Gold- und Silbergeschirr. Links der ausgezeichnet erhaltene silberne Opferständer; im Hintergrund zwischen zwei Silbergefäßen eine äußerst schlank geformte goldene Flasche. In der Bestattung des Amenemope werden später ganz ähnliche Beigaben gefunden.

C Am 28. Februar 1940 stoßen Pierre Montet und seine Mitarbeiter auf den kostbaren Silbersarg des Königs Psusennes I. Er liegt in einem mumiengestaltigen Sarkophag aus schwarzem Stein, der seinerseits von einem Rosengranitsarkophag umschlossen wird (vgl. Abb. 1 und 2).

D Am 16. April 1940 öffnet Pierre Montet die Sargkammer neben Psusennes, ursprünglich für die Königin Mut-nedjemet vorgesehen, aber dann für die Beisetzung des Königs Amenemope benützt. Er findet vor dem großen Granitsarkophag das kostbare Gold- und Silbergeschirr des Königs. Silberne Opferständer, ein Kessel, eine Kanne und Kanopengefäße waren in aller Eile und völliger Unordnung im 9. Jahrhundert v.Chr. von den Priestern hier abgestellt worden, um die Mumie und ihre Beigaben in Sicherheit zu bringen (vgl. Abb. 80, 82 und 83). (Grabungsfotos von C. Montet-Beaucour)

Im Anschluß an den Bericht über den Verlauf der Grabungen Pierre Montets in den ungestörten Gräbern der Königsresidenz der 21. und 22. Dynastie soll nun untersucht werden, wie die alten Ägypter den Bau dieser Königsgräber planten, die sie mitten im antiken Tanis anlegten. Zwei Kriterien sollen dazu beitragen, die Sonderstellung dieser Bauten zu erfassen: die spezifischen Umweltbedingungen des Deltas und dann der Unterschied zwischen diesen »Häusern der Ewigkeit« und den Königsgräbern von Memphis und Theben.

Ganz offensichtlich sind es in erster Linie die geographische Lage und das Deltaklima, die eine entscheidende Rolle bei der Bauplanung für diese Gräber spielten, die den Verstorbenen ihre letzte Wohnung für »Millionen Jahre« liefern sollten. In welcher Umgebung wurde die Hauptstadt der tanitischen Könige errichtet? Im Delta gelegen, muß Tanis von einem landwirtschaftlich intensiv genutzten Gebiet umgeben gewesen sein. Wenn heute der Boden ausgelaugt und salzverkrustet brach liegt, so war das vor dreitausend Jahren ganz anders, denn damals war das Delta für die Ägypter eine Art »Far West«, eine noch unberührte Gegend am Rand des erschlossenen Landes.

Einerseits gab es natürlich gut bewässerte Felder, durchzogen von Kanälen, die vom tanitischen Mündungsarm des Nils abzweigten, mit Äckern, die von Dämmen gesäumt waren, auf denen die Bauern ihre Herden zu den Weiden trieben, mit Gärten voll Palmen, Tamarisken und Sykomoren; zum andern aber war ein Teilgebiet von Seen, Sümpfen und Dickicht durchsetzt, hinaus bis zum Mensale-See, einer riesigen Wasserfläche von nur geringer Tiefe, wo bis hinter den Horizont die endlose Weite von Binsen, Papyrus und Schilf wogte und eine vielgestaltige Tierwelt lebte: Wasservögel, Krokodile, Nilpferde, Büffel, Wildkatzen und Schlangen. Die Schwärme von Enten, die Störche und Reiher, die auf den vereinzelt stehenden Gruppen von Weiden und Akazien hockten, die kleinen Stelzvögel und die Wildgänse lieferten dem Jäger in seinem Papyrusnachen reiche Beute. Jenseits des Sees, im Norden, machte sich schon das Meer bemerkbar, das »Große Grüne«, und Süßwasser und Meerwasser mischten sich dort. Dieses wenig einladende Sumpfland bildete einen natürlichen Schutzwall an der Mittelmeerküste.

Am Flußarm befanden sich die Hafenanlagen, wo an steinernen Kaimauern die Hochseeschiffe aus Byblos und Sidon festmachten, die die Sumpfgegend auf gut ausgebauten Kanälen durchfahren hatten, geleitet von Lotsen, die im Labyrinth der Untiefen die richtige Fahrrinne kannten.

Rings um Tanis bildete also das Delta ein ungestörtes Nebeneinander von gepflegten Feldern und schwankendem, wild wucherndem Sumpfland, in dem die Elemente – der Zeit vor der Schöpfung gleich – sich noch nicht getrennt hatten und wo lebendiges, aber auch gefährliches und oft geheimnisvolles Treiben herrschte – das Reich von Lotos, Papyrus und Schilfgras, aber auch von Untiefen und Sandbänken mit ständig wechselnder Lage, inmitten wechselnder Strömungen; ein wahrer Fischteich auch, in dem der

49

50

49, 50 Eine ähnliche Formidee wie bei dem Trinkbecher von Abb. 46 bestimmt die Gestalt der goldenen Vase und des goldenen Tellers des Psusennes, deren Wandung sich in regelmäßigen halbrunden Wülsten nach außen wölbt und oben eine glatte Zone für Inschriften frei läßt. Mit sparsamsten Mitteln hat der Künstler eine prachtvolle Gesamtform geschaffen, die vom Spiel von Licht und Schatten lebt (Höhe der Vase 7,7 cm; Durchmesser der Schale 16 cm).

51, 53 Die goldene Schüssel bildet mit der Flasche von Abb. 54 eine funktionale Einheit. Der durchbrochen gearbeitete Henkel verbindet Lotosblüten und Lotosknospen zu einem reizvollen Strauß. Mit bewundernswerter Geschicklichkeit hat der Goldschmied die Kartuschen des Königs Psusennes in das dünne Goldblech ziseliert (Höhe der Schüssel 17 cm).

52, 54 Die strenge Schönheit der Goldflasche mit ihren klaren Linien wird durch das ziselierte Pflanzenmotiv – ein Lotosstrauß oder eine Papyrusdolde – am oberen Rand aufgelockert. Diese Flasche zählt zu den besten Arbeiten unter den Gefäßen des Psusennes (Gesamthöhe 39 cm). Abb. 52 zeigt ein Detail der in den Gefäßkörper ziselierten Königskartusche.

Fischer reichen Fang machte, aber auch ständig Gefahr lief, sich in einem Netz von Wasserarmen und Altwassern zu verlieren.

Zur Zeit der Pharaonen war nämlich das Delta noch lange nicht durch systematisch angelegte Drainagen und Kanäle erschlossen. Die landwirtschaftliche Nutzfläche bedeckte nur einen begrenzten Teil des Landes, insbesondere rings um Städte wie Tanis. Seit der Vorgeschichte siedelten Menschen in diesem reichen, üppigen und weitläufigen Landstrich, der – wie Montet ganz richtig betont – »die Hälfte Ägyptens« ausmacht.

So ist Tanis an der Grenze von Fruchtland und unerschlossenem Sumpf eine bedeutende Ansiedlung, die sich die Herrscher der 21. und 22. Dynastie als Hauptstadt ausgesucht haben, weil sie ein Bollwerk an der Nordgrenze des Landes ist und zugleich nahe an der Ostgrenze liegt. Der sichere Hafen steht mit den Deltastraßen in Verbindung, auf denen sich der Warenverkehr abwickelt.

Nichts erinnert in diesem grünenden Landstrich die Ägypter an die endlosen Weiten der Westwüste oder an die ausgedörrten Bergketten, die weiter im Süden den Nillauf begleiten. Hier ist das feuchte Element allgegenwärtig. Überall ziehen sich Seitenarme des Flusses durchs Land, zweigen Rinnsale ab, fließt das wohltätige und lebensspendende Wasser, dessen Lauf sich nur zur Zeit der Trockenheit verlangsamt.

Wenn in Erwartung der Überschwemmung die Felder verdorrt sind und die Binsenbüschel an den Ufern vertrocknen, wenn im Vorbeiziehen der Herden auf den Dämmen und den abgeernteten Äckern die Staubwolken aufsteigen, wenn die Sonnenglut die Menschen lähmt, so verwandelt sich andererseits mit der Rückkehr der Nilschwelle, mit dem alljährlichen Steigen der Flut, das Land in eine endlose Sumpflandschaft. Die Nilflut überschwemmt alle Äcker, und nur die wenigen Hügel ragen heraus, auf denen die Lehmhütten der Dörfer und die Steinbauten der Städte stehen. Während dieser Zeit des Jahres sind die Kanäle ideale Schiffahrtstraßen, und jetzt holt man in dieses Schwemmland, das keinerlei Steinmaterial besitzt, mit Flößen und Schiffen die Steinblöcke aus Granit, Sandstein, Kalkstein und Diorit. Diese Grundbaustoffe für die Tempel- und Grabbauten, für die Kolossalstatuen und Sarkophage sind ja im Delta allergrößte Mangelware. Die Diskrepanz zwischen dieser Sumpflandschaft Unterägyptens, wo die Menschen nur auf den Siedlungshügeln dürftigen Raum finden, um ihre Friedhöfe im Trockenen anzulegen, und den Wüstengebieten des westlichen Talufers im Bereich von Memphis oder der thebanischen Berge kann nicht größer sein.

Um das Besondere der Königsgräber von Tanis klar zu machen, erscheint es sinnvoll, ihrer Beschreibung eine kurze Schilderung der Totenstädte voranzustellen, die einerseits an der Nahtstelle von Delta und Niltal bei Memphis, zum anderen im oberägyptischen Theben liegen.

Die Gräber in der Wüste

In Memphis, der alten Hauptstadt des Landes, liegen die Königsgräber – Mastabas und Pyramiden – auf dem Westufer des Nils am oberen Talrand in der Wüste, hoch über dem Überschwemmungswasser des Flusses. Mit ihren teils im Innern des Baukörpers angelegten, teils aus dem Kalksteinplateau des Baugrundes herausgehauenen Innenräumen liegen die Gräber im felsigen und sandigen Wüstengelände von der Gegend von Gisa, unmittelbar beim modernen Kairo, über Sakkara bis nach Dahschur, Lischt und Medum, also bis in Höhe der Oase Fayum. In einem Zeitraum von fast tausend Jahren – 2700 bis 1800 v.Chr. – wurden hier über fünfzig Pyramiden des Alten und Mittleren Reiches errichtet. Die größten dieser Grabstätten – so die Pyramiden des Snofru in Dahschur, des Cheops und Chefren in Gisa – besitzen komplexe Raumsysteme, die zum Teil unterirdisch angelegt sind, aber auch Gale-

52

53

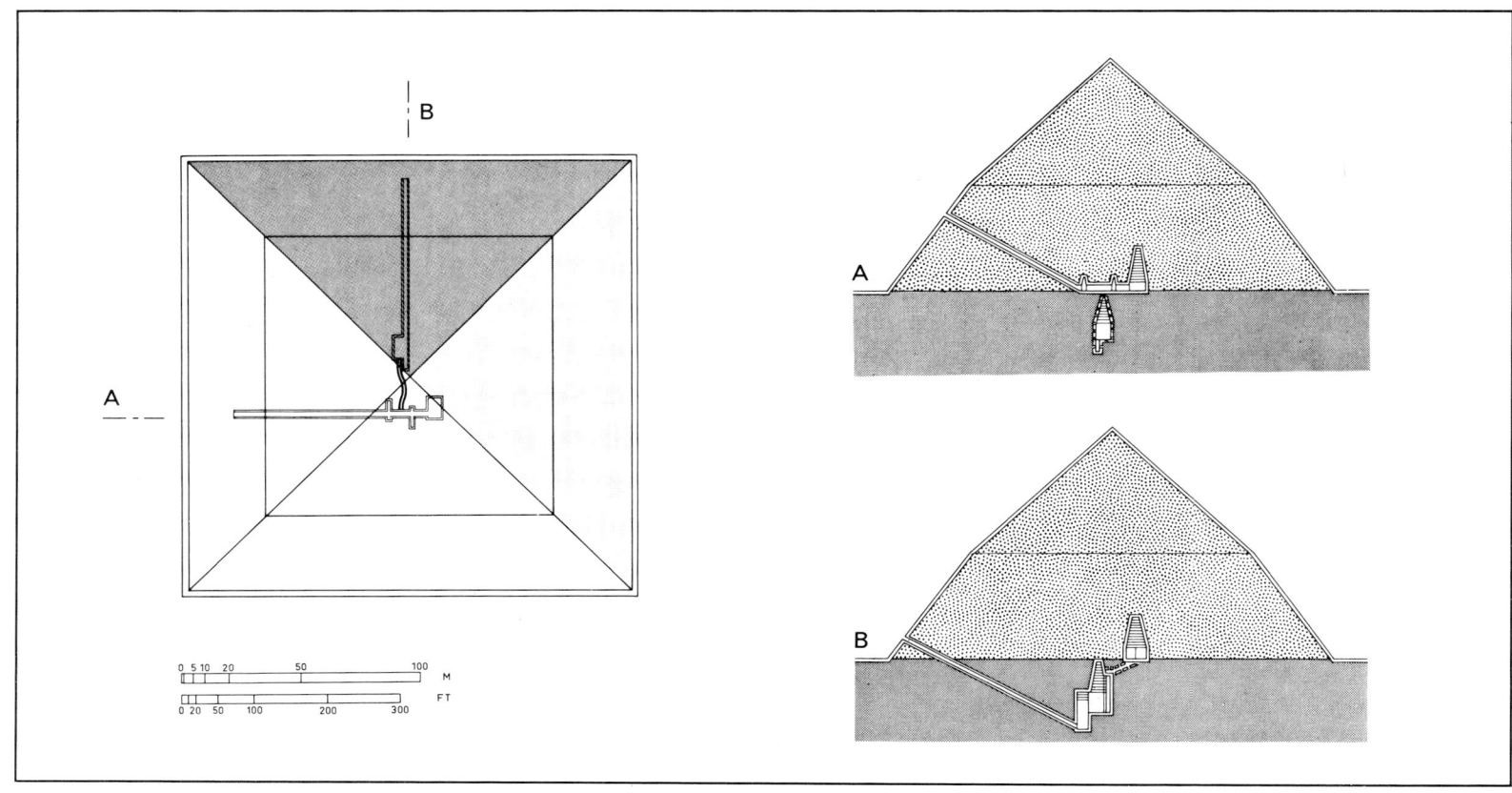

Grundriß und Schnitt der von König Snofru erbauten südlichen Pyramide von Dahschur (um 2600 v.Chr.)

rien und Hallen, die im eigentlichen Baukörper liegen. Gänge, Rampen, Grabkammern können eine Gesamtlänge von mehr als 70 Metern erreichen. Bisweilen treten bestimmte Raumtypen in verschiedener Höhe zweimal auf. Der Eingang, sorgfältig verkleidet, liegt meist auf der Nordseite; die Hauptkammer befindet sich unter der Pyramidenspitze ungefähr im Mittelpunkt der Anlage.

Ganz am Beginn des Alten Reiches, um 2650 v.Chr., besitzen die Pyramiden des Djoser und Sechemchet ausgedehnte unterirdische Gangsysteme mit zahlreichen Magazinräumen, in denen beträchtliche Schätze – allein bei Djoser 30 000 Steingefäße – und eine umfangreiche Grabausstattung aufgehäuft sind. Die Pyramiden sind wohl schon in der Antike, vor viertausend Jahren, ausgeraubt worden; aber es bleiben immerhin noch die Entdeckung des Mobiliars der Königin Hetep-heres, der Mutter des Cheops, oder das 43 Meter lange Sonnenboot des Cheops. Diese Funde zeigen ganz deutlich, daß zu jener Zeit der Tote all das mit sich nahm, was ihm von Bedeutung war, ohne sich darum zu kümmern, daß diese oft recht sperrigen Objekte beträchtlichen Raum beanspruchten; denn Raum stand in den Wüsten beiderseits des Niltals in Überfülle zur Verfügung. So erbaute Djoser einen Grabbezirk von 556 Metern Länge und 278 Metern Breite mit einer Grundfläche von 15 Hektar. Die Umgebung, in die diese Königsgräber gestellt sind, ist grenzenlos, öde und gottverlassen. Im Angesicht der Ewigkeit herrscht hier nur die Welt der Steine, wasserlos, leblos – im wahrsten Sinne des Wortes die Welt der Toten.

Diese Aspekte werden in den thebanischen Königsgräbern in Oberägypten noch gesteigert; hier haben sich seit Mentuhotep II., um 2050 v.Chr., und besonders seit der 18. Dynastie mit Amenophis, Thutmosis und Hatschepsut, die Könige bis hin zu den letzten Ramessiden ihr Grab direkt im Felsgebirge anlegen lassen. Während des ganzen Neuen Reiches lassen sich die Pharaonen ihre Gräber im Tal der Könige bereiten, wo fern von den Siedlungen und vom Ackerland die Umgebung nur noch eine Felsenszenerie bietet, überragt vom pyramidenförmigen Westberg. Hier, im Innern des Berges, liegen die Felsengräber der thebanischen Könige. Die Herrscher hofften,

Karte des alten Ägypten mit den wichtigsten im Text erwähnten Orten

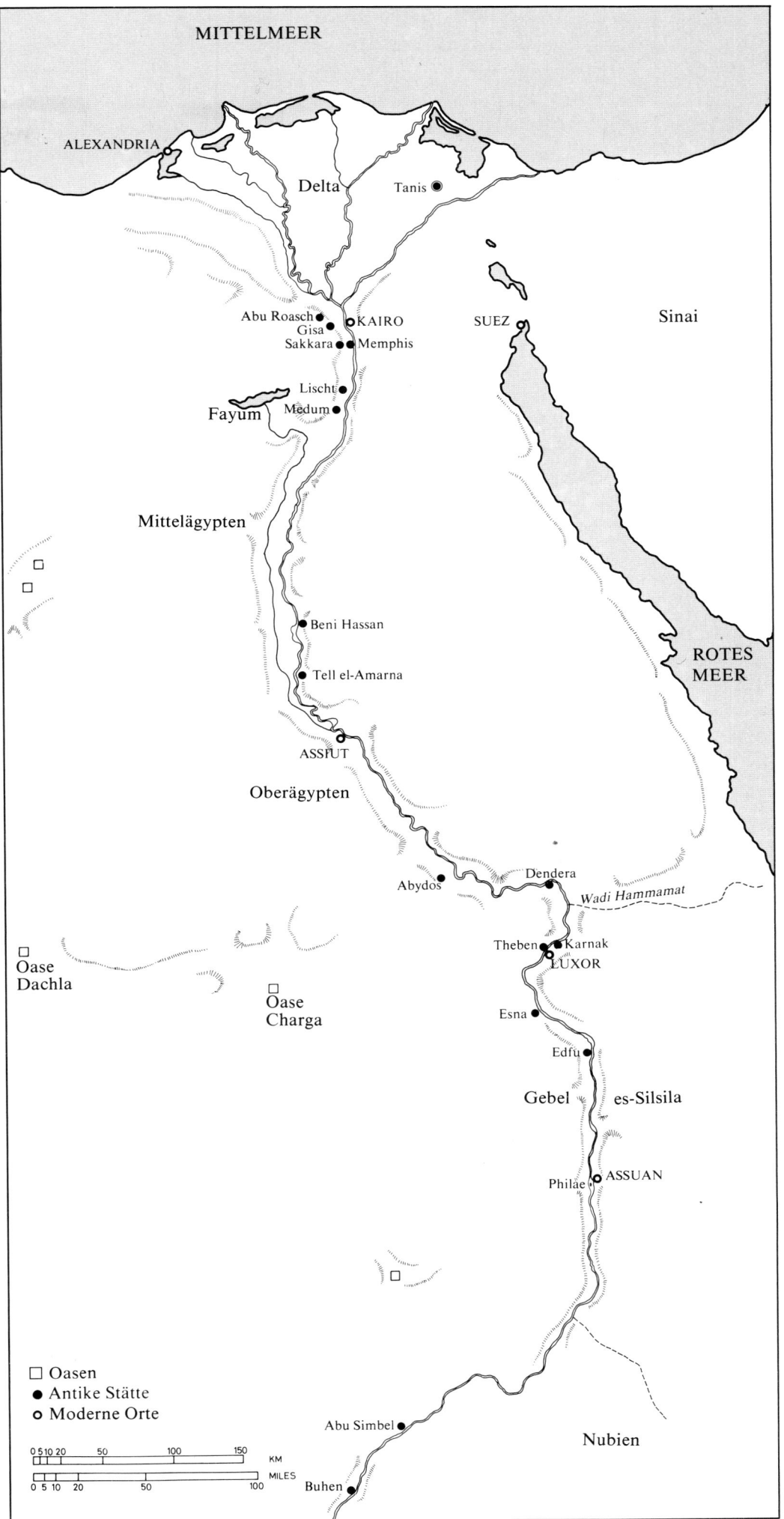

55 Es wäre verkehrt, in dem großartigen schwarzen Granitsarkophag, der den Silbersarg enthielt, die Gesichtszüge des Psusennes zu suchen. Die Gesichtsbildung mit den mandelförmigen Augen und dem fein geschwungenen Mund weist auf ein Werk der Nachamarnazeit, das offenbar in der 21. Dynastie wiederverwendet wurde.

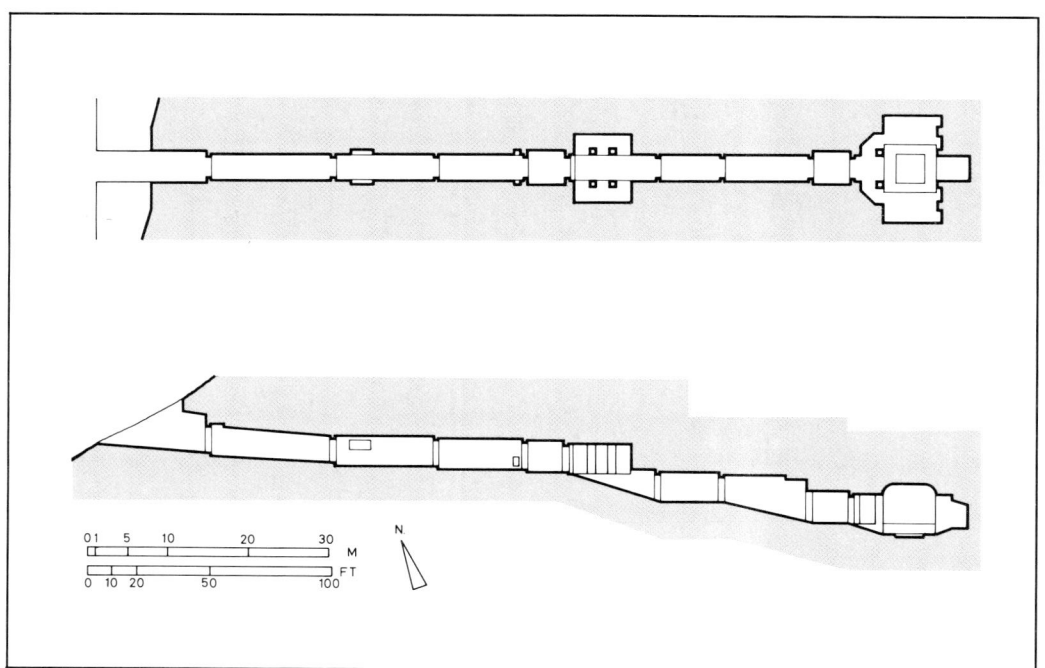

Grundriß und Schnitt des Grabes Ramses' VI. im Tal der Könige (Theben), das tief in den Berg hinunterführt (um 1140 v.Chr.)

daß ihre Wohnung der Ewigkeit den Grabräubern eher entginge als die Pyramiden, die fast alle wohl schon gegen 2100 v.Chr. während der unruhigen Zeiten am Ende des Alten Reiches ausgeraubt worden waren. Sie wußten, daß der Zugang zu ihren Felsengräbern unter Geröllhalden verborgen sein würde, der natürlichen Landschaft angepaßt. Trotzdem entgingen nur ganz wenige Gräber den Grabräubern.

Gänge, Säulenhallen, Kapellen und Magazinräume bildeten im Innern des Berges eine Abfolge von Räumen, die dem Plan eines Tempels mit seinen verschiedenen Kultstellen entsprach. Die Raumfolge war hier jedoch unterbrochen von Seitengängen und Schächten, von Irrwegen, die die Grabräuber fehlleiten sollten. In den Königsgräbern im Tal der Könige begegnet man der Raumgliederung von Hof oder Vorhalle, Totenkult-Kapellen und Nebenkapellen, aufgereiht an einem Felsstollen, der bei Ramses IV. 66 Meter, bei Ramses III. bereits 125 Meter und schließlich bei Hatschepsut über 200 Meter Länge erreichte. Die Säulenhallen, oft von beträchtlichen Ausmaßen, und die Magazine konnten umfangreiches Kultgerät und reiche Grabbeigaben aufnehmen. Die Wände der Gänge und die Abfolge der Räume waren mit Darstellungen aus dem Pfortenbuch, dem Amduat (das Buch von dem, »was in der Unterwelt ist«), dem Höhlenbuch, dem Mundöffnungsritual und dem Totenbuch bedeckt. Über die Decke zogen sich der gestirnte Himmel oder astronomische Bilder, ganz wie in der Tempeldekoration. Die Genien des Himmels setzten hier die langen Reihen der Götter fort, die wie auf einer endlosen Papyrusrolle die Wände schmückten. Grellbunte Malereien und monochrome Zeichnungen, die noch den Pinselstrich erkennen lassen, wechselten mit magischen Texten und den Beischriften zum Bestattungsritual.

Diese Wandbilder zeigen deutlich, daß die einzelnen Räume des Grabes ganz bestimmte Funktionen erfüllen; so gibt es die Kammer der Waffen, die Kammer der Möbel und Juwelen, die Kammer der Lebensmittel; nur im kleinen Grab des Tutanchamun wurde dieses System außer acht gelassen, da die Bestattung des jungen Pharao in aller Eile vonstatten ging; außerdem herrschte in dem Grab bei seiner Entdeckung ein heilloses Durcheinander, Ergebnis eines fehlgeschlagenen Einbruchs während der 20. Dynastie.

Die extreme Trockenheit der Luft, das fast völlige Ausbleiben von Regen und die absolute Lebensfeindlichkeit im Tal der Könige, wo es weder Insekten noch irgendwelche Nagetiere gibt, machen es möglich, daß beim Toten, abgestellt in den dafür vorgesehenen Räumen, beträchtliche Mengen von Grabmobiliar und Lebensmitteln gefunden wurden, die ihn ins Jenseits

56 Trotz ihrer idealisierenden Grundtendenz ist die Reihe der Goldmasken von Tanis doch auch eine Porträtgalerie. Das zeigt sich bei einem Vergleich des vollen und freundlichen Gesichts des Wen-djebau-en-djed, bei dem man ein leichtes Lächeln zu bemerken scheint, mit der herrscherlichen Würde des Psusennes (vgl. Abb. 3 und 4).

begleiten sollten. Seine ganze Habe stand ihm hier zur Verfügung: Bettzeug und Thron, sein persönlicher Besitz von den Kleidern bis zu den Sandalen, von den Waffen zu den Kriegswagen, von den Lampen zu den Stöcken und Stäben, von den Nahrungsmitteln zu den Getränken. Alles war hier aufgehäuft, neben den Kultgeräten und den Requisiten des Rituals: Naoi, Götterstatuen, Altäre, nicht zu sprechen von den Juwelen und Amuletten, die den Toten für alle Ewigkeit behüten und beschützen sollten.

Diese vielgestaltigen Beigaben bildeten die Ausrüstung des toten Königs und sollten über die Jahrtausende hinweg unverändert erhalten bleiben – so wie das einzige in seiner ganzen Originalausstattung im Tal der Könige entdeckte Grab es vor Augen führt, das Grab des Tutanchamun.

Die Königsgräber von Tanis

Einerseits die großartigen und stolzen Bestattungen des Alten Reiches mit ihren prächtigen Pyramiden, umgeben von Friedhöfen, in denen dicht nebeneinander an rechtwinklig sich kreuzenden Straßen die Mastabagräber sich drängen, und die geheimen, geräumigen Felsengräber des Tals der Könige mit ihren unterirdischen Hallen, andererseits die kleinen Gräber von Tanis – welch ein Unterschied! Der Grund dieses Kontrasts zwischen gigantischer Größe dort und bescheidensten Dimensionen hier liegt darin, daß das Delta weder die weiten trockenen Wüstenflächen noch die hoch aufragenden Felswände der Libyschen Wüste bieten kann.

Tanis gehört ganz im Gegensatz dazu in den Bereich der Schwemmlandebene des eintönig flachen Deltas, einer feuchten, bisweilen regnerischen Region, die im Altertum alljährlich von der Nilflut überschwemmt wurde. Der einzige Ort, an dem die Königsgräber angelegt werden können, ist der Siedlungshügel, der Tell von San el-Hagar, auf dem Tempel, Paläste und Wohnhäuser liegen. So finden die Königsgräber ihren Platz in dem äußerst beengten Kultbereich zwischen dem großen Tempel und seiner Umfassungsmauer. Nicht um Pyramiden und Mastabas handelt es sich hier, erst recht nicht um ausgedehnte Felsgräber, sondern um kleine unterirdisch angelegte Kammern, von Kalksteinmauern umgeben und mit Steinplatten eingedeckt; die Abmessungen gehen beim Grab des Psusennes mit seinen fünf Räumen und dem Eingangsschacht kaum über 20 mal 12 Meter hinaus. Es versteht sich, daß die Granitkammern mit den Sarkophagen inmitten des Bauwerks nur von kleinsten Ausmaßen sein können: 5,50 auf 1,70 Meter. Vor diesen Verließen liegt ein Vorraum von 4 auf 2 Metern.

Die Architektur der Gräber von Tanis ist allgemein von recht geringer handwerklicher Qualität. Es fällt auf, daß alle Rohmaterialien wiederverwendete ältere Steinblöcke sind, die zum größten Teil aus der Ramsesstadt kommen, und daß die Bauausführung oft minderwertig ist, obwohl die Deckblöcke Maximalgewichte von 12 Tonnen erreichen können. Es gibt praktisch keine rechten Winkel und keine wirklich senkrechten Mauern, wie Alexandre Lézine, der Grabungsarchitekt, immer wieder feststellte, der diese kleinen Bauten, insbesondere das Psusennesgrab, genauestens untersucht hat.

Die Bauherren von Tanis, die Neues aus Altem schufen, scheinen sich nicht besonders um architektonische Gestaltung gekümmert zu haben. Es hat fast den Anschein, daß diese Könige überhaupt kein Verhältnis zur pharaonischen Bautradition des Alten, Mittleren und Neuen Reiches hatten. Gerade bei Psusennes, der sich auf ramessidische Abstammung beruft, wenn er den Namen Ramses zu seinem eigenen Namensbestandteil macht, muß eine solche Nachlässigkeit überraschen. Weniger erstaunlich ist sie vielleicht bei den Scheschonkiden der 22. Dynastie, die libyschen Ursprungs sind und direkt von Hirtennomaden abstammen.

Die Baukunst gehörte jedenfalls nicht zu den Stärken der tanitischen Könige, die sich lieber der Kunst der Metallverarbeitung zuwandten. So begnügte sich die letzte Wohnstatt des Psusennes mit kleinen unterirdischen Kammern, die am Fuß der Umfassungsmauer des Tempels angelegt wurden.

Auf diesem beengten Raum, der keineswegs sicher vor einsickernder und vom Grundwasser hochdrängender Feuchtigkeit ist, mußte die Grabausstattung offenbar auf das absolut Notwendige beschränkt werden. Wenn man mit den Königsgräbern nicht Dutzende von Kilometern von der Hauptstadt weggehen wollte, dann mußten sich die Könige in ihren winzigen Ewigkeitshäuschen mit einer knapp gehaltenen Ausstattung zufriedengeben. Aber die Platzwahl für die Gräber dicht beim Tempel war keineswegs ungeschickt, denn diese Lage im heiligen Bezirk hat manche dieser Gräber im Altertum vor der Zerstörung gerettet.

Die Kleinheit der Gräber und die hohe Bodenfeuchtigkeit brachten es allerdings auch mit sich, daß die Könige darauf verzichten mußten, Mobiliar aus leicht vergänglichem Material mit ins Jenseits zu nehmen. So gibt es in den tanitischen Gräbern keine Betten, keine Streitwagen, keine Holzstatuen und Textilien. Der Schwerpunkt liegt ganz auf »unvergänglichen« Beigaben aus Stein, Metall und Fayence. Die alten Ägypter kannten sehr wohl die Klimaverhältnisse des Deltas, wo der Grundwasserspiegel sehr hoch lag und je nach Stand der Überschwemmung wechselte, da der Nil noch nicht durch Talsperren reguliert war. So wurde der Brauch aufgegeben, die Sarkophage in Holzschreine zu stellen, in denen – wie bei Tutanchamun – die Stein- oder Metallsärge ruhten. Außer einem Zwischensarg aus Holz beschränkte man sich nun auf haltbare Umhüllungen.

Nur für Uschebtis und Kanopen muß es einige Holzkisten gegeben haben, von denen jedoch nichts erhalten ist. Es gibt also keinen Grund, in Tanis den Verlust all dessen zu beklagen, was zur Totenausstattung der Könige in den Gräbern des Alten, Mittleren und Neuen Reiches gehörte. Das Grab des Psusennes und der anderen neben ihm Bestatteten überrascht vielmehr durch den Reichtum an Metallgefäßen. Dieses Gold- und Silbergeschirr – teils profaner, teils ritueller Zweckbestimmung – hat keinerlei Entsprechung im Grabschatz des Tutanchamun und darf als eine charakteristische Besonderheit der Schätze von Tanis gelten.

Sarkophage und Grabdekoration

Zur Zeit der Könige der 21. und 22. Dynastie besaß die Stadt Tanis in den Werken ihrer Steinbildhauer ein durchaus mäßiges Niveau. Die Königsgräber lassen auf diesem Gebiet jegliche Glanzleistung vermissen, gerade als ob sich die Künstler dieser Epoche mit bestimmten Arbeitstechniken kaum befaßt hätten.

In den Grabkammern von Tanis entdeckte Montet zwölf Steinsarkophage, vier allein im Grab Osorkons II. und ebenfalls vier in dem des Psusennes. Die meisten der Sargwannen und -deckel sind aus Granit, der Rest besteht aus Sandstein, Kalkstein oder Basalt. Alle diese Särge sind wiederverwendet. Offenbar werden derartige Sarkophage in der tanitischen Zeit kaum noch hergestellt, und man zieht es vor, sich zur Deckung des Bedarfs ausgeraubter Gräber zu bedienen, zumal die Grabräuberei am Ende des Neuen Reiches mit rücksichtsloser Intensität gewütet hatte und auch noch zur Zeit des Psusennes nicht zum Stillstand gekommen war.

Sicherlich war das eine bequeme Lösung; aber man darf in der Wiederverwendung alter Werkstücke nicht nur den Aspekt der Usurpation sehen, sondern sollte darin auch ein deutliches Zeichen von Kontinuität erkennen, ein Sich-verwurzelt-Fühlen in den kulturellen Werten der Vergangenheit. In manchen Fällen fragt man sich, ob das Werkstück überhaupt erst in Tanis fertiggestellt wurde. So ist zum Beispiel ein Sarkophag aus einem Block gehauen worden, der von einer alten Kolossalfigur stammte; ist die Arbeit erst während der Regierungszeit der tanitischen Könige ausgeführt worden? Der Sarkophag des Königs User-Maat-Rê Scheschonk (Scheschonk III.), der von 827 bis 775 regierte, trägt noch eine Inschrift, die eine Datierung des wiederverwendeten Steinblocks erlaubt. Er stammt aus der 12. Dynastie, der Zeit um 1800 v.Chr. Ein Jahrtausend war vergangen von der Schaffung der Statue, aus der dann der Sarkophag gehauen wurde, bis zur Bestattung Scheschonks III. Man darf wohl mit gutem Recht annehmen, daß die Herstellung des Sarkophags schon zu einem früheren Zeitpunkt stattfand und daß Scheschonk ihn nicht als erster benutzte.

Der Rosengranitsarkophag des Psusennes gehörte, wie schon erwähnt, ursprünglich Merenptah, dem Nachfolger Ramses' II., und konnte nur aus einem im Delta gelegenen Kenotaph stammen, da der eigentliche Sarkophag dieses Königs in Oberägypten, in dessen Grab im Tal der Könige, stand.

Alles spricht dafür, daß die Künstler und Kunsthandwerker, die unter den tanitischen Königen arbeiteten, ihre spezifischen Qualitäten in der Metallbearbeitung entwickelten und zur Vollendung brachten. Beispiele wie die berühmte Statue der Karomama, Gottesgemahlin des Amun, im Musée du Louvre oder die Figur der Takuschit im Nationalmuseum von Athen sind Spitzenleistungen des Bronzegusses und bestätigen den Befund, der sich auch aus Schmuck und Metallgefäßen ergibt. Heißt das aber, daß die Steinbearbeitung völlig außer Gebrauch gekommen war? Das ist keineswegs der Fall.

Die Hauptkammern sind in den Gräbern von Tanis gewöhnlich mit Granit ausgekleidet. Die Kammern aus Kalkstein – seltener die aus Granit – sind meist mit Reliefs und Inschriften versehen. Die Themen der bemalten Reliefs beziehen sich auf das Bestattungsritual oder auf die einzelnen Abschnitte des im Totenbuch beschriebenen Jenseitsweges des Verstorbenen, stellen aber auch Götterprozessionen dar. Aber niemals erreichen diese Darstellungen den Umfang der endlosen Bildfriese, die die Wände der thebanischen Felsgräber bedecken. Die Qualität dieser Reliefs ist keineswegs mittelmäßig, und gelegentliche Ungeschicklichkeiten sind nicht als allein für die tanitische Kunst typische Entgleisungen anzusehen.

Im Psusennes-Grab zeigt die Wanddekoration des Vorraums zwei Götterprozessionen, die aufeinander zugehen. Die Götter, zweiundzwanzig an der Zahl, schreiten auf der einen Seite hinter Osiris, auf der anderen hinter dem Ba, der Seele des Verstorbenen. Dieses Motiv ist nichts anderes als eine Kopie der Reliefs auf dem Rosengranitsarkophag, der ursprünglich Merenptah gehörte. Qualitativ sind diese in Kalkstein ausgeführten und bemalten Reliefs durchaus bemerkenswert.

Das unterste, erst später hinzugefügte Bildregister mit dem König Amenemope ist allerdings eine ausgesprochen schwache künstlerische Leistung. Es wurde in aller Eile ausgeführt, als die Bestattung der Königin Mut-nedjemet ausgelagert wurde, um für den neuen König Platz zu machen, den man in der Granitkammer unmittelbar neben Psusennes bestattete.

In der Grabkammer des Psusennes sind die drei Granitwände mit Darstellungen und Inschriften versehen. Die Rückwand zeigt den stehenden König mit Krummstab und Wedel. Die linke und rechte Wand tragen nur Inschriften, einen langen Text, der vom Aufstieg des Psusennes unter die Sterne berichtet, und eine teilweise zerstörte Litanei.

Wenn der Inhalt mancher Reliefs aus den Darstellungen eines Sarkophags übernommen ist – ein Zeichen für die Geschlossenheit des Bildprogramms der Jenseitsbilder –, so ließen sich die Bildhauer auch von Einzelstücken der Grabbeigaben inspirieren. So kann man in den Reliefbildern eine ganz bestimmte Kanne, einen Räucherständer oder Opfertisch wiedererkennen.

57 Obwohl die Goldmaske des Wen-dje-bau-en-djed, des Waffengefährten des Psusennes, nur das Gesicht bedeckt, zeigt sich eine gleich hohe handwerkliche Vollkommenheit wie bei der Maske des Königs. Augenlider und Brauen sind durch in das Metall eingelegte Farbpasten betont. Die Hammerspuren der Treibarbeit sind noch deutlich sichtbar.

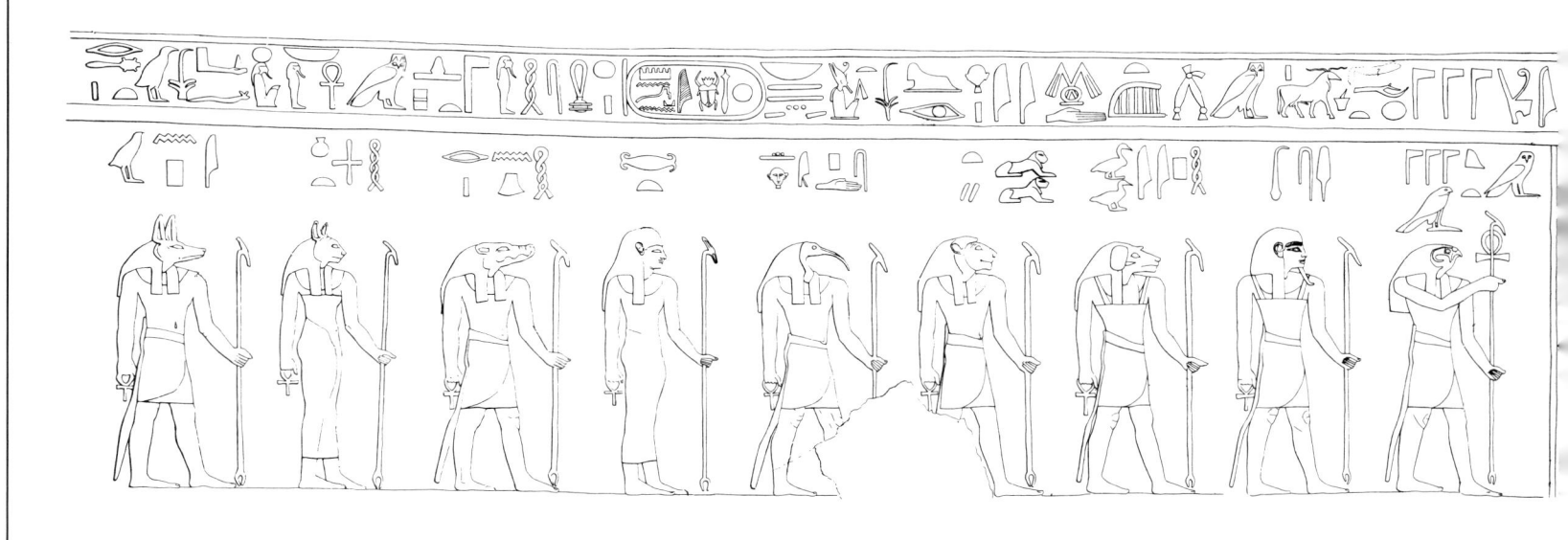

Götterprozession im Vorraum des Psusennes-Grabes. Das tanitische Relief zeigt in zwei Festzügen insgesamt 22 Gottheiten, die aufeinander zu schreiten; 18 von ihnen sind hier abgebildet (Zeichnung Pernette Montet-Lézine).

Das zeigt übrigens auch, daß die Grabausstattung schon sehr frühzeitig vor der Bestattung ausgewählt wurde und daß der Grabherr offenbar schon zu Lebzeiten entschied, von welchen Gegenständen er umgeben sein wollte.

In der Grabkammer des Wen-djebau-en-djed führen in den buntbemalten Kalksteinreliefs Anubis und Osiris den Toten, der von Isis und Nephthys beschützt wird. An anderer Stelle geleiten der Falkengott Sokaris und die Kuhgöttin Hathor den Verstorbenen auf seiner Reise ins Jenseits.

Zweifellos zeichnen sich die Reliefs der tanitischen Gräber nicht gerade durch ihre ästhetischen Qualitäten aus. Die Relieftechnik aber bleibt gut. Wenn auch keine kolossalen Statuen mehr hergestellt werden, wenn die Hieroglyphen schwerfällig erscheinen und wenn man im großen Tempel der nördlichen Reichshauptstadt die Obelisken Ramses' II. aus der Ramsesstadt wiederverwendet, so gibt es doch auch noch qualitätsvolle Steinskulptur bis ans Ende der tanitischen Zeit. Beispiele finden sich auf Blöcken, die erst in jüngster Zeit im Chonstempel in Karnak gefunden wurden; es handelt sich um Reliefs, denen Jean Leclant »große Feinheit« zuerkennt und die unter Osorkon III. und seinem Sohn, dem Hohenpriester Takelot, geschaffen wurden. Das zeigt, daß es immerhin auch noch zu einem so fortgeschrittenen Zeitpunkt wie dem Ende der 22. Dynastie gegen 770–750 v.Chr. Ausnahmen vom Niedergang der Bildhauertechnik gab. Zu dieser Zeit erlebte das Delta den zunehmenden Verfall pharaonischer Macht, da libysche Fürstentümer die politische Autonomie beanspruchten.

Auf das Wesentliche beschränkte Beigaben

Es war wohl nicht überflüssig, den besonderen Charakter dieser Königsgräber hervorzuheben, bevor ihr Inhalt analysiert wird. Im Vergleich mit den Begräbnisstätten der Pharaonen des Alten Reiches oder der Großmachtperiode des Neuen Reiches mögen die Grabanlagen im Delta dürftig, ja lächerlich erscheinen. In Wirklichkeit aber liegt das Besondere dieser Gräber, wie wir gesehen haben, gerade in ihrer Beschränkung. In Tanis hat ein Königsgrab geringere Ausmaße als ein einfaches Beamtengrab in Theben – aber diese kleinen Abmessungen waren diktiert durch die Lage der Königsgräber inmitten der Stadt, wo sie den Schutz des Tempelbezirks suchten, da es in der Umgebung weder Bergeseinsamkeit noch Wüstenweite gab.

Dieser Platzmangel prägte zugleich auch die Auswahl an Grabmobiliar und wertvollen Beigaben, die den Toten ins Jenseits begleiten sollten. Man beschränkte sich auf das Wichtigste und wählte vor allem unverwesliche Materialien, die der Feuchtigkeit in den Gräbern widerstehen konnten. Aus diesem Grund gehört der größte Teil der Fundstücke aus den kleinen unterirdischen Kammern von Tanis in den Bereich der Metallkunst und bildet damit diesen außergewöhnlichen Schatzfund, den Pierre Montet ans Tageslicht hob.

Vor der Schilderung dieser Meisterwerke ist es nötig, in groben Zügen den geschichtlichen Rahmen zu skizzieren, in dem sie entstanden; die reichen Funde aus einer Nekropole spiegeln stets die politische und soziale Situation der jeweiligen Gesellschaft. Die Zeit aber, die die goldenen Schätze der Könige von Tanis entstehen sah, gehört zu den am wenigsten bekannten der ganzen Geschichte des Pharaonenreiches.

58

59

VI. Von den späten Ramessiden zu den Königen von Tanis

Nach dem Tod des Pharaos Ramses II., der in seiner 66jährigen Regierung (1279–1212 v.Chr.) das Neue Reich zum Höhepunkt der Macht geführt hatte, tritt Ägypten in einen Prozeß allmählichen Machtzerfalls ein, der die gesellschaftlichen und politischen Verhältnisse tiefgreifend verändern wird. Die zu lange Regierungszeit des großen Kriegsherrn hat vielleicht diese Entwicklung durch die Verkrustung von Herrschaftsstrukturen und die Sinnentleerung des Systems der pharaonischen Monarchie begünstigt. Es gibt ja in der Weltgeschichte zahlreiche Beispiele dafür, daß auf besonders lange Regierungen politische Unruhen folgen. Schon einmal hatte sich Ägypten in einer vergleichbaren Situation befunden, unter Pepi II., der 94 Jahre (um 2294–2200 v.Chr.) regiert haben soll und dessen Tod das Ende des Alten Reiches und zugleich den Beginn der Unruhen bezeichnet, die zum Umsturz der Ersten Zwischenzeit (um 2160–2040 v.Chr.) führten.

Ramses II. hatte nach der grausamen Schlacht von Kadesch am Orontes in seinem fünften Regierungsjahr (1274 v.Chr.) eine geschickte Verhandlungspolitik mit den Hethitern eingeleitet und mit ihnen um 1259 einen Vertrag geschlossen. Auch in Mesopotamien herrschte unter Salmanassar I. (1273–1243) Frieden; dieser hatte gerade Ninive gegründet und machte es zur Hauptstadt Assyriens. Ramses II. seinerseits hatte die Ramsesstadt im Ostdelta gegründet, um den Regionen näher zu sein, in die ihn die Entwicklung des internationalen Gleichgewichts in Asien rufen konnte. Diese neue Hauptstadt löste einerseits das oberägyptische Theben ab, wo der Hohepriester des mächtigen Amuntempels im Amt blieb, andererseits auch Memphis, das seit dem Alten Reich immer wieder Regierungssitz gewesen war. Die Gefahr eines Angriffs des neuen Assyrerkönigs Tukulti Ninurta, der seit 1243 an der Macht war, veranlaßte Ramses II., sich am östlichen »Tor« des Reiches wachsam zu zeigen. Aber die Stadt, die er am pelusischen Nilarm erbaut hatte, war nicht eine einfache Garnisonsstadt. Pi-Ramses war mit seinen großen Tempeln und dem Palast, mit den öffentlichen Gebäuden und ausgedehnten Märkten eine Hauptstadt im vollsten Sinn des Wortes. Die Ortswahl weist unübersehbar auf die Bedeutung hin, die nun die Nordhälfte Ägyptens gewonnen hat.

In diesem Ägypten, das stets schon als das Reich der »Beiden Länder« bezeichnet worden war, hatten die Pharaonen bereits zu Beginn des 3. Jahrtausends die erste große Metropole des vereinigten Landes in Memphis angelegt, am Berührungspunkt zwischen dem Niltal und der Schwemmlandebene des sich verzweigenden Mündungsdeltas.

Diese Ortswahl zielte darauf ab, die alten rivalisierenden Fürstentümer des Nordens und des Südens leichter zu einer geschlossenen territorialen Einheit zusammenschließen zu können. Später machten die Herren Ägyptens gegen 2160 v.Chr. die oberägyptische Stadt Theben zum politischen Zentrum. Die Entscheidung Ramses' II., die neue Hauptstadt seines Großreiches im tiefsten Delta an der Ostgrenze des Landes anzulegen, war eine revolu-

58 Einer der beiden Armreife von der Mumie des Wen-djebau-en-djed ist ein ausgezeichnetes Beispiel für die eindrucksvolle Schlichtheit, die für einen Teil des Tanis-Schmucks charakteristisch ist. Er besteht aus einer großen Achatperle und einem massiven Goldreif mit ziselierten Enden (Durchmesser 9,3 cm).

59 Der großartige Skarabäus aus grünem Feldspat, der auf der Brust des Toten lag, erfüllte die Funktion eines unvergänglichen Herzens. Die Inschrift auf der Unterseite erwähnt einen König User-maat-Rê und legt daher die Vermutung nahe, daß dieser kostbare Anhänger aus dem Grab eines ramessidischen Königs gestohlen worden war (Länge 6 cm).

tionäre Tat, die durchaus vergleichbar ist mit der Revolution, die Echnaton auslöste, als er Hofstaat, Priesterschaft und Verwaltung nach Achet-Aton in Mittelägypten verlegte.

Von nun an übte Unterägypten eine gewaltige Anziehungskraft aus und entwickelte sich demgemäß lebhaft. Ägypten war keine »Insel« mehr und konnte sich nicht der Bedeutung des internationalen Handels und der Seewege für die Geschäfte mit der übrigen antiken Welt entziehen. So gewannen auch die Ortschaften des Deltas an den verschiedenen Nilarmen Bedeutung als blühende Hafenstädte; die nördliche Küstenlinie entlang dem Mittelmeer war nämlich wegen ihrer sich stets verändernden Struktur und mangels sicherer Buchten für die Schiffahrt unbrauchbar. Die Lagunenlandschaft gestattete nicht die Anlage von sicheren Häfen, die zugleich auf dem Landweg erreichbar waren; daher war es notwendig, die Häfen weiter im Landesinnern anzulegen.

Die Ramsesstadt nun besaß all die Vorzüge, die sich Ramses II. wünschte: Sie lag nahe der östlichen Grenze zur Wüste hin, von wo feindliche Einfälle drohen konnten, und die ägyptischen Truppen konnten unter der Führung ihres königlichen Kriegsherrn effektiver in das militärische Geschehen in Asien eingreifen. Zum anderen bot die Lage am pelusischen Nilarm den direkten Zugang zum Mittelmeer; aber auch zum Roten Meer bestand eine Verbindung durch den Kanal im Wadi Tumilat, von dem im folgenden noch ausführlicher die Rede sein wird.

Fast zwei Jahrhunderte nach der Stadtgründung, gegen 1100 v.Chr., führten Unruhen und Aufstände zur Aufgabe der Ramsesstadt, die schon von den Meschwesch verwüstet und ausgeraubt worden war, nomadisierenden Hirtenstämmen, die sich den Verfall Ägyptens unter den Nachfolgern Ramses' II. zunutze machten und im Lauf der 20. Dynastie im Delta Fuß faßten.

Zunächst aber verändert sich die internationale Lage bereits für Ramses II., als Tukulti Ninurta die Hethiter schlägt und das Territorium von Nordwest-Mesopotamien den Euphrat aufwärts bis Karkemisch besetzt. Der Assyrer ist von nun an der direkte Nachbar und eine stete Bedrohung der Ägypter, deren asiatische Besitzungen über den Orontesbogen hinausgehen und ebenfalls bis zum Oberlauf des Euphrat reichen.

Außerdem vollzieht sich im gesamten Ostmittelmeerraum durch das Vordringen der Achäer ein schneller Wechsel des Gleichgewichts der Mächte. Diese Umwälzungen führen dazu, daß vor den mächtigen mykenischen Fürsten Knossos fällt und die minoische Kultur zugrundegeht. Die Eroberung von Troja gegen 1270 v.Chr. ist das sichtbare Zeichen einer Expansionspolitik der Achäer, die sich zum Ziel gesetzt hat, über die Dardanellen das Schwarze Meer zu erreichen. Gleichzeitig fassen die Achäer weiter im Süden an der anatolischen Küste Fuß und werden damit zu einer Bedrohung für die Westgrenze des Hethiterreiches. Bis nach Libyen gelangen achäische Seeleute, als ob sie von einer geheimnisvollen Kraft weiter und weiter getrieben würden. In Wirklichkeit ist die Triebkraft nichts anderes als eine neue Welle einer Völkerbewegung aus dem Norden, die dorische Wanderung.

So löst die dorische Bevölkerung die Achäer in Griechenland und anschließend auch in Kleinasien ab und setzt eine gewaltige Völkerwanderung in Bewegung, die sich im 12. Jahrhundert im ganzen Ostmittelmeerraum ausbreitet und Palästina sowie die Randbezirke des Nildeltas in Mitleidenschaft zieht. Ägypten war lange Zeit sicher gewesen vor solchen Umwälzungen und vor feindlichen Einfällen, die ganze Völker in die Flucht trieben, und hatte unter Ramses II. eine bemerkenswerte Blütezeit erlebt. Über Ägypten lief der ganze Handelsverkehr zwischen Arabien, Afrika und dem syrisch-anatolischen Raum. Gold, Elfenbein, Weihrauch und vielleicht auch Gewürze, die von Küstenschiffen über das Rote Meer aus Indien eingeführt wurden, lieferten Ägypten im Überfluß die materiellen Grundlagen für seine Politik nationaler Größe und Prachtentfaltung.

60 In den Motiven des schönsten der drei Pektorale des Wen-djebau-en-djed kehren die Symbole der Auferstehung wieder: der geflügelte Skarabäus, der den Namen des Toten zum Himmel emporhebt, gestützt von Isis und Nephthys. Der Künstler hat diese klassischen Themen in einem raffinierten Spiel von Gold und Grün gestaltet, das in den Perlen der doppelreihigen Kette wiederkehrt (Höhe 9,3 cm).

Durch einen Kanal, der über die Bitterseen, Pithom, Bubastis, Pi-Ramses und Tanis führte, stand der Seeverkehr entlang den Häfen des Roten Meeres mit der Nilschiffahrt und damit mit dem Mittelmeer in Verbindung. Dieser Kanal durch das Wadi Tumilat scheint zu allen Blütezeiten Ägyptens in Betrieb gewesen zu sein, vielleicht schon im Alten Reich, war aber auch mehrmals völlig verschlammt und nicht befahrbar. Wenn er in Funktion war, garantierte er den Pharaonen das Monopol des Nord-Süd-Verkehrs und gab einem König wie Ramses II. wirtschaftspolitische Überlegenheit.

Die Invasion der Seevölker

Im Zuge der gewaltigen Wanderungsbewegungen zur See entlang der Küsten im Nordosten des Mittelmeers gelangen Schübe von Eroberern sowohl von Westen, über Libyen, als auch von Osten, über Palästina und das Delta, an die Küsten Ägyptens. Offenbar ist es Ramses II. noch gelungen, sein Land vor den schlimmen Folgen dieser Umwälzungen, vor allem vor einer Invasion, zu bewahren, obwohl erste Spuren des Einsickerns jener Völker sich abzeichnen. Aber seit der Regierung des Merenptah, des vierten Sohnes Ramses' II., der ihm 1212 auf dem Thron folgt, greifen die Neuankömmlinge das Reich der »Beiden Länder« direkt an. Zusammen mit den Meschwesch dringt dieses Gemisch aus Achäern, Lykern und Libyern von Westen her ins Delta vor.

Diese feindlichen Gruppen, von den Ägyptern »Seevölker« genannt, führen Ägypten an den Rand der Katastrophe. Glücklicherweise gelingt es Merenptah gegen 1207, die Einfälle zu stoppen; er richtet unter den feindlichen Truppen ein entsetzliches Blutbad an und nimmt 9000 Gefangene. Aber dieselben Seevölker finden sich auch im östlichen Grenzbereich, im Ostdelta, in Palästina, wo manche ihrer Gruppierungen als Philister bezeichnet werden (der Name Palästina ist von ihnen abgeleitet). Ein neuerlicher Sieg des Merenptah, unterstrichen durch eine ansehnliche Menge von Gefangenen, die aus den syrischen Festungen abgeführt werden, verschafft Ägypten eine Schnaufpause.

Das Gefühl der Angst, das diese Fremdvölker auslösten, führt in der Folgezeit in Ägypten zu einem ausgeprägten Fremdenhaß. In diesem Zusammenhang ist die Abschiebung der hebräischen Fremdarbeiter und zahlreicher anderer Ausländer zu sehen, die bislang bei den großen Bauvorhaben der Pharaonen eingesetzt gewesen waren. Als unmittelbare Folge dieser Politik stagnieren die Bautätigkeit und die Arbeit in den Steinbrüchen und Goldminen, und der Außenhandel geht zurück. Eine allgemeine Verarmung stellt sich ein, die zur Regierungskrise und schließlich zu einer Zeit der Anarchie führt, aus der heraus die 20. Dynastie einen Neubeginn versucht. Aber diese politisch schwache Periode bringt neue Einfälle von libyschen Horden und Meschwesch ins Delta mit sich.

Ramses III. (1184–1153) nimmt die Zügel wieder fest in die Hand und stellt die Ordnung im Land wieder her; er reorganisiert das Heer und schiebt den Versuchen von Provinzfürsten einen Riegel vor, Ägypten in einen Feudalstaat zu verwandeln. In einer Reihe siegreicher Kämpfe gelingt es dem tatkräftigen König, den Einfällen der nach wie vor aktiven Seevölker ein Ende zu setzen. Er greift sowohl im asiatischen Grenzbereich ein, wo die Philister die phönikischen Häfen besetzt haben, als auch an der Westgrenze des Deltas gegen Libyen.

In den Jahren 1177 und 1174 erringt Ramses III. glänzende Siege und gibt damit Ägypten seine Führungsrolle zurück. Diese Erfolge führen jedoch nicht zu einer völligen Absicherung der Grenzen, indem jegliche Bevölkerungsbewegungen untersagt werden. Fortan wird es vielmehr ein unauffälliges Einsickern von Ausländern geben, das ganz friedlich vor sich geht, insofern sich Libyer an den Ufern des Nils niederlassen, insbesondere im Delta.

Der Herr Ägyptens stellt mit Erfolg die Ordnung und Blüte des Landes wieder her. Mehr als je zuvor beruht nun der Wohlstand Ägyptens auf den Städten des Deltas, deren Häfen die Kriegsflotte gestellt hatten, ohne die es keinen Sieg über die Seevölker gegeben hätte. Diese Flotte erwies sich mehr und mehr als unverzichtbar für den Schutz der Handelsflotte. Auf diesem Gebiet steht Ägypten im Konkurrenzkampf mit den Phönikern, nachdem die achäischen Schiffe aus dem Ostmittelmeer verdrängt worden sind. Wie schon unter Ramses II. ist die Ramsesstadt wiederum militärisches und politisches Zentrum. Seinen Totentempel und seinen Jenseitspalast, die Tempelstadt Medinet Habu, läßt aber Ramses III. in Theben errichten, wohl als bewußtes Gegengewicht gegen die wachsende Macht der Priesterschaft des Amun. Dieser »Palast von Millionen Jahren« ist eine gewaltige Anlage; sie orientiert sich ganz am Vorbild des Ramesseums, das sich ein Jahrhundert zuvor Ramses II. hatte bauen lassen.

Der Zerfall der Zentralgewalt

Die Bewegung, die sich nun vor den Augen der Zentralregierung des Pharao vollzieht, läßt eine zunehmende Unabhängigkeit der großen Tempel erkennen, die sich nicht mehr an die Autorität des Königs gebunden fühlen. Unabhängige Stiftungsgüter entstehen, die dem König die Steuerzahlung verweigern und so seine Vormachtstellung aushöhlen. Die führende Rolle bei dieser Auflösung der Machtstrukturen spielt die Priesterschaft des Amun in Karnak. Der Karnak-Tempel verfügt, wie Jacques Pirenne schreibt, beim Tod Ramses' III. über etwa 236 000 Hektar Land und 86 000 Sklaven. Die Tempel Oberägyptens besitzen den überwiegenden Teil des Landes. Im Norden dagegen widersetzen sich Handelsstädte wie Bubastis und Tanis den Machenschaften der Priester und fördern stattdessen die Bildung reicher Handelshäuser. Der Trend zur Zersplitterung der Macht in Oberägypten wird bis zu den letzten Ramessiden (1150–1075 v.Chr.) anhalten. Von Ramses IV. bis zu Ramses XI. verlieren die Pharaonen zunehmend an Macht, während sich die Position des Hohenpriesters des Amun zusehends festigt. Die Pracht seiner Hofhaltung übertrifft die des Königs. Er schafft sich innerhalb des ägyptischen Reiches einen echten Priesterstaat, dessen Zentrum der große Karnak-Tempel bildet. Er ist die Hauptstadt eines Herrschaftsbereiches, der sich vom König unabhängig gemacht hat. Dieser Niedergang der Autorität des Königshauses läßt sich auch auf internationaler Ebene feststellen. In seiner zunehmenden finanziellen Krisensituation kann der König die ägyptische Präsenz weder in Nubien noch in Palästina aufrechterhalten. Im innenpolitischen Bereich wird die Schwäche des Königs allenthalben sichtbar: Die Macht zerfällt, und die Wirtschaftskrise zieht Streiks und Aufruhr nach sich, so daß die allgemeine Unsicherheit im Land zunimmt. Bestechung greift in der Verwaltung und im Rechtswesen um sich. Wichtige Posten werden dem Meistbietenden zugesprochen.

Vor diesem Hintergrund werden unter Ramses XI. die Grabräubereien in den Königsgräbern und den Gräbern der Beamten immer häufiger. In Banden organisierte Berufsdiebe haben das Geschäft fest in der Hand. Auftraggeber der Raubzüge sind einflußreiche Persönlichkeiten, die sich über die gültige Rechtsordnung hinwegsetzen. Der Gewinn wird bei wohlhabenden Bankiers syrischer Abstammung angelegt. Die Grabräubereien haben ein Ausmaß angenommen, daß es bald kein einziges intaktes Königsgrab mehr gibt. Die thebanischen Priester machen sich schließlich an die Bergung der sterblichen Überreste der Pharaonen und überführen sie in die beiden

61 Wie die Triade Osorkons II. (vgl. Abb. 107–110) zeigen auch die massiv goldenen Figuren von der Mumie des Wen-djebau-en-djed die außergewöhnliche handwerkliche Meisterschaft der Goldschmiede dieser Zeit. Obwohl nur 9 cm hoch, besitzt die Statuette der löwenköpfigen Bastet monumentalen Charakter.

62 Die an einer Goldkette befestigte Statuette der Isis zeugt von den gleichen plastischen Qualitäten. Der eng in ein mit Bordüren verziertes Gewand gehüllte Körper ist von vollkommener Proportionierung; Perücke und Schmuck der Göttin sind in feinster Ziselierung hervorgehoben. Das Figürchen ist nur 11 cm hoch.

62

Mumienverstecke von Deir el-Bahari, wo sie am Ende des vergangenen Jahrhunderts wieder aufgefunden werden.

Diese Praktiken haben – den Verhältnissen entsprechend – ihre Parallele im Delta, wo die zerfallenden Bauten und Denkmäler von Pi-Ramses für die Bauarbeiten in Tanis als Baumaterial dienen. Die systematische Zerstörung geht so weit, daß die Lage der prachtvollen Hauptstadt Ramses' II. und Ramses' III. archäologisch kaum noch nachweisbar ist. Die Einstellung der Arbeit in den Steinbrüchen Oberägyptens ist einer der Hauptgründe für diese Wiederverwendung alter Bauten.

In Tanis, das noch einen lebhaften Handel mit den Hafenstädten Tyros, Sidon und Byblos unterhält, haben levantinische Reeder die Führungsrolle im blühenden internationalen Handel an sich gerissen. Dieser Unterwanderung des Export-Import-Geschäfts durch Ausländer entspricht eine ähnliche Entwicklung im militärischen Bereich. Mehr und mehr setzt sich die Belegung der Garnisonen in den Deltastädten aus Söldnern zusammen, die unter dem Kommando libyscher Offiziere stehen. So bildet sich allmählich eine Art Militäradel, der sich mit den Händlern gut stellt und ihnen die ungestörte Abwicklung ihrer Geschäfte garantiert.

Unter Ramses XI. maßt sich Herihor, Hoherpriester des Amun in Karnak, die Befehlsgewalt über die Armee an, ernennt sich zum Oberkommandierenden und wird zudem Vizekönig von Nubien. Von nun an hat er mit dem offiziellen Titel eines Wesirs de facto die Macht in der Hand, während im Delta ein ehemaliger Wesir namens Smendes die Herrschaft über Unterägypten übernimmt. Beide zögern nicht, sich mit dem Königstitel zu schmücken und schaffen so ein Doppelreich, wenn auch die Fiktion einer einzigen Zentralregierung in manchen Titulaturen beibehalten wird und den Herrschaftsanspruch eines jeden erkennen läßt.

Tanis, Hauptstadt der 21. und 22. Dynastie

Ganz auf den Außenhandel eingestellt, ist Tanis, die Hauptstadt der Könige der 21. Dynastie, eine Hafenstadt. Reiche Kaufleute, Matrosen und Handwerker bestimmen das Bild und verdrängen mehr und mehr den Einfluß der Beamten, die die landwirtschaftlichen Betriebe verwalten. Die Schiffseigner sind oft Phöniker oder Syrer. Einer von ihnen mit Namen Barachel rühmt sich, wie Jacques Pirenne schreibt, alljährlich Tausende von Schiffsladungen allein aus dem Hafen Sidon zu erhalten.

Zu Beginn der tanitischen Epoche äußert sich die rege Aktivität der ägyptischen Handelsflotte sehr anschaulich in der außergewöhnlichen Erzählung von der Reise des Wenamun, der auf Befehl des Hohenpriesters Herihor (1080–1074 v.Chr.) nach Byblos in See sticht. Das Schiff dieses Handelsagenten macht sich von Tanis aus auf den Weg, um Zedernholz zu holen, und macht in Tyros und Zypern halt. Als es schließlich in Byblos ankommt, ankern dort bereits zwanzig Schiffe, die Smendes ausgeschickt hat. Die ägyptische Flotte befindet sich in einem ununterbrochenen Konkurrenzkampf mit den Syro-Phönikern, deren Händler ihre Niederlassungen nicht nur im Delta, sondern im ganzen Mittelmeerbereich haben. Die Zeit ist von einem harten Wirtschaftskampf geprägt, in dem sich nur die Geschicktesten durchzusetzen vermögen.

Im Delta, wo Smendes mit den Titeln und Vorrechten eines Pharao herrscht und damit gegen Herihor, den Hohenpriester in Theben, steht, der sich seinerseits ebenfalls als legitimen Träger des Pharaonentitels betrachtet, vollzieht sich eine viel geschmeidigere Entwicklung als in Oberägypten, wo die Herrschaftsstrukturen in einem Priesteradel erstarren. Die Notwendigkeiten des Wirtschaftslebens und die für Geschäftsleute typische persönliche Risikobereitschaft erfordern zur Erzielung zunehmenden Reichtums ein

63 Ein 6 cm hoher Anhänger des Wendjebau-en-djed kontrastiert mit den anderen Schmuckstücken durch seine Überladenheit mit verschiedenen Motiven. Eine kleine Kapelle aus Gold, deren Wände mit Götterpaaren geschmückt sind, birgt das recht grob gearbeitete Götterfigürchen eines Ptah-Sokaris-Osiris aus Lapislazuli.

64, 65 Die meisten Fingerringe aus Tanis folgen der ägyptischen Tradition des Ringes mit beweglicher Ringplatte, die meist als Skarabäus gearbeitet ist. Bei den beiden Ringen ist der Skarabäus durch übelabwehrende Udjat-Augen aus grünem Amazonit und Lapislazuli ersetzt, Symbole körperlicher Unversehrtheit. Diese beiden Ringe des Wen-djebau-en-djed sind wahrscheinlich ein Geschenk des Psusennes, dessen Name auf der Unterseite der Ringplatten steht.

63

65

System, das jegliche Überalterung vermeidet. Man darf annehmen, daß das Ziel nur um den Preis von Reformen erreichbar war, die auf Kosten der Kontinuität gingen.

Kann man noch von absoluter Monarchie sprechen, wenn der Rat der Handelsstädte Beschlüsse zu fassen hat, die teilweise nicht mehr unter die Autorität des Königs fallen? Es handelt sich um eine Emanzipationsbewegung, die ihre Parallele in Theben hat, wo die Priesterschaft zunehmend an Unabhängigkeit gewinnt. Der Unterschied liegt jedoch darin, daß diese Bewegung im Delta nicht die Verarmung des Königshauses bedeutet. In Oberägypten führt die Aufsplitterung der königlichen Autorität unter die Priester der verschiedenen Tempel zum Wegfall der Abgaben selbst größerer Landgüter, damit zur Existenzkrise des Landes und als Folgeerscheinung zum Stillstand des Abbaus von Minen und Steinbrüchen. In Unterägypten dagegen versiegen die Quellen des Reichtums keineswegs.

Psusennes I., der Nachfolger des Smendes, dem es gelungen zu sein scheint, seinen Pharaonentitel sogar Theben aufzuzwingen, beansprucht in seinen Inschriften den Rang des Hohenpriesters des Amun und gibt vor, über Ober- und Unterägypten zu herrschen. Dieser Psusennes, dessen Grab in Tanis gefunden wurde, macht keineswegs den Eindruck eines armen Königs. Sein großartiger Goldschmuck, seine Goldmaske und seine Mumienhülle aus massivem Goldblech werden von einem Silbersarg umschlossen, ein klares Zeichen des Wohlstandes der Zeit. Sicherlich kann das Delta, die »Hälfte Ägyptens«, nicht an die Kostbarkeiten des Neuen Reiches heranreichen, einer Zeit, in der das Land noch eine Einheit darstellte und seine ausländischen Besitzungen hatte. Woher aber kommt all das Silber, das sich in den Gräbern von Tanis fand und das in den Gräbern früherer Epochen – insbesondere im Grab des Tutanchamun – nicht vorkommt? Es lohnt sich, dieser Frage nachzugehen, denn sie wirft ein bezeichnendes Licht auf die tiefgreifenden Veränderungen, die sich im Gefolge der Seevölkerwanderung in der Alten Welt vollzogen haben.

Während der Regierung Psusennes' I. um 1035 v.Chr. verwüsten Aramäer und Sutäer Babylonien und Assyrien und unterbinden damit jegliche Verbindung mit dem Mittleren Orient. Die große Karawanenstraße, die vom Persischen Golf herkommt, ist von diesen Nomaden unterbrochen worden, die zwischen Tigris und Euphrat Unsicherheit verbreiten und Verderben stiften. Von nun an läuft daher der ganze Handelsverkehr mit Indien über das Rote Meer. Aber auch auf diesem Weg ergeben sich beträchtliche Schwierigkeiten. Die faktische Teilung Ägyptens in zwei Königreiche ist dem Fernhandel keineswegs zuträglich.

Die ägyptischen Händler sind – wie noch zu zeigen sein wird – zugunsten der Könige des hebräischen Staates ihrer Privilegien im Orienthandel beraubt und wenden sich daher gerne Geschäften zu, bei denen sie mit den Phönikern zusammenarbeiten können, Geschäften, die nach Westen orientiert sind. Dank der Phöniker kommen sie mit den Waren des fernen Westens in Berührung. Die Handelsniederlassungen der Seeleute von Tyros und Sidon reichen bis Spanien und gehen sogar über Gibraltar hinaus; sie werden die internationalen Kontakte tiefgreifend verändern. Über die Hafenstadt Gades stehen die Phöniker mit Tartessos (in Südspanien), wo Silber abgebaut wird, und weiter entfernt noch mit den Kassiteriden-Inseln (im Nordatlantik) in Verbindung, dem Ursprungsgebiet des Zinns, das für die Bronzeherstellung von entscheidender Bedeutung ist. Der gewaltige Zustrom von spanischem Silber aus den kantabrischen Minen, von Silber, das die Königsgräber von Tanis füllt, würde sich nach Jacques Pirenne aus diesen Handelsbeziehungen erklären, denen sich die ägyptisch-syrischen Seehandelshäuser des Deltas unter Einschaltung phönikischer Seeleute widmen.

Aber parallel zur Unterbrechung des alten Handelsweges durch Mesopotamien öffnet sich eine neue Verkehrsverbindung, von der in ganz unerwarte-

66 Die Schmuckstücke des Wen-djebau-en-djed bezeugen seine besondere Verehrung von Widdergöttern. Ein nur 3 cm hoher Goldanhänger zeigt eine winzige Kapelle, die durch einen Schieber verschlossen werden kann. Sie enthält das Lapislazulifigürchen eines mumifizierten Widders, der teilweise mit Goldblech verkleidet ist.

67 Der massive Goldring schmückte wohl das Ende eine heute zerfallenen Stabes oder Zepters. Die eingeritzte Inschrift enthält einen einfachen Totenspruch für Wen-djebau-en-djed.

68 Das reizende Motiv dieser Gold-Silber-Schale steht ganz in der literarischen und künstlerischen Tradition des Neuen Reiches. Vier graziöse Schwimmerinnen verfolgen Enten, umgeben von einer Teichlandschaft mit Fischen und Lotosblüten. Das ungewöhnliche Stück ist ein Geschenk des Königs Psusennes an Wen-djebau-en-djed (Gesamtdurchmesser 18,2 cm).

69 Einen deutlichen Gegensatz bildet die Silberschale des Wen-djebau-en-djed mit ihrem schlichten Muster, das in konzentrischen Zonen Wasserlinien und einen Lotosfries rings um die Mittelrosette zeigt (Durchmesser 16,5 cm). Die großartige Arbeit, die ebenfalls eine Widmungsinschrift des Psusennes trägt, weist eine überraschende Ähnlichkeit zu einer Schale aus der Grabkammer des Königs auf (vgl. Abb. 44).

ter Weise und in einem kometenhaften Aufstieg das kleine Königreich von Jerusalem profitieren wird. Plötzlich sehen sich die ägyptischen Händler, nachdem ihr Land nicht nur sein Weltreich in Asien und Afrika, sondern gleichzeitig auch noch seine nationale Einheit verloren hat, in direkter Konkurrenz zu diesem Emporkömmling, zu den Hebräern unter Samuels, dann Davids Führung. König David (1010–970 v.Chr.) befreit sein Land von den Philistern und macht Jerusalem zur Hauptstadt; er verbündet sich mit Hiram, dem König von Tyros, und verschafft sich Zugang zu Eilat am Roten Meer im Lande Edom. Er stellt damit eine wesentliche Handelsverbindung zwischen Arabien und dem Mittelmeer her. Dieser Handelsweg ersetzt einerseits die unterbrochene Route durch Mesopotamien und andererseits den durch die politische Krise und die Entstehung eines Doppelreiches in Karnak und Tanis zu unsicher gewordenen Weg durch Ägypten. Aus eben diesen Gründen erlebt Israel seine Glanzzeit unter der Herrschaft Salomos (970–931 v.Chr.).

So also erklären sich Davids und Salomos Reichtümer. Der kleine jüdische Staat kann vorübergehend – für weniger als ein Jahrhundert – eine äußerst günstige Monopolsituation ausnützen. Es gelingt ihm, die große Karawanenstraße vom Orient zum Okzident wiederherzustellen und über Jerusalem zu leiten, wo Steuern erhoben werden; aus diesen Geschäften zieht er reichen Gewinn. Für Ägypten ist das Erwachen schmerzhaft. Ein Transithandel, der seit Jahrhunderten, ja seit einem halben Jahrtausend über Ägypten gelaufen ist, entgleitet ihm zugunsten eines kleinen Nachbarstaates, dessen Väter noch vor kurzer Zeit im Delta als Sklaven gearbeitet haben. Mit dieser Lage kann man sich nicht einfach abfinden. Auch die Könige von Tanis werden versuchen, die Handelsgeschäfte wieder aufzunehmen, die Ägypten zu Zeiten der großen Puntexpeditionen – wie jener Expedition der Königin Hatschepsut um 1460 v.Chr. – praktizierte. Um hier voranzukommen, müssen sie die Apathie überwinden, die dem Niedergang der Ramessiden folgte. Vor allem aber brauchen sie eine schlagkräftige Armee.

Im Interesse einer effektiven Politik im Delta haben die Städte Unterägyptens das Militärwesen in die Hände von Söldnern gelegt – es war schon davon die Rede. An der Spitze der Heereseinheiten stehen libysche Generäle, die sich »große Häuptlinge der Ma« (eine Abkürzung von Meschwesch) nennen. Ehemalige Eindringlinge, die sich allmählich im Delta breitmachten, haben sich also hier eine bedeutende Stellung errungen. Ihr Aufstieg gipfelt in der Machtergreifung Scheschonks I., des Gründers der 22. Dynastie, der selbst libyscher Herkunft ist.

Die libyschen Könige in Tanis

Scheschonk I. ist es gewesen, der dem einträglichen Monopol, das sich Salomo geschaffen hatte, ein Ende setzte. Im II. Kapitel wurde ausführlich geschildert, wie die ägyptischen Truppen – 1200 Streitwagen und 60000 Mann, meist Libyer – im Jahre 925 Jerusalem einnahmen, den Schatz des Jahwe-Tempels raubten, den Palast plünderten und alles mit sich nahmen, darunter auch die berühmten Schilde Salomos. Daß das Unternehmen so zügig und erfolgreich durchgeführt werden konnte, verdankte Scheschonk den Informationen, die ihm Jerobeam lieferte, der an den Hof von Tanis geflohen war und die Schwester von Scheschonks eigener Frau zur Gemahlin erhalten hatte. Der Feldzug fand allerdings erst nach dem Tod des mächtigen Salomo statt, der seinen Hof, seine Verwaltung und sein Heer nach ägyptischem Vorbild aufgebaut hatte. Bis das tanitische Ägypten sich auf dieses Abenteuer einließ, mußten erst vier Jahre vergehen; in diesen Zeitraum fielen die Kämpfe zwischen Jerobeam und Rehabeam, die schließlich zur Spaltung zwischen Israel und Juda führten. Die Heere Scheschonks I. kehr-

66

67

68

69

ten mit Tonnen von Gold nach Tanis zurück. Gleichzeitig führten sie Sklaven mit sich, dazu Gewürze, wohlriechende Öle und Zedernholz aus Byblos; das letztere hatten sie im Zuge einer militärischen Operation an sich gebracht, bei der die Hafenstädte an der Küste und die kanaanäischen Festungen ausgeschaltet wurden. Offenbar waren nämlich die Könige von Byblos treue Verbündete des Königs von Tanis geblieben. Nach diesem erfolgreichen Feldzug ließ Scheschonk die Liste seiner Eroberungen in Syrien-Palästina auf den Wänden des Tempels von Karnak verewigen.

Die Ägypter verstehen es, aus der Schwäche ihres hebräischen Nachbarn Nutzen zu ziehen, und zeigen darin ihren wachen Sinn für günstige Gelegenheiten und die richtige Handlungsweise. Sie entwickeln wieder politische Initiative, die seit dem Tod Ramses' III. in der 20. Dynastie verloren gegangen war. Der Umfang der Reorganisation Ägyptens während der Herrschaft der tanitischen Könige ist beträchtlich: Sie entwickeln langfristige wirtschaftspolitische Konzepte, die auf eine mächtige Flotte und Armee gegründet sind. Als eine von der ganzen Umwelt respektierte Macht sind sie in der Lage, die Handelswege zu garantieren, die für die Existenz des Landes lebensnotwendig sind. Sie erbauen eine riesige Hauptstadt mit Hafenanlagen und bedienen sich dabei teilweise der Ruinen der Ramsesstadt. Parallel zur traditionellen landwirtschaftlichen Struktur der Wirtschaft im Delta entwickeln sie eine neue Wirtschaftspolitik, die die großen Reedereien fördert, was nicht ohne Konzessionen gegenüber geschickten Ausländern geht, deren Geschäftssinn sich auf die wirtschaftliche Blüte ganz Unterägyptens auswirkt. Kurzum: die tanitischen Könige zeigen sich als aktive, expansive und unternehmungslustige Herrscher, deren wacher politischer Sinn keine Scheu vor Neuerungen kennt.

Das ganze Delta mit seinen Handelsstädten wie Bubastis, Athribis, Mendes, Busiris, Sais und Buto erlebt unter ihrer Führung eine ausgesprochene Zeit des Wohlstandes.

Außerdem hält Scheschonk I. die Kyrenaika in Besitz, die große libysche Oase, um den dort blühenden Weizenanbau zu nutzen. Dieser König libyscher Abstammung, den die Ägypter dennoch als einen der Ihren betrachten, versteht es, seinen Herrschaftsbereich auf Kosten des Tempels von Karnak auszuweiten und auch Mittelägypten für sich zu gewinnen, das er einem seiner Söhne unterstellt; daneben veranlaßt er wirksame Reformmaßnahmen in der Oase Dachle, die ebenfalls zu seinem Reichsgebiet gehört. Sogar in Theben sorgt er für Ordnung, so daß das Unwesen der Grabräuber im Tal der Könige aufhört. Scheschonk I. gelingt es, der Priesterschaft von Karnak seine Oberhoheit aufzuzwingen, indem er seinen Sohn zum Hohenpriester des Amun macht.

So kehrt der Wohlstand nach Unterägypten zurück. Man sollte hier die gewaltigen Stiftungen an Gold und Silber erwähnen, die Osorkon I. (924–899) macht. Sie erreichen 27 000 Kilogramm Gold und 180 000 Kilogramm Silber und werden an die Tempel der Deltastädte überwiesen. Ein solcher Reichtum der großen Heiligtümer läßt im Bereich der Scheschonkiden die Tempel mehr und mehr zu Bankhäusern werden, die den wirtschaftlichen Aufschwung garantieren.

Diese reichen Tempelstiftungen stehen sicherlich in Zusammenhang mit der Plünderung des Tempels von Jerusalem durch Scheschonk I., den Vater Osorkons I., der den Thron Ägyptens ein Jahr nach dem Überfall auf die Schätze des Rehabeam besteigt. Sie zeugen aber auch von dem Wohlstand, in dem Ägypten unter der 21. Dynastie lebt.

Während Oberägypten unter der Herrschaft der Priesterfürsten dahindämmert, ermöglichen die Könige von Tanis eine günstige Aufwärtsentwicklung ihres Bereichs. Sie geben dem Land einen Teil der Besitzungen wieder, die von den letzten Ramessiden verloren worden waren, und sie tragen zum wiedergefundenen Wohlstand Unterägyptens bei.

VII. Tanis und seine Schätze im Rahmen der ägyptischen Geschichte

Die Ägyptologie pflegt die 21. und 22. Dynastie, zu denen die Könige von Tanis gehören, einem Abschnitt der ägyptischen Geschichte zuzuordnen, der als »Dritte Zwischenzeit« bezeichnet wird. Was heißt das? Welchen Stellenwert besitzt dieser Zeitabschnitt zwischen 1060 und 720, ja sogar 650 v.Chr.?

Die Bezeichnung »Zwischenzeit« wurde zunächst auf zwei Perioden des Umsturzes angewandt, die das Land in die Krise stürzten, die Erste Zwischenzeit am Ende des Alten Reiches, die Zweite Zwischenzeit im Anschluß an das Mittlere Reich. In Analogie zu diesen beiden Verfallszeiten wird auch das Ende des Neuen Reiches mit demselben Terminus bezeichnet. Die negative Wertung, die mit dieser Etikettierung als »Dritte Zwischenzeit« verbunden ist, muß angesichts dessen, was wir über die tanitischen Könige wissen, überraschen. Der neuerliche Aufstieg des Deltas nach den katastrophalen Verhältnissen der letzten Ramessiden-Regierungen der 20. Dynastie und nach den Angriffen der Seevölker ist schwer in Einklang zu bringen mit dem Bild einer schwachen und unbedeutenden Epoche oder eines tiefgreifenden Verfalls, wie es vom gestrengen Urteil derer gezeichnet wird, die die Geschichte Ägyptens schreiben.

Wenn man schon unbedingt eine Dritte Zwischenzeit finden will, wäre es dann nicht viel eher der Machtzerfall in Oberägypten zwischen Ramses IV. und Ramses XI., der diesem Bild entspräche? In dieser Zeit nämlich läßt sich ein wirklicher Zerfall aller Werte und gleichzeitig der königlichen Macht feststellen, der in der Lähmung des ganzen Landes und im Verlust aller ausländischen Besitzungen endet.

In Wirklichkeit erklärt sich die geradezu systematische Unterschätzung der Epoche, in der Tanis die Hauptstadt Unterägyptens, später sogar des ganzen Niltals ist, offenbar nur aus der lückenhaften archäologischen Erforschung des Deltas. Oberägypten ist demgegenüber ungleich besser erforscht, aus klimatischen Gründen, wegen des besseren Erhaltungszustands der Ruinen, wegen günstigerer Grabungsbedingungen in nicht von der Überschwemmung heimgesuchten Arealen. Die archäologischen Funde in Oberägypten zeigen ganz klar, daß dort die Verhältnisse wirklich nicht gerade glänzend sind; das Leben ist erstarrt in Apathie und Passivität, die aus der allmählich zu Anarchie und Niedergang führenden Priesterherrschaft resultieren. Zu dieser Zeit ist es nicht mehr Theben, das über Ägypten herrscht, sondern Tanis ist zur Hauptstadt geworden. Die Herrschaft liegt dort in Händen von unterägyptischen Königen, die Handelsherren und Schiffseigner aus dem Delta unterstützen. Diese Politik ist das Ergebnis tiefgreifender Reformen. Es wäre von nun an viel interessanter, diese »schnelle gesellschaftliche Evolution, die bereits die Verhältnisse der Spätzeit ankündigt« (J.-L. de Cénival) ins Blickfeld zu nehmen, als den Schwerpunkt auf den katastrophalen Verfall Oberägyptens zu legen, das in die Hände einer reaktionären Priesterschaft gefallen ist. Doch die viel zu geringe Grabungstätigkeit im Delta ist – wie Pierre Montet immer wieder betont hat – schuld daran, daß die

Kenntnis dieser »Hälfte Ägyptens« oft äußerst lückenhaft bleibt. So zieht man es vor, sich an das zu halten, was man von Oberägypten weiß...

Dennoch sollte man sich beim Gebrauch des Ausdrucks »Dritte Zwischenzeit« fragen, was die damit bezeichnete Epoche mit den beiden vorangehenden Zwischenzeiten gemeinsam hat. Auf diese Weise wird man die Verwendbarkeit des Begriffs beurteilen und feststellen können, ob es sich eher um einen Serieneffekt oder eine Analogiebildung als um eine Bezeichnung handelt, die wirklich die Lage Ägyptens unter den tanitischen Königen beschreibt. Es ist zweifellos interessant, einen Rückgriff auf die Geschichte des Niltals zu tun, um wirklich zu begreifen, was solch ein Ausdruck bedeutet, der – in ihren geschichtlichen Äußerungen überaus unterschiedliche – Zeiten des Übergangs und Verfalls bezeichnet.

Die Erste Zwischenzeit

Als Erste Zwischenzeit wird die unruhige Zeit im Anschluß an das Alte Reich zwischen 2160 und 2050 v.Chr. bezeichnet. In dem großartigen Aufschwung der Pyramidenzeit zwischen 2650 und 2200 v.Chr. zeigt Ägypten seine außergewöhnlichen Fähigkeiten und seine schöpferische Kraft. In diese Zeit fällt die Entwicklung der Steinarchitektur, der bildenden Künste mit Plastik, Relief und Malerei, der Metallbearbeitung bei Geräten und Schmuck. Die politischen, sozialen und religiösen Institutionen werden geschaffen, die während der gesamten ägyptischen Geschichte Bestand haben. Zwischen der 3. und 5. Dynastie ist das Niltal die bedeutendste kulturelle Größe der Alten Welt. Seit der 6. Dynastie verstärkt sich jedoch die Herausbildung lokaler Fürstentümer, die Ägypten in eine tiefe Krise stürzen wird. Dieser Umbruch führt zu einer einschneidenden Revolution, die das ganze Land in Mitleidenschaft zieht und Not und Verzweiflung hervorruft.

Der König vereinigt in seiner Person alle religiösen, militärischen und juristischen Funktionen und besitzt kraft seines Amtes das ganze Land. An diesen Privilegien läßt er seine Familie und seine engsten Vertrauten teilhaben, die ihn wie einen Gott verehren. Privilegien, Vetternwirtschaft und Amtsmißbrauch bringen schließlich das Volk gegen die Oberschicht auf, während sich gleichzeitig die Umgebung des Pharao mehr und mehr verselbständigt, ihre Ämter erblich macht und damit stückweise dem König die Macht entreißt. Nicht nur der Provinzadel entgleitet der Aufsicht des Königs, sondern auch die Priester genießen Vorrechte und Steuerfreiheit und entziehen sich den Aufgaben und Pflichten ihres Amtes.

In den letzten Regierungsjahren Pepis II., der fast hundertjährig stirbt und die längste Regierungszeit der Weltgeschichte vorweisen kann, verstärken sich die Unabhängigkeitsbestrebungen. Aufstände stürzen das Land in eine schreckliche Periode der Anarchie, unter der das Alte Reich zusammenbricht. Ein völliges Chaos überzieht das Land am Nil, das noch vor kurzem so wohl geordnet und hochzivilisiert gewesen war. Ein später aufgezeichneter Text, die »Admonitions«, der aber mit Sicherheit auf Augenzeugenberichte zurückgeht, läßt ein eindrucksvolles Bild des Verfalls entstehen:

»Fremdlinge kommen ins Land. Die Wüstenbewohner setzen sich überall an die Stelle der Ägypter. Das Land selbst wird zur Wüste verwandelt. Die Städte sind zerstört. Seuchen wüten in Städten und Dörfern. Gewalttat und Blutvergießen herrschen allenthalben. Die Vornehmen sind in Trauer, der Pöbel jubelt. Das Land befindet sich in Aufruhr, und das Glück wendet sich wie eine Töpferscheibe. Diebe werden zu Besitzenden. Trotz der Nilüberschwemmung pflügt man nicht mehr. Die Herden streifen ziellos umher. Die Arbeiter arbeiten nicht mehr. Die Ernte geht zugrunde, denn die Äcker werden nicht mehr abgeerntet. Man ißt nur noch Gras und trinkt nur noch Wasser. Man wirft die Leichen in den Fluß. Der Nil ist ein Grab.«

70, 71 Die Wandung der Goldschale des Wen-djebau-en-djed erinnert mit ihren plastisch getriebenen Wülsten an eine goldene Blüte. Im Mittelfeld sind die Pflanzenmuster in feinster Zellentechnik ausgeführt (Durchmesser 15,5 cm). Die Halterung des gesondert gearbeiteten Henkels ist mit Palmetten und ziselierten Ringen verziert. Die kostbare Arbeit besitzt in einer der Schalen des Psusennes (vgl. Abb. 50) eine sehr enge Parallele.

70

71

Die Texte der königlichen Dekrete und die richterlichen Entscheidungen werden nun mit Füßen getreten. Alles steuert auf den totalen Zusammenbruch zu. Der Königshof hat sich aufgelöst, die Armen werden zu Reichen, und die Sklaven besitzen auf einmal große Schätze. Die Revolution feiert Triumphe. Für den Autor des Textes, der sich der alten Ordnung verpflichtet fühlt, ist dies eine verkehrte Welt. Die Krise der Monarchie hat zur Auflösung aller Werte geführt, die einstmals den Ruhm Ägyptens begründet hatten.

In diesem allgemeinen Durcheinander gehört die Plünderung von Königs- und Beamtengräbern, von Pyramiden und Mastabas, zur Tagesordnung. Es kommt zu tätlichen Auseinandersetzungen in den Friedhöfen, wo rivalisierende Banden aus Gräbern und Schächten all die Kostbarkeiten rauben, die dazu bestimmt waren, die Toten durchs Jenseits in die Ewigkeit zu begleiten. »Die, die Gräber besaßen, sind nackt auf den Sand geworfen.« An den geschändeten Gräbern und den gähnenden Schächten wird der äußere Niedergang offenbar. Die Wirren und Gewalttätigkeiten dieser ersten großen Revolution der Geschichte ziehen sich über Jahrzehnte hin. »Siebzig Könige in siebzig Tagen« in einer symbolischen 7. Dynastie sind ein Ausdruck dieses Chaos, und für die in Memphis residierende 8. Dynastie ist es schlechterdings unmöglich, eine Chronologie zu erstellen.

Restauration und Zweite Zwischenzeit

Die Rettung kommt aus Mittelägypten, wo die Gaufürsten von Herakleopolis ein selbständiges Königreich, die 9. und 10. Dynastie, gründen. Die Zentralgewalt konsolidiert sich währenddessen mehr und mehr in Oberägypten unter Führung von Theben. Dort begründet in der 11. Dynastie Mentuhotep II. gegen 2050 v.Chr. das Mittlere Reich.

Eine erstaunliche Renaissance der Künste begleitet die Wiederherstellung der politischen Ordnung. Die Residenz wird schon bald nach Lischt im Süden von Memphis verlegt, teils auch – insbesondere unter Amenemhet III. – an den Rand des Fayum, das nun kultiviert wird. Das Mittlere Reich präsentiert sich mit seinen Anklängen an die Pyramidenzeit und mit seinem klaren Kunststil, der unter Sesostris I. deutlich hervortritt, als eine der großen Epochen der altägyptischen Kultur, obwohl die bis auf unsere Tage erhalten gebliebenen Reste seiner Architektur überaus selten sind.

Aber schon zeichnet sich eine neuerliche Krise ab, das allmähliche Eindringen der asiatischen Hyksos ins Delta. Seit 1650 v.Chr. erlebt Ägypten zum ersten Mal eine Fremdherrschaft. Die Machtergreifung der Hyksos im Niltal fällt mit einer Spaltung des Landes in zwei Reiche zusammen, ein Lokalkönigtum im Süden und ein Nordreich, das sie in ihre Gewalt bringen können. Wahrscheinlich sind die Hyksos, aus dem vorderasiatischen Bereich stammend, im Besitz von Pferden und Streitwagen. Sie gründen ihre Hauptstadt Auaris im Ostdelta, führen das Ende des Mittleren Reiches herbei und stürzen damit Ägypten in tiefe Verzweiflung. Diese Demütigung bildet den Auftakt zur Zweiten Zwischenzeit.

Manetho berichtet, daß diese Eindringlinge »sich des Landes bemächtigten, seine Herrscher gefangen nahmen, die Städte in Brand steckten, die Göttertempel dem Erdboden gleich machten und voll Grausamkeit gegen die Ägypter vorgingen und sie in die Sklaverei führten«. Ägypten wurde ausgeplündert, seine Grabstätten wurden von neuem zerstört. Während dieser Zeit machten sich Gaufürsten in Mittel- und Oberägypten zu lokalen Kleinkönigen. Die Einheit des Landes war völlig zerstört. Die Herren von Theben unterwarfen sich und leisteten den Hyksos-Königen in Auaris Tribut. Aber die Fremdherrscher paßten sich allmählich an Ägypten an; sie übernahmen den Kult des ortsansässigen Gottes Seth, der sich ihrem Gott Baal verband.

Diese unruhige Zeit, der Pierre Montet sein Buch »Le drame d'Avaris« gewidmet hat, eine Schilderung des Einfalls der Semiten nach Ägypten, diese Zeit wird von den Ägyptern selbst als eine Zeit tiefster Erniedrigung empfunden. Unter diesem Gesichtspunkt entspricht sie durchaus den Charakteristika einer Zwischenzeit. Wie der Zusammenbruch des Alten Reiches angesichts der Volkserhebung der großen Revolution, so stellt auch die Kapitulation des Mittleren Reiches vor den Fremdherrschern eine totale Bankrotterklärung des Königtums und eine entsetzliche Heimsuchung für das ganze Land dar.

Unbestreitbar gibt es nur wenige Gemeinsamkeiten zwischen diesen beiden Katastrophen, die die Substanz der Niltalkultur treffen, und der »Dritten Zwischenzeit«. Nur die vorübergehende Teilung Ägyptens in zwei Reiche unter der 21. Dynastie läßt an eine wirkliche Schwächung der Macht denken. Zu dieser Zeit ist jedoch der Tiefstpunkt eigentlich schon überwunden, der aus der inneren Auflösung des Landes unter den letzten Ramessiden resultierte.

Mit Beginn der 21. Dynastie wird man ganz im Gegenteil Zeuge einer Erneuerung; allein schon die reiche Ausstattung des Grabes Psusennes' I. würde als Beweis genügen. Die 21. Dynastie bringt dann die Rückkehr zur nationalen Einheit unter der Führung der Könige von Tanis und deren Ausgreifen auf Palästina und die libyschen Oasen; hierin manifestiert sich in aller Deutlichkeit für das ägyptische Königtum mit seinem Sitz in Tanis eine glanzvolle Epoche. Die Stadt behauptet mit ihren Reedereien und Handelshäusern, die durch die Ausschaltung des hebräischen Königtums ihre Monopolstellung wiedererlangt haben, einen äußerst günstigen Platz im Kräftespiel des internationalen Verkehrs. Diese Klarstellungen zeigen deutlich, daß die sogenannte Dritte Zwischenzeit nichts anderes ist als ein irreführender, leerer Begriff. Es wäre vernünftiger, diese Bezeichnung statt auf die Zeit der Könige von Tanis auf den Niedergang der Ramessiden während der 20. Dynastie oder auf die 23. und 24. Dynastie anzuwenden.

Übrigens schreibt der englische Ägyptologe Kenneth A. Kitchen in seinem Buch »The Third Intermediate Period in Egypt« (Die Dritte Zwischenzeit in Ägypten), das 1973 erschien und 1986 in einer aktualisierten Neuauflage herausgegeben wurde, daß diese Bezeichnung nicht zutreffend ist und eigentlich abgeschafft werden müßte. Dieser Fachmann zeigt mit aller Klarheit auf, daß die Zeit von Tanis keineswegs chaotisch war, und er betont, daß man zu ihrer Charakterisierung eher den Ausdruck »nachimperiale Zeit« verwenden sollte. Aus dem Munde eines Ägyptologen, der zahlreiche seiner Arbeiten dieser Periode gewidmet hat, erhält diese Aussage besonderes Gewicht.

Der Tanis-Schatz und die ägyptische Kunst

Ohne jeden Zweifel liegt der prachtvollste Beweis für die Bedeutung der tanitischen Dynastien in der vollkommenen Schönheit der Schätze aus den Gräbern von Tanis. Diese Meisterwerke sind in ihrem Erfindungsreichtum und ihrer künstlerischen Qualität Äußerungsformen höchster kultureller Verfeinerung. Wie könnte man annehmen, daß solche Prachtwerke einer Verfallsperiode entstammten? Die Fehleinschätzung dieser Zeit geht jedoch sogar so weit, daß manche Autoren angesichts der Juwelen von Tanis nicht zögern, in ihnen Stücke zu sehen, »die aus den Tempeln der Ramsesstadt geraubt wurden«. Die Kunstfertigkeit der Goldschmiede ist so groß, die Perfektion der Schmuckstücke so unübertrefflich, daß manche es einfach nicht glauben können, diese Juwelen seien in Tanis geschaffen worden, in einer Stadt, die als Hauptstadt einer dekadenten Periode gilt. So kann man da und dort bei Fachleuten lesen, daß an der ursprünglichen Herkunft der Juwelen

72, 73 Auch bei der klar geformten Schale des Wen-djebau-en-djed, die eine geöffnete Blüte, vielleicht einen weißen Lotos, darstellt, dominiert die Grundidee pflanzlicher Motive. Der Goldschmied hat für die Blütenblätter und den Gefäßfuß abwechselnd zwei verschiedene Edelmetalle benutzt und in harmonischer Abstimmung das fahle Schimmern des Elektrums mit dem warmen Glanz des Goldes verschmolzen. Eines der Blütenblätter trägt die Namen des Psusennes und seiner Gemahlin Mut-nedjemet sowie ein eigenartiges Kryptogramm für die Wunschformel »Leben, Gesundheit, Kraft« (Durchmesser 12,7 cm).

72

73

und Goldschmiedearbeiten aus den königlichen Grabbeigaben, die in Tanis gefunden wurden, »Zweifel bleiben«.

Wer aber diese Arbeiten aus den tanitischen Gräbern der Könige der 21. und 22. Dynastie wirklich sorgfältig betrachtet, der wird sich von deren eigenständigem Charakter überzeugen lassen. Nahezu alle Stücke tragen Inschriften, die unter gar keinen Umständen nachträglich angebracht oder zum Zeitpunkt einer Wiederverwendung abgeändert worden sein können. Einzig die älteren Erbstücke fallen nicht unter diesen sonst völlig einheitlichen Befund. Dazu gehören ein bronzener Räucherständer von Ramses II. sowie ein Skarabäus und ein Ring desselben Königs, eine Kanne des Königs Ahmose vom Anfang der 18. Dynastie, ein Skarabäus Amenophis' III. und schließlich ein Karneolanhänger aus dem Besitz eines Hohenpriesters des Amun aus der 18. Dynastie. Das ist alles. Die übrigen Erbstücke stammen bereits aus der tanitischen Epoche selbst, zum Beispiel Armreife Scheschonks II. von Scheschonk I., ein Becher des Psusennes, von Pinodjem gestiftet, dessen Gemahlin die Tochter des tanitischen Königs ist, oder eine Schale eben dieses Psusennes, die er seinem General Wen-djebau-en-djed stiftete.

Die Zuweisung aufgrund von Inschriften darf als sicher gelten, da es praktisch unmöglich ist, eine Kartusche oder einen Namen zu tilgen, ohne daß die Korrektur erkennbar bleibt, wie dies zum Beispiel bei Steininschriften der Fall ist. Wenn vorgeschlagen wird, daß Teile von Pektoralen ausgetauscht worden seien, so darf man diese Hypothese als völlig abwegig bezeichnen, da Graviertechnik und Farben völlig einheitlich sind.

Dieser typisch tanitische Charakter, den man den schönsten Grabbeigaben aus Gold und Silber bisweilen nicht zugestehen will, gilt jedoch unangefochten für die im Wachsausschmelzverfahren hergestellten Bronzefiguren, die eindeutig während der »Dritten Zwischenzeit« geschaffen wurden. Zu den besten Schöpfungen gehören die Statuen der Gottesgemahlinnen des Amun. Die Institutionalisierung vollzieht sich in der 21. Dynastie, so daß jeglicher Zweifel ausgeschaltet ist. Die Kunst der Bronzegießer wird vorbehaltlos bewundert – die Arbeiten der Goldschmiede werden dagegen in Zweifel gezogen, ohne daß es einen stichhaltigen Grund dafür gäbe.

Mit einer Gesamtzahl von etwa 250 Goldarbeiten und 22 Silberobjekten – darunter zwei praktisch völlig erhaltenen Särgen – bilden die Schatzfunde von Tanis ein eindrucksvolles Material. Besondere Beachtung verdienen die vier Goldmasken und die Edelmetallgefäße, die man aus anderen Königsgräbern überhaupt nicht kennt. Man kann also behaupten, daß Tanis die bei weitem bedeutendste Entdeckung der ganzen ägyptischen Archäologie mit Ausnahme des Tutanchamun-Grabes darstellt.

Das führt zu der Frage, welchen Stellenwert die Gold- und Edelsteinarbeiten aus den tanitischen Gräbern im Vergleich zu entsprechenden Erzeugnissen der anderen Epochen der ägyptischen Geschichte haben. Auf diesem Weg wird eine angemessene Würdigung der Metallkunst der 21. und 22. Dynastie erst möglich.

Sicherlich kann hier nicht die Geschichte der Goldschmiedekunst im alten Ägypten aufgerollt werden. Berufenere Autoren haben das bereits getan; Emile Vernier mit seinem Goldkatalog des Kairo-Museums (vor der Entdeckung des Tutanchamun-Grabes) ist hier ebenso zu nennen wie Cyril Aldred mit seinen einschlägigen Arbeiten. Kann man aber überhaupt von einer Geschichte der Goldschmiedekunst sprechen? Tiefe Wissenslücken – begründet im nahezu völligen Fehlen von Belegmaterial für bestimmte Zeitabschnitte – klaffen für ganze Dynastien, ja für ganze Epochen, die zu den ruhmreichsten der ägyptischen Geschichte gehören. Auf Edelmetall, das sich von allen archäologischen Objekten am unversehrtesten erhält, sind Grabräuber immer am schärfsten gewesen. Sie haben oft in den Gräbern alles, was nicht Schmuck war, an Ort und Stelle gelassen und nur Metallobjekte mitgenommen, die man leicht einschmelzen, verkaufen und verbergen kann.

Fein gravierte Darstellungen auf der Innenseite des Silbersarges Psusennes' I.: Auf dem Sargboden die schlanke Gestalt der Nut mit Flügelarmen, auf die der Leichnam gelegt wird. Die beiden Kniefiguren der Isis und Nephthys zu ihren Füßen vervollständigen den Schutz des Königs. Die hohe künstlerische Qualität der Darstellung bezeugt die Kunstfertigkeit der tanitischen Künstler (Zeichnung Pernette Montet-Lézine).

So können auch die wenigen Lichtpunkte, die Zufallsfunde oder die glücklichen Ergebnisse geduldiger und systematischer Grabungen bilden, kaum eine genaue Vorstellung von der Entwicklung der Goldschmiedekunst entstehen lassen. Für manche Schmucktypen bleiben oft das Datum ihres ersten Auftretens und die Änderungen in Form und Motiven unbekannt. Dennoch soll versucht werden, wenigstens einige Anhaltspunkte zu geben.

Aus den ersten Dynastien und aus dem Alten Reich gibt es kaum mehr zu erwähnen als einen goldenen Falkenkopf aus Hierakonpolis, die stark korrodierten silbernen Armringe der Königin Hetep-heres, der Mutter des Cheops, und den schlichten Schmuck einer Prinzessin aus Gisa. Das sind nahezu die einzigen Reste aus einer Zeitspanne, die ein halbes Jahrtausend umfaßt. Allenfalls informieren sie uns über die Herstellungstechniken und die verschiedenen Stilrichtungen einer Kunst, die geschaffen wurde, um Eitelkeit zu befriedigen und den Reiz der Schönen zu unterstreichen; denn dieser Schmuck hatte keine religiöse oder apotropäische Funktion.

Die außergewöhnliche Qualität der Goldschmiedekunst des Mittleren Reiches äußert sich in einigen Fundkomplexen aus den Grabungen von J. de Morgan in Dahschur, von A.C. Mace und H.E. Winlock in Lischt und von G. Brunton und W.M. Flinders Petrie in Illahun. Sowohl der eigentliche Schmuck – Diademe, die überaus detailreich wie Blütenkronen gearbeitet sind, Gürtel, schmale und breite, vielreihige Armreife und Halsketten – als auch die Schutzamulette, zu denen auch die großartigen Pektorale in durchbrochener Arbeit und Zellenschmelztechnik zu rechnen sind, erreichen einen außergewöhnlichen Grad von stilistischer und handwerklicher Vollendung. Ihr oft nüchterner Stil, der aber eine lebhafte Farbigkeit aufweist, hat trotz seiner Vielfältigkeit einen erstaunlich einheitlichen Grundton. Diese Arbeiten bilden in der ägyptischen Kunst unbestritten den Höhepunkt auf dem Gebiet des Goldschmiede- und Juwelierhandwerks. Das hervorragende technische Niveau und der sichere Geschmack der Handwerker lassen wahre Meisterwerke entstehen. Das gilt ganz besonders für die Pektorale, die im Mittleren Reich eine unerreichbare Schönheit annehmen.

Im Neuen Reich läßt sich zunächst am Anfang der 18. Dynastie beim Schmuck der Königin Ah-hotep ein gewisser Qualitätsverlust feststellen, aber unter Thutmosis III. hat die Goldschmiedekunst mit dem thebanischen Prinzessinnenschmuck oder der herrlichen Goldschale für den General Djehuti wieder höchstes Niveau erreicht. Die Schmuckkunst der Amarnazeit entzieht sich einer exakteren Beurteilung, da aus der Zeit des Echnaton kaum etwas erhalten geblieben ist.

Erst an der berühmtesten aller archäologischen Entdeckungen, dem Grabschatz des Tutanchamun, läßt sich die erstaunliche Kunstfertigkeit der Handwerker des Neuen Reiches wirklich ermessen. Unbegrenzt erscheinende technische Fertigkeit, Eleganz der Formen, die Pracht der schillernden Farben, die Vollendung der Goldsärge mit dem Porträt des Königs oder die zauberhaften Pektorale mit den leuchtenden Farbkaskaden von Email und Halbedelsteinen, die Feinheit der Armreife und Ohrringe legen Zeugnis davon ab, wie sehr die Verbindung neuer Anstöße der Amarnakunst mit den wiederbelebten thebanischen Traditionen zur staunenswerten Vollendung dieser strahlenden und prächtigen künstlerischen Ausdrucksform beitragen.

Allenthalben wird Gold in den aufwendigsten Verarbeitungstechniken eingesetzt, als Granulation, Filigran, Zellenschmelztechnik oder Einlegearbeit aus feinst geschnittenen Steinen in harmonisch aufeinander abgestimmten Farben. Die breite Farbpalette, die vielgliedrigen Strukturen, die Verbindung verschiedener Materialien und die Figürchen im kleinsten Format – all das verbindet sich in einem Rausch meisterhaft beherrschten Kunsthandwerks. Die Goldschmiede Tutanchamuns tun jedoch bisweilen des Guten so viel, daß das Endergebnis die Grenze zum Kitsch überschreitet und zur sinnentleerten Skurrilität wird.

74 Nicht die Totenmaske, sondern ein Teil des Holzsarges des Amenemope ist auf wundersame Weise erhalten geblieben. Kopf und Hände waren mit dünnem Goldblech belegt, das die Gesichtszüge des Nachfolgers des Psusennes bewahrt hat, der von 997 bis 985 v.Chr. regierte.

Nichts davon findet sich in den allzu wenigen Schmuckstücken, die aus der ruhmreichen Zeit Ramses' II. stammen. Der mit Enten geschmückte Armreif zeigt eine ausgezeichnete Granulationsarbeit, ohne jedoch überladen oder aufdringlich zu wirken. Nur ein einziger grüner Stein, quadratisch und mit gewölbter Oberseite, ist in eine Goldfassung gesetzt und bildet zugleich den Mittelpunkt des Schmuckstücks und den Körper der Enten.

Unter Sethos II. kündigt sich bereits der allmähliche Abstieg an; die mehrteiligen Ohrringe der Königin Ta-useret sind hierfür ein gutes Beispiel. Ihr fast roher Stil wirkt unerwartet und zeigt den Verfall der künstlerischen Fähigkeiten an, der sich nach Ramses III. noch beschleunigt.

Der Stellenwert des Tanis-Schmucks

Dank der Funde Pierre Montets schließt sich hier die außergewöhnliche Masse des Tanis-Goldes an. Einzig dieser Schmuck kann sich mit dem Tutanchamun-Schatz messen. Die Qualität der Arbeiten dieser Zeit ließ sich eigentlich voraussehen; der Fachwelt war bereits der prachtvolle Anhänger Osorkons II. bekannt, der im 19. Jahrhundert in die Sammlungen des Louvre gelangte, und man wußte längst, daß dieses Schmuckstück ein außergewöhnliches Meisterwerk war. Es zeigt in massivem Gold den König in Gestalt des Osiris auf einem Sockel aus Lapislazuli hockend, beiderseits flankiert von den stehenden Figürchen des Horus und der Isis. Die drei Figuren, nicht ganz 9 Zentimeter hoch, bilden eine Göttertriade. Trotz der Fehlstellen, wo die Lapislazuli-Einlagen der Perücken des Horus und der Isis ausgefallen sind, besitzt dieses Stück eine wahrhaft überwältigende Qualität. Noch vor der Entdeckung des Tanis-Schatzes bezeugte es die vollkommene Meisterschaft der Goldschmiede der 22. Dynastie. Der Anhänger war für sich allein schon der Kunstgeschichte ein überzeugender Hinweis auf eine echte Renaissance der Künste in der tanitischen Epoche (Abb. 107–110).

Ein weiteres Kunstwerk ist geeignet, diese Tendenz zu belegen: die ausgezeichnete Goldfigur des Gottes Amun im Metropolitan Museum of Art in New York. In der 22. Dynastie geschaffen, bezeugt auch sie den bemerkenswerten Standard des Kunsthandwerks der Zeit. Zwar wurde die Figur, die 1916 in Karnak gefunden worden sein soll und 1917 in den Besitz von Lord Carnarvon gelangte, zunächst in die Regierungszeit Thutmosis' III. datiert, wie mir Edna R. Russmann, Associate Curator des Metropolitan Museum, mitteilte. Cyril Aldred hat sie jedoch definitiv in die tanitische Zeit gesetzt, und dort zeugt sie nun von einer bewundernswerten Erneuerung der ägyptischen Schmuckkunst.

Dieser Eindruck wurde durch die von Pierre Montet entdeckten Schätze auf breitester Grundlage bestätigt. Unter dem Aspekt, daß die Objekte aus den Tanis-Gräbern in einem Klima lagerten, das ihrer Erhaltung keineswegs zuträglich war, ist es durchaus lohnend, einander entsprechende Objekte von Psusennes I. und von Tutanchamun gegeneinander zu halten; auf diese Weise wird die Bedeutung der Tanis-Funde erst richtig verständlich. So ist beispielsweise die Herstellungstechnik der Pektorale, die zu den besten Arbeiten ägyptischer Goldschmiede zählen, während der 21. Dynastie kaum von geringerer Qualität als dreihundert Jahre früher, am Ende der 18. Dynastie. Die Klebstoffe und Bindemittel, die zur Befestigung der geschnittenen Steinchen zwischen den Goldstegen dienten, haben sich bei Tutanchamun besser erhalten, und die Glasflußeinlagen tragen hier nicht die Spuren von Oxydation, die die Feuchtigkeit auf den Psusennes-Stücken hinterlassen hat. Unabhängig von diesem unterschiedlichen Erhaltungszustand zeigt jedoch die handwerkliche Bearbeitung ganz offenkundige Analogien. Es fiele schwer, sich zu entscheiden, ob dieser oder jener geflügelte Skarabäus vollkommener ausgefallen ist.

Zum anderen hat bei Psusennes die Mumienmaske die Spuren des Hämmerns des Goldes bewahrt, während eine intensive Oberflächenpolitur bei der Tutanchamun-Maske solche Spuren zerstört hat (Abb. 3 und 4). Hierbei handelt es sich jedoch wohl eher um ein stilistisches Ausdrucksmittel als um einen qualitativen Unterschied. Bei der Psusennes-Maske überrascht ein höherer Grad an Nüchternheit. Der Künstler hat sowohl beim Königskopftuch als auch beim Zeremonialbart auf die farbliche Wirkung der Glas- und Lapislazuli-Einlagen verzichtet und beschränkt sich auf eine sparsame Hervorhebung der Augäpfel durch helle Glaseinlagen, während er für Pupillen, Brauen und Augenlider dunkles Glas verwendet. Auch der Bart ist durch eine dunkle Linie angegeben, die die Wangen umzieht (obwohl die Maske des Psusennes ganz klar zeigt, daß es keine Verbindung zwischen den beiden Elementen gibt, wird diese Linie bisweilen als das Befestigungsband des Zeremonialbartes angesehen). Diese Linie fehlt bei Tutanchamun völlig; als Kindkönig war er noch bartlos und trug nur den Zeremonialbart als Herrschaftsabzeichen.

Schließlich ist bei der Psusennes-Maske der breite, mehrreihige Schulterkragen, der die Brust bedeckt, nur durch eine feine Ziselierung des massiven Goldes angegeben, während der Goldschmied bei Tutanchamun üppigen Gebrauch von lebhaften Farben macht, die wie die Streifen des Königskopftuchs in Glas ausgeführt sind. Das ergibt eine sehr grelle Farbwirkung, während sich die Maske des tanitischen Königs auf reines Gold beschränkt und dadurch eine stärkere Einheitlichkeit der Materialwirkung erzielt. Die künstlerische Absicht ist völlig unterschiedlich.

Der Einsatz polychromer Techniken, der bei Tutanchamun vorherrscht, begegnet in Tanis bei den Armreifen und Pektoralen. Wenn die Kunsthandwerker bei der Gestaltung der Maske des Psusennes nicht auf diese Technik zurückgegriffen haben, so wohl deshalb, weil sie sich im Interesse einer für sie typischen zurückhaltenden und klaren Ausdrucksweise bewußt darauf beschränken wollten, die Züge des Königs in ziseliertem Gold zur Geltung zu bringen.

Die Nüchternheit und Klarheit der Form findet sich auch in einer außergewöhnlichen und für den Schatzfund von Tanis typischen Objektgruppe, den Edelmetallgefäßen. Es war bereits davon die Rede, daß diese Gefäße keinerlei Parallele im Grab des Tutanchamun besitzen. Zwar gab es solche Kultgefäße und Spendenschalen schon lange vor der 21. Dynastie – seit dem Alten Reich zeigen Reliefs zahlreiche Beispiele –, aber der junge thebanische König wurde nicht mit solchen Beigaben bestattet. Wie verhielt es sich hier bei seinen Vorgängern? Das Beispiel der Goldschale des Djehuti zeigt, daß sich manche hochgestellte Persönlichkeiten gerne solche Gegenstände mit ins Grab nahmen. Jedenfalls besitzen die tanitischen Könige großartiges Gold- und Silbergeschirr, das auf das glücklichste unser Bild der altägyptischen Goldschmiedekunst vervollständigt.

Die Gefäße von Tanis zeichnen sich durch dieselbe Einfachheit, Eleganz und Klarheit aus wie die Maske des Psusennes oder mehr noch wie die ganz einfachen Masken Scheschonks II. und Wen-djebau-en-djeds, die sogar auf Kopftuch und Schulterkragen verzichten (Abb. 56, 57, 94 und 95). Sicherlich handelt es sich hier um typische Merkmale der Kunst von Tanis. Die Charakteristika dieses Stils sind Reinheit der Form und Ausgewogenheit des plastischen Volumens. Die Schönheit der Flasche, des Kruges, der Kanne und des Bechers des Psusennes und des Geschirrs von Wen-djebau-en-djed und Amenemope läßt das außergewöhnliche Niveau der Metallarbeiten erkennen, die die Goldschmiede dieser Zeit schufen. Auch hier bemerkt man wie bei den Goldmasken eine Vorliebe für etwas matte Oberflächen, die die gehämmerte Materialstruktur erkennen lassen. Die Handwerker lassen bewußt Bearbeitungsspuren stehen, anstatt sie durch eine intensive Oberflächenpolitur, wie sie in der 18. Dynastie üblich war, zu zerstören. Sicherlich

75 Die Kobra an der Stirn des Amenemope ist der Uräus, der den König beschützt, das glühende Sonnenauge, das die Feinde des Königs vernichtet. Die massiv goldene Schlange kann in der Perfektion ihrer feinen Ziselierungen und Edelsteineinlagen mit den Arbeiten der 12. Dynastie konkurrieren.

76 Der mit bunten Steinen eingelegte Goldfalke lag als Anhänger auf dem Oberkörper des Toten. Der Raubvogel trägt mit seinen Klauen die Namen des Königs Amenemope zum Himmel.

75

76

handelt es sich hierbei um die Äußerungsform eines ganz spezifischen Geschmacks und nicht um einen Effekt mangelnden handwerklichen Könnens (Abb. 46–54, 68–73).

Die hohe Qualität der Goldschmiedekunst zur Zeit der tanitischen Könige fällt in den Rahmen einer ausgeprägten allgemeinen Renaissance im Anschluß an den Niedergang am Ende der 19. und in der 20. Dynastie. Wenn auch diese Rückkehr zu einem Niveau, das durchaus mit dem der 18. Dynastie vergleichbar ist, den Aufschwung des Deltas in der Epoche, in der Tanis die Hauptstadt ist, eindrucksvoll belegt, so muß man dennoch eingestehen, daß die Spitzenleistungen des Mittleren Reiches unerreichbar bleiben, einer Epoche, die den stilistischen Höhepunkt der Goldschmiede- und Juwelierarbeiten in Ägypten bildet.

In diesem Zusammenhang gebührt ein ganz besonderer Platz den Silberarbeiten. Dieses Edelmetall tritt erst zur Zeit der Könige der 21. und 22. Dynastie in größeren Mengen auf; vom Alten Reich bis zum Ende des Neuen Reiches war es sehr selten und galt daher als besonders kostbar. Erst dann glich sich sein Wert ungefähr dem des Goldes an. Dank des Fernhandels, der bis Spanien und zu den britischen Inseln ausgreift, findet es weitere Verbreitung. Es gleicht damit einen zunehmenden Goldmangel aus, der aus der Stillegung des Abbaus in den Minen des Wadi Hammamat in Oberägypten resultiert. Die großartigen Särge Psusennes' I. mit der Porträtmaske des Königs und Scheschonks II. mit dem Falkenkopf zeigen mit ihren überaus feinen Ziselierungen, daß die Technik der Silberbearbeitung nichts zu wünschen übrig läßt – mit Ausnahme der Lötungen, die nicht so perfekt gelangen wie beim Gold (Abb. 1, 2 und 90). Aus diesem Grund griffen die alten Goldschmiede bei der Befestigung von Emblemen (Wedel des Psusennes, Hände des Scheschonk) häufig auf Vernietungen zurück. Man beherrscht jedoch wie beim Gold auch bei Silber die Anbringung von Glaselementen, insbesondere an den Augen und beim Bart.

Schließlich muß noch auf die ausgezeichnete Qualität getriebener Silberobjekte hingewiesen werden, insbesondere des Geschirrs, darunter Kessel, Schalen und große Opferständer aus den Gräbern des Psusennes, des Wendjebau-en-djed und des Amenemope. Tanis zeichnet sich also durch eine Intensivierung und weitere Verbreitung des Gebrauchs von Silber aus (Abb. 44, 45, 68 und 69). Neben den Goldobjekten, die ein hohes Qualitätsniveau erreichen, ergänzt und erweitert das Silber das Tätigkeitsfeld der ägyptischen Goldschmiede, Glaskünstler und Juweliere.

Außerdem spielen die Goldschmiede mit der Verbindung von Gold und Silber. Das Stirnband und der Uräus aus Gold am Silbersarg des Psusennes liefern hierfür ein schönes Beispiel. Schließlich kombinieren sie Gold und Elektrum – eine Legierung aus drei Teilen Gold und einem Teil Silber –, wie beispielsweise bei einer schönen sechsblättrigen Blütenschale aus dem Grabschatz des Wen-djebau-en-djed, wo beide Metalle sich in den Blütenblättern und darüber hinaus auch zwischen der Schale und dem Standfuß abwechseln.

So ist die Kunst von Tanis keineswegs von Dekadenz gekennzeichnet, wie sie oft als eine typische Erscheinung der »Dritten Zwischenzeit« beschrieben wird, sondern sie erlebt ganz im Gegenteil eine wahre Blüte. Für den Aufschwung, den das Delta in dieser Epoche erfährt, ist dies eines der eindrucksvollsten Anzeichen.

Zweiter Teil
von Christiane Ziegler

VIII. Das Königsbegräbnis

Gegen 990 starb der König Aa-cheper-Rê-setep-en-Amun, Sohn des Rê, Herr der Erscheinungen, Hoherpriester des Amun-König-der-Götter, Psusennes, geliebt von Amun. Als goldener Falke erhob sich der tote König zum Himmel, um sich mit dem zu vereinigen, der ihn geschaffen hatte. Alsbald begann das Wehgeschrei der Klagefrauen über Tanis, der neuen Hauptstadt Ägyptens.

Diese Stadt, deren Aufschwung unter den Königen der 21. Dynastie begann, war eine Neugründung im Osten des Nildeltas. Auf einer riesigen sandigen Anhöhe errichtet, überragte sie das Ackerland und das weite Sumpfgebiet ringsum. Ganz nahe zum Mittelmeer gelegen, zu dem der tanitische Mündungsarm des Nils führte, war Tanis als Hafenstadt der Ausgangspunkt für die Schiffe, die mit den reichen Handelshäusern der Levante Handel trieben.

Schon unter den Ramessiden hatte sich der politische Schwerpunkt Ägyptens nach Norden verlagert; die Könige hatten dort gegen 1300 v.Chr. eine neue Hauptstadt errichtet, deren Schönheit die Dichter besangen. In idyllischer Umgebung ließ sich dort ein glückliches Leben führen: Üppige Obstbäume bogen sich unter ihren reichen Früchten, und Traumvillen schmückten sich mit strahlenden Wänden aus türkisfarbenen Fliesen. All diese Beschreibungen lassen aber nicht vergessen, daß die Hauptstadt der Ramessiden zuallererst ein Wirtschaftszentrum und militärisches Hauptquartier war; der Hafen der Stadt stand über einen Nilarm, die »Wasser des Rê«, mit dem Mittelmeer in Verbindung; Kasernen und Arsenale boten mit ihren weitläufigen Anlagen den Übungsplatz für die Garnisonen. Es läßt sich nicht sagen, weshalb Tanis, etwa 20 Kilometer nördlich von Pi-Ramses gelegen, die Ramsesstadt ablöste, die am Ende der 20. Dynastie noch bewohnt war. Fällt die Aufgabe der Stadt mit Veränderungen des Flußsystems zusammen? Die Verlagerung eines Nilarmes hätte die Stadt von ihrem Zugang zum Meer abschneiden können – oder war das Ende der Stadt das Ergebnis der Unruhen, die seit 1000 v.Chr. Ägypten heimsuchten? Das nahe gelegene Bubastis, wo sich rebellische Soldaten libyscher Abstammung erhoben, und die Nähe der Ostwüste, über die die in der Bibel erwähnten Amalekiter mit ihren Kamelen die Kontrolle ausübten, waren für Pi-Ramses ernsthafte Gefahrenherde. Mit dem Rücken zum Meer erschien Tanis zweifellos erheblich leichter zu verteidigen.

Seit Smendes, dem ersten König der 21. Dynastie, wurde Tanis offenbar als eine Kopie und Rivalin von Theben, der Hauptstadt des Südens, angelegt. In diesem »nördlichen Theben«, wie es in den ägyptischen Texten heißt, sind die Hauptgötter die Götter von Karnak: Amun, seine Gemahlin Mut und der Kindgott Chons-Neferhotep, oft als Mensch mit Falkenkopf und mit der Mondsichel als Kopfputz abgebildet. Ist es wirklich Zufall, daß der Plan ihrer Heiligtümer dem Archäologen wie ein spiegelbildliches Abbild der Tempel von Karnak vorkommt?

77 Als Symbol der Unsterblichkeit verleiht das Gold dem kindlichen Gesicht des Amenemope, dem die Historiker nur zwölf Regierungsjahre zuschreiben, göttlichen Glanz. Augenlider, Brauen und Bartbänder sind in Bronze eingelegt.

78 Unter den sechs Armreifen des Amenemope heben sich zwei durch ihre bemerkenswerte Qualität ab. Diese mit einem Scharnier versehenen Reife tragen den Namen des Psusennes, dessen mit Lapislazuli eingelegte Kartuschen das Hauptmotiv bilden (Höhe 7 cm).

79 Die Seitenansicht dieses Armreifs zeigt den von den Königskartuschen gerahmten geflügelten Skarabäus aus Lapislazuli, ein Symbol der Wiedergeburt. Die feine Zellentechnik der Flügel des Skarabäus und die durchbrochen gearbeiteten Einzelmotive lockern die strenge Komposition dieses Schmuckstücks auf, das im Grab des Amenemope gefunden wurde.

König Psusennes hat die große Ziegelumfassungsmauer und die von ihr umschlossenen ersten Tempel errichtet. Von diesen Heiligtümern, deren Grundsteinbeigaben ausgegraben werden konnten, sind nur kümmerliche Baureste erhalten, aus denen sich aber kolossale Dimensionen erschließen lassen; von der damaligen Stadt ist nichts zum Vorschein gekommen. Königspaläste, Hafen, Wohnviertel liegen noch unter den Schuttbergen, die über 10 Meter hoch aufragen. Außer dieser Funktion als Bauherr wäre den Fachleuten und dem breiten Publikum kaum etwas über Psusennes bekannt, wenn nicht sein Grab außer den in der königlichen Grabkammer aufgehäuften Schätzen auch noch drei andere großartige Grabkomplexe geliefert hätte. Man rätselt noch über die Herkunft des Königs, den vielerlei Anhaltspunkte mit Theben in Verbindung bringen. Allein schon sein Name, Psusennes, kann mit »Stern, der in Theben aufging« übersetzt werden; seine besondere Verehrung gilt den Göttern von Karnak, in seiner Kartusche steht der Titel »Hoherpriester des Amun«... Neue Forschungen erlauben die Vermutung, daß der König von Tanis kein anderer war als der Sohn des Priesterkönigs von Karnak, Pinodjem I., und der leiblichen Tochter Ramses' XI., Henuttaui, deren Namen auf Grabbeigaben im Grab des Psusennes vorkommen. Seine Gemahlin war offenbar Mut-nedjemet, jene Königin, für die unmittelbar neben der Königskammer eine Sargkammer angelegt wurde; wahrscheinlich war sie auch die Schwester des Königs, eine für Ägypten keineswegs verwunderliche Situation.

Die Historiker weisen Psusennes eine Regierungszeit von 47 Jahren zu; die Leichenreste in seinem Sarg stehen dazu nicht im Widerspruch. Die Ironie der Geschichte will es, daß wir wie bei Tutanchamun über das Leben des Herrschers weniger wissen als über sein Begräbnis, dessen Ablauf sich leicht nachzeichnen läßt.

Jenseitsvorstellungen

Für Psusennes bedeutete wie für Tausende von alten Ägyptern der Tod nicht das Ende, sondern der Anfang eines anderen Lebens, das dem irdischen Leben in vielem sehr ähnlich war. Im Jenseits würde er die gleichen Bedürfnisse, die gleichen Vergnügungen, die gleichen Tätigkeiten antreffen, für die zu Lebzeiten Tanis den äußeren Rahmen geliefert hatte.

Bevor er jedoch ewiges Glück genießen konnte, mußte er schreckliche Feinde besiegen und Prüfungen bestehen, zu denen eine Art Totengericht gehörte. Aus diesem Grunde stellte man dem Toten ein ganzes Arsenal magischer Techniken zur Verfügung, die ihn befähigen sollten, die Hindernisse zu überwinden, die sich ihm auf dem Weg zum Reich der Toten entgegenstellen mochten.

Dieses Totenreich war nicht in allen Einzelheiten definiert, und zahlreiche Glaubensvorstellungen verschränkten und überlagerten sich hier, ohne sich zu widersprechen. Seit der Pyramidenzeit bezeugen die großen königlichen Totentexte zwei abweichende Vorstellungen vom Jenseits. Die erste, zweifellos konsequenter durchdachte, lokalisierte das Totenreich im Innern der Erde, in die der Tote gebettet wurde. Das Grab war der Eingang zu einer geheimnisvollen Welt, in der sich das jenseitige Leben abspielte. Schon bald wurde dieses Konzept mit dem Osirismythos in Verbindung gebracht, der seine Blütezeit im Mittleren Reich erlebte. Von da an stand Osiris unter den wichtigsten Göttern, und in der Dritten Zwischenzeit erfuhr sein Kult einen neuen Aufschwung.

Die Legende ist in wenigen Worten erzählt: Osiris war in grauer Vorzeit König Ägyptens und wurde von seinem eifersüchtigen Bruder Seth getötet. Isis, des Osiris Gemahlin, gebar den postum gezeugten Sohn Horus, der, zum Jüngling herangewachsen, den Tod seines Vaters rächte. Aus diesem Grundthema, auf das schon die Pyramidentexte anspielen, entwickelte sich ein Mythos, dessen einzelne Phasen uns aus Hymnen und Erzählungen, Totenritualen und Tempelinschriften, vor allem aber aus dem zusammenhängenden Text bekannt sind, den Plutarch im 1. Jahrhundert n. Chr. über den Osirismythos verfaßte. Diese Quellen beschreiben, wie Seth den Leichnam des Osiris zerstückelte und die vierzehn Körperteile über ganz Ägypten hin verstreute; sie lassen die Suche der schmerzerfüllten Isis, die den Leib ihres Gemahls wieder zusammensetzte, nachempfinden. In ihnen vernehmen wir noch den Widerhall der leiderfüllten Totenklagen von Isis und Nephthys, die die Totenwache halten, und erleben die wichtigsten Phasen der Wiederauferstehung des Osiris: Anubis, der hundegestaltige Gott, balsamiert den Leichnam und wird dadurch zum Erfinder der Mumifizierung, und Isis umfängt ihn mit ihren Flügelarmen und gibt ihm damit den Lebenshauch ein. Dieser Mythos hatte für die Ägypter große Bedeutung, da er Tugenden pries, die ihnen heilig waren, die eheliche Treue, die Mutterliebe und die kindliche Liebe, und da er vor allem den Sieg des Menschen über den Tod symbolisierte. Im Lauf der Jahrtausende hatte jeder Ägypter Zugang zu der Hoffnung bekommen, ein neuer Osiris zu werden und die Freuden der Auferstehung zu erleben.

Neben dieser Lehre, die die Welt der Toten im unterweltlichen Reich des Osiris ansiedelte, steht eine zweite, die zum ersten Mal in den Pyramidentexten beschrieben wird. Sie lokalisierte das Jenseits im Himmel, den die Toten nach einem schwierigen Aufstiegsweg erreichen sollten. Allein der König genoß das Vorrecht, zur Sonne einzugehen, die Seelen seiner Untergebenen bevölkerten die unzähligen Sterne. In den gelehrten Schriftensammlungen der Priester des Alten Reiches findet sich bereits die Gegenüberstellung eines Tag- und Nachthimmels, den die Sonne in zwei verschiedenen Bahnen durchfährt. Um Zutritt zur Sonnenbarke zu erhalten, mußte der König eher physische als moralische Qualifikationen nachweisen und wie seine Untergebenen eine Reihe von Prüfungen bestehen, um in sein himmlisches Reich zu gelangen.

In der gesamten Jenseitsliteratur Ägyptens begegnet uns diese Parallelität zwischen der Auferstehung der Toten und dem ewigen Kreislauf der Sonne, des Gottes Rê, der jeden Morgen neu geboren wird, nachdem er am Abend untergegangen war. Hieraus erklärt sich beispielsweise ein Teil jener fremdartigen Szenen in den Totenbuchpapyri des Neuen Reiches, einer Sammlung von Jenseitstexten für den Gebrauch der Verstorbenen. Am kraftvollsten jedoch artikulieren sich diese Vorstellungen in den großen Bildzyklen der Gräber im Tal der Könige. In den stickigen Felsenstollen wird der Besucher von alptraumhaften Bildern empfangen: Dämonen ohne Kopf, messerschwingende Geister, gefährlich drohende Schlangen. Im Halbdunkel erkennt man in der Nachtbarke das Bild der Sonne, die unter Zurufen auf einem unterirdischen Nil dahinfährt. Unter dem gestirnten Gewölbe des Sargraums drängt sich die Menge der Dämonen und der Seligen. Es ist eine verwirrende Bildsprache, die aus mythologischen Anspielungen und aus Symbolen besteht, die sich teils in der Grabausstattung der Könige von Tanis wiederfinden werden. Die verschiedenen Wege, die vom Tod zur Auferstehung führen, sind in unendlich vielen Varianten dargestellt. Der Schwerpunkt liegt einmal auf dem Übergang von einer Existenzform zu einer anderen, symbolhaft dargestellt durch die lange Reise durch die Stunden der Nacht, durch Pforten und Höhlen; ein andermal sind es die Verwandlungen des untergegangenen Gestirns, die ausmünden in seine lebendige Gestalt, den Skarabäus, der die Sonne bewegt.

Osiris und Rê, die beiden wichtigsten Jenseitsgötter, haben hier zusammengefunden, um einem gemeinsamen Thema Gestalt zu verleihen: Leben und Tod sind ein Kontinuum, der Tod erwächst aus dem Leben, und Leben wird aus dem Tod geboren. »Rê ist es, der in Osiris ruht, Osiris ist es, der in

80 Der silberne »nemset«-Kessel gehört ebenfalls zu den Kultgefäßen des Amenemope. Derartige Gefäße wurden bei kultischen Handlungen verwendet, insbesondere während des wichtigen Rituals der »Mundöffnung« des Toten. Unter der mit drei Nieten am Gefäßkörper befestigten Ausgußtülle nennt eine Inschrift zwei Namen aus der Titulatur des Amenemope, »geliebt von Osiris-Sokaris«, dem Totengott (Höhe 20 cm).

81 Auf dem oberen Rand des Altarfußes von Abb. 82 findet man denselben Text wie auf dem Kessel von Abb. 80 wieder.

82 Der 40 cm hohe Silberaltar von äußerst klarer Linienführung wurde bei den Reinigungsriten verwendet. Die Königsgräber von Tanis haben erstmals derartige Kultgeräte geliefert, die man zuvor nur aus Darstellungen in Tempel- und Grabreliefs kannte. Das abgebildete Stück kommt aus dem Grab des Amenemope.

81

Rê ruht«, formuliert ein berühmter Text; er begleitet die Darstellung der untergegangenen Sonne, die als Mumie mit Widderkopf, bekrönt mit der Sonnenscheibe, abgebildet ist. Diese Verschmelzung der beiden Götter ereignet sich zugunsten des toten Königs, des neuen Osiris, der dank der Gleichsetzung mit der Sonne und dank der geheimnisvollen Auferstehungsriten zu einem neuen Stern wird, zu einem Osiris, der wie Rê über dem Horizont aufgeht. Zu eben diesem Zweck steigt die Sonne hinab in die Unterwelt und in die Nacht: »Ich betrete das Land des schönen Westens, um mich um Osiris zu kümmern... Ich erhelle die Finsternis der geheimnisvollen Kammer für den Osiris-König NN...«, spricht der Sonnengott.

Diese Glaubensvorstellungen, wie sie in den großen königlichen Text- und Bildkompositionen des Neuen Reiches entwickelt werden, im Amduat, dem »Buch von dem, was in der Unterwelt ist«, im Pfortenbuch, im Höhlenbuch und im »Buch von der Nacht«, sie werden sich nur bruchstückhaft in den Wanddarstellungen der kleinen Gräber von Tanis finden. Die Särge und die mythologischen Papyri in Theben zeigen jedoch, wie sehr diese Vorstellungen in der 21. Dynastie Gemeingut geworden waren.

Die Mumifizierung

Ein weiteres typisches Element der ägyptischen Jenseitsvorstellungen ist die wichtige Rolle, die man dem Fortbestand des Leichnams zumaß. Er sollte den Toten im Jenseits begleiten, um in den Genuß eines von den Nachkommen regelmäßig zu vollziehenden Opferdienstes zu kommen. Daher war es von ausschlaggebender Bedeutung, die körperliche Hülle der Lebenskräfte zu erhalten, aus denen sich die Seele zusammensetzte und die wir mangels geeigneter Begriffe unserer Sprache mit den altägyptischen Wörtern Ka, Ba und Ach bezeichnen. Hier hat der Brauch der Mumifizierung, die das breite Publikum schon seit jeher mit dem Land der Pharaonen assoziiert, seinen Ursprung.

Zu Beginn der Geschichte waren die ältesten Mumien zweifellos eine natürliche Folgeerscheinung des heißen und trockenen Klimas Ägyptens; dazu kam der Brauch, die Friedhöfe am Wüstenrand anzulegen, wo der heiße Sand die Leichen austrocknete. Seit der Pyramidenzeit pflegte man die Leichname der Vornehmen in lange Leinenbinden zu wickeln und die Eingeweide zu entnehmen, da sie die Fäulnis des Körpers verursachten. Diese anfangs noch unvollkommenen Verfahren entwickelten sich schließlich in der 18. Dynastie zu einer genau festgelegten Mumifizierungstechnik. Diese lag in Händen von Spezialisten, die zugleich Priester und Praktiker waren. Wissenschaftliche Untersuchungen an Mumien, die nur in wenigen Exemplaren erhalten gebliebenen Balsamierungsrituale und schließlich die Berichte antiker Autoren – Herodot, Diodorus Siculus – machen es möglich, die einzelnen Arbeitsschritte nachzuzeichnen, die der Bestattung des Psusennes vorangingen. Wenn auch das feuchte Klima des Deltas eine völlige Erhaltung seines Leichnams verhinderte, so zeigen doch die Mumien seiner Zeitgenossen aus den Felsgräbern von Deir el-Bahari den hohen Grad von Perfektion, den die Balsamierer seiner Zeit erreicht hatten.

Der Leichnam des toten Königs war zum Königsgrab gebracht worden, nachdem bei der Totenwache die Klagefrauen wie einstmals Isis und Nephthys an der Bahre des Osiris ihre feierlichen Klagelieder angestimmt hatten:

»Kehre mir doch bald zurück,
ich sehne mich so danach, dein Antlitz wiederzusehen,
nachdem ich es nicht mehr geschaut!
Dunkelheit ist um mich her, selbst wenn die Sonne am Himmel steht.
Mein Herz verbrennt in dieser schmerzlichen Trennung,
mein Herz verbrennt, seit du mich verlassen.«

83 Die goldene Kanne des Amenemope fällt durch ihre einfache, schlanke Form auf (Höhe 20 cm). Sie wurde für Wasserspenden verwendet. Ein Parallelstück fand sich im Grab des Psusennes – allerdings von erheblich früherem Datum, denn es trägt die Kartusche des Königs Ahmose, der etwa fünfhundert Jahre vor den Tanis-Königen herrschte.

Nachdem die Reinigungsriten vollzogen waren, wurde der Leichnam den Händen der Balsamierer übergeben, bei denen er vierzig bis siebzig Tage verblieb. Dieser Zeitraum zwischen Tod und Grablegung war wohl durch religiöse Überlegungen bestimmt, die mit der Gestirnsbeobachtung zusammenhingen. War dies nicht die Zeitspanne, die die Dekansterne und der Sirius unsichtbar blieben, bevor sie von neuem am Nachthimmel erstrahlten? Während dieser langen Tage waren die Balsamierer am Werk, ihre Verrichtungen mit rituellen Gesängen und Handlungen begleitend. Der sorgfältig gewaschene und rasierte Leichnam wurde zunächst einer Reihe chirurgischer Eingriffe unterzogen: Das Gehirn wurde in der Regel mit Hilfe eines Hakens durch die Nase entfernt, und ein Einschnitt auf der linken Seite der Bauchdecke erlaubte die Entnahme der Eingeweide; lediglich das Herz, der Sitz des Denkens und Fühlens, verblieb an seiner Stelle. Leber, Milz, Lungen und Gedärme wurden sorgfältig präpariert. Nach altem Brauch wurden die Eingeweide des Psusennes in vier Kanopen, Gefäßen mit Deckeln, die als Götterköpfe gebildet sind, aufbewahrt und nicht in den Körper zurückgelegt, wie dies zur gleichen Zeit bei den Mumien im thebanischen Raum geschah. Sein Leichnam, in aromatisiertem Palmwein gewaschen, wurde anschließend in granuliertes Natron gelegt, das dem Körper die Feuchtigkeit entziehen sollte. Nach vierzig Tagen vollzogen die Priester an diesem ausgetrockneten Leichnam die Salbungen, wie sie das Balsamierungsritual im einzelnen vorschrieb:

> »Nun [lege man diesen Gott] anschließend auf seinen Bauch. Du sollst seinen Rücken mit demselben kostbaren Öl wie zuvor einreiben, um ihn geschmeidig zu machen. Es ist so zu machen, daß sein Rücken so geschmeidig wird, wie er zu Lebzeiten war...
> Das Balsamierungsbett muß erhöht aufgestellt sein, während du an ihm arbeitest am oberen Teil seines Rückens. Das Öl einmassieren und das Leichentuch des Sobek von Schedeti hinlegen.
> Worte, die danach zu sprechen sind, während man [seinen Rücken] salbt:
> O Osiris Psusennes,
> empfange dieses Öl, empfange diese Salben!
> Empfange diese belebende Salbung,...
> die Feuchtigkeit, die aus Rê kam, den Auswurf des Schu, den Schweiß, der aus Geb fließt, den Götterleib, der aus Osiris kam, die belebenden Säfte...
> Für dich, Osiris-Psusennes, kommt – zu wiederholen: –
> für dich kommt das Öl, um seinen Leib zu salben.«

Dann füllte man den leeren Brustkorb und die Bauchhöhle, um ihnen ihr ursprüngliches Aussehen wiederzugeben, mit verschiedenen Materialien: in Harz getränkten Leinenstreifen, Gummi arabicum mit Sägespänen, Natron. Ein Goldplättchen, auf das ein Udjat-Auge, Symbol der Unversehrtheit, gezeichnet ist, wird auf den klaffenden Schnitt am Bauch gelegt (Abb. 7). Rings um das Udjat-Auge erkennt man die vier Horussöhne, die Beschützer der Eingeweide, die dem König ihren Schutz angedeihen lassen. Durch die Salben wiederbelebt, ist der parfümierte und geschminkte Leichnam des Königs bereit, in feine Leinenbinden gewickelt zu werden, die eine beträchtliche Länge haben können. Auf manchen Mumien fanden Archäologen mehrere hundert Meter sorgfältig gewickelter Stoffstreifen, die mit aromatischen Harzen getränkt waren. Die Finger wurden einzeln eingewickelt, bevor man ihnen zur Fixierung ihrer Lage die goldenen Fingerhülsen überstülpte (Abb. 5 und 6). Nun waren die Hände, die mit goldenen Sandalen bekleideten Füße (Abb. 10) und die über der Brust verschränkten Arme an der Reihe. Der Balsamierer begann seine Arbeit am Kopf und ging dann von der rechten zur linken Schulter, bis er schließlich die Beine erreichte, denen eine besonders sorgfältige Behandlung zuteil wurde:

»Dann, nach diesem, wenn die Arbeit am Oberkörper rechts und links ausgeführt ist, sollen der Gottessiegler, die Horussöhne und die Söhne des Chenti-en-irti zu den Beinen übergehen.

Die Sohlen seiner Füße salben, seine beiden Unterschenkel, dann seine Oberschenkel, mit dem Mineralöl, das schwarz macht [?]. Eine zweite Salbung mit kostbarem Öl vornehmen. Die Zehen mit Binden einwickeln, und mit Tinte aus Weihrauchwasser auf den Stoff des Anubis, des Herrn von Hardai, sowie auf den Stoff des Horus, des Herrn von Hebenu, zwei Schakale in zwei Richtungen zeichnen, so daß das Gesicht des einen das Gesicht des anderen anblickt...

Worte, die anschließend zu sprechen sind:

O Osiris Psusennes,

Für dich kommt das kostbare Öl, um dir die Fähigkeit zu laufen wiederzugeben. Für dich kommt das Mineralöl, das schwarz macht [?], damit deine Ohren gewarnt seien in jedem Lande, so groß auch der Raum sei, wo du auf Erden schreitest, damit deine Schritte weit seien in den Tempeln!«

Dutzende von Amuletten, auf die Binden genäht oder zwischen die einzelnen Stoffschichten gelegt, sollen den Schutz des Toten gewährleisten, wie es das Totenbuch vorschreibt: Türwächterschlange, Seelenvogel, Falke mit gespreizten Schwingen, Geier, menschenköpfige Vögel, Herzamulette, Skarabäen, Udjat-Augen. Wenn die letzten Binden gewickelt sind, kommt das Abschlußgebet, das aus der Mumie einen neuen Osiris macht:

»Du siehst deinen Namen in allen Gauen, deinen Ba am Himmel, deinen Leichnam in der Unterwelt, deine Statuen in den Tempeln. Du lebst ohne Ende – zu wiederholen – immer und ewiglich, du wirst immer wieder jung, immer und ewiglich, Osiris-Psusennes.«

Die Priester machen nun den Kunsthandwerkern aus dem »Goldhaus« Platz, die den Toten mit seiner letzten Ausstattung versehen. Zunächst kommt der Schmuck, der mit seinen inhaltsträchtigen Motiven und der magischen Kraft seiner Inschriften den Toten auf seinem Weg in die Ewigkeit begleiten wird. Von den sechs großen Schulterkragen, die auf dem Leichnam des Psusennes liegen, ist ihm nur einer um den Hals gelegt, desgleichen ein Pektoral; die anderen liegen zusammen mit fünf Pektoralanhängern und mit einem Lapislazuliherz auf der Brust. Zehn Armreife sind auf den rechten Arm des Königs gesteckt, zwölf auf den linken. Die Knöchel tragen Fußreife. Schließlich hat man über jede der goldenen Fingerhülsen einen goldenen Ring und einen oder zwei Ringe mit Edelsteinen gesteckt.

Über dem Haupt des Pharao befindet sich eine kostbare Goldmaske, die idealisierte Züge trägt (Abb. 3 und 4), während ein goldenes Deckblech mit Gravierungen den übrigen Körper bedeckt. Die Mumie ist jetzt bereit für die Bestattungsriten.

Die Bestattung

Der Bestattungszug setzt sich zum Königsgrab hin in Bewegung, jener Zug, der aus den Grabmalereien und den Vignetten des Totenbuchs wohl vertraut ist. Voraus marschieren die Priester mit Götterstatuen; ihnen folgt der von roten Rindern gezogene Schlitten, auf dem der Katafalk mit der Mumie transportiert wird, umgeben von Klagefrauen; ihre Klagelieder sollen die bösen Geister vertreiben. Dahinter werden auf weiteren Schlitten der Kanopen- und der Uschebtikasten transportiert. Daran anschließend schreiten die Angehörigen und die Würdenträger des Reiches, in Trauer versunken. Wie bei Tutanchamun befinden sich darunter manche, die vielleicht eigenhändig die verschiedenen Arten von Grabbeigaben in ausgewählten Einzelstücken tragen: Schmuckstücke, Ritualgefäße, Waffen und Abzeichen.

84 Ein Detail von der goldenen Kanne zeigt die außergewöhnliche Meisterschaft des Goldschmieds, der den Namen des Amenemope »geliebt von Osiris, dem Herrn von Abydos« ziselierte. Die Inschrift ist nur 3 cm hoch.

85 Der gleiche Text wie auf der Kanne von Abb. 83 erscheint im Basisstreifen des durchbrochen gearbeiteten Pektorals des Amenemope, dessen lockere Bildkomposition einen deutlichen Gegensatz zu den Psusennes-Pektoralen bildet. Der Lapislazuli-Skarabäus und die Einlagen der Gewänder der Göttinnen verleihen dieser Arbeit, in der das Gold überwiegt, eine kühle Note (Höhe 9,8 cm).

84

85

Zweifellos drückt auch Wen-djebau-en-djed, der Waffengefährte des Königs, seine Trauer auf ähnliche Weise aus wie zweihundert Jahre später Pasenisis. Die entsprechende Darstellung befindet sich auf der Tür des Grabes Osorkons II. in Tanis. Pasenisis ist dort abgebildet, wie er sich zum Zeichen der Trauer an den Kopf schlägt. Die Beischrift enthält seine schmerzerfüllte Klage:

>»Der Oberkommandierende der Truppen von Ober- und Unterägypten, Pasenisis, Sohn des Hori: Ich beweine dich hemmungslos und werde nicht müde, mir dein Gesicht vorzustellen; mein Herz strömt über von Schmerz, wenn es sich deiner Güte erinnert.«

Als seine letzte Ruhestätte hat sich Psusennes ein Grab vorbereiten lassen, das in nichts an die Gräber seiner Ahnen erinnert. Man findet in Tanis weder Pyramiden noch Felsgräber, die denen im Tal der Könige vergleichbar wären. Als Reaktion auf die unsicheren Zeiten und als Zeichen des vergleichsweise begrenzten Reichtums des Königs ist ein Sammelgrab errichtet worden, das sich in den Schutz der Umfassungsmauer des Großen Tempels des Amun duckt. Zum Vergleich kann man die Familiengräber der thebanischen Priesterkönige der 21. Dynastie heranziehen, die in den schroffen Schluchten des Westufers verborgen liegen, oder auch die Gräber der Gottesgemahlinnen inmitten der schützenden Festungsmauern von Medinet Habu. Weitere Gründe haben diese Ortswahl beeinflußt. Wie in allen Deltastädten ist auch in Tanis der Platz kostbar; für die Anlage ihrer Friedhöfe haben die Ägypter hier nicht wie in Memphis oder Theben weite Wüstenflächen zur Verfügung. In dieser Gegend, wo Sümpfe und zeitweise überflutete Äcker die Besiedelung schwierig machen, wurden die Gräber schon immer in unmittelbarer Nähe der Städte und bisweilen sogar inmitten der Siedlungen angelegt.

Zu diesen historisch und geographisch bedingten Gründen kommen zweifellos religiöse Überlegungen, in denen sich eine veränderte Vorstellung vom Königsgrab niederschlägt. Von nun an lassen die Könige und ihre Familienangehörigen ihre Gräber im Bezirk der großen Göttertempel anlegen. Mit Ausnahme der nubisch-sudanesischen Könige der 25. Dynastie, die in ihrem Heimatland ansehnliche Pyramiden errichteten, hat jetzt das Grab der letzten ägyptischen Könige das Aussehen einer einfachen Kapelle, die unter dem Schutz der großen Götter steht. Bis heute ist von diesen Grabanlagen nicht ein einziger nennenswerter Rest gefunden worden, doch ist uns ihr Aussehen durch den Bericht Herodots überliefert:

>»Das Grab des Amasis liegt, obwohl es vom Tempel weiter entfernt ist als das des Apries und seiner Väter, ebenfalls im Tempelhof: Es ist ein steinerner Kiosk, der mit Palmstammsäulen ausgestattet und reich dekoriert ist.«

Vielleicht darf man sich das Grab des Psusennes, dessen Oberbauten völlig verschwunden sind, ganz ähnlich vorstellen. Die Ausmaße des unterirdischen Teils des Grabes sind bescheiden und bleiben völlig hinter den Gräbern der reichen Hofbeamten des Neuen Reiches zurück. Der massive Steinbau mißt 19 Meter in der Länge und 12 Meter in der Breite und ist in geringer Tiefe unterirdisch angelegt, bedroht vom einsickernden Grundwasser. Im Osten der beiden kleinen Sargkammern aus Granit, die für den König und seine Gemahlin bestimmt waren, ist der Kalkstein-Vorraum erweitert worden, um Platz für zwei Kammern zu schaffen, in denen der Königssohn Anchef-en-Mut und der General Wen-djebau-en-djed ihre Ruhestätte finden sollten. Über den Sargkammern, die mit ungleich großen Kalksteinblöcken abgedeckt waren, erhob sich zweifellos die heute völlig verschwundene Kapelle; hierher kamen die Hinterbliebenen zur Feier des Totenkultes, um die Opferriten auf einem schönen Opfertisch aus schwarzem Granit zu vollziehen, der erst vor kurzem einige Kilometer von Tanis entfernt gefunden wurde.

War es vor der Ankunft am Grab oder direkt vor der Grabkapelle, daß die Königsmumie dem Ritus der Mundöffnung unterzogen wurde? Nichts ist darüber bekannt, aber die Reliefs in der Sargkammer des Psusennes haben eine bildliche Darstellung dieses sehr bedeutenden Ritus bewahrt, in dessen Verlauf die Priester den Verstorbenen mit magischen Handlungen wiederbeleben und ihm den Gebrauch seiner Sinne zurückgeben. Lassen wir den Totenpriester zu Wort kommen:

> »Die, die im Horizont wohnen, frohlocken, denn ich habe Psusennes gebildet! Ich habe seine göttliche Erscheinung geschaffen, und ich habe ihm den Hauch des Lebens gegeben... Sein Mund ist geöffnet... Er wird den Anruf seiner Familie vernehmen, er wird die Glieder desjenigen beschützen, der eine Wasserspende darbringen wird! Er wird Verfügungsgewalt über das Brot und das Bier haben, er wird herauskommen als ein lebender Ba, er wird seine Verwandlungen nach seinem Willen vollziehen an jedem Ort, wo sein Ka ist.«

Sätze, die den Bildern und Texten auf der Westwand der Kammer ewige Dauer verleihen sollen:

> »Dein Mund ist geöffnet, Osiris-Rê Aa-cheper-Rê! Ptah hat den Mund des Rê-Sohnes Psusennes geöffnet mit dieser seiner eisernen Hand, wie er den Mund der Götter geöffnet hat.«

Auf dem Fußende des Sarges des Königs sind die Werkzeuge, die man zum Vollzug des Ritus brauchte, abgebildet, desgleichen die Opfergaben, an denen er sich in alle Ewigkeit kraft der Magie des Bildes erlaben soll.

Der Bestattungszug erreicht über den Vorraum, dessen reliefierte Wände mit Reihen von Göttern und Szenen der Anbetung des Osiris bedeckt sind, die Sargkammer. Der Leichnam des Pharao, umschlossen von einem ersten mumiengestaltigen Sarg aus Silber und von einem zweiten aus schwarzem Stein, wird in einen riesigen Sarkophag aus Rosengranit gebettet. Auf dem Sarkophagboden werden die Waffen, Stöcke und Zepter abgelegt, die wohl während des Mundöffnungsrituals verwendet worden sind.

Der schwere Sarkophagdeckel, der in Hochrelief das Bild des Königs trägt, wird über Psusennes verschlossen, eine wahrhafte Sargfestung, deren Bilder und Texte sie zu einem Miniaturgrab machen. So durchfährt über dem Leichnam des Königs wie auf den Decken der Gräber im Tal der Könige die Sonne in ihrer Barke die zweite und dritte Stunde der Nacht inmitten der Gestirnsgötter. Die Hauptfigur jedoch ist wie bei den Deckeln der beiden anderen Särge die Himmelsgöttin Nut, die Mutter der Sonne; gleich dem Gestirn, das Nacht für Nacht den Leib seiner Mutter durchläuft, um aus ihm am Morgen neu geboren zu werden, wird auch der Tote aus seinen Särgen hervorgehen, die in den späten Texten mit einer hilfreichen Mutter und Herrin des ewigen Lebens verglichen werden.

Die Hinterbliebenen ziehen sich nun zurück und lassen den toten König in den Händen der Götter zurück. Zuvor jedoch legt man alles bereit, was den Toten in der Ewigkeit begleiten soll. Auf dem Deckel des Sarkophags werden ein Holzkasten und ein goldener Stab mit einem Knauf in Gestalt einer Lotosblüte abgelegt; rings um den Sarg finden Bogen, Pfeile und Schild des Königs ihren Platz. Vor dem Sarg liegt eine große, nur grob bearbeitete Kalksteinplatte, die als Untersatz für kostbare Kultgefäße dient. Ein bronzener Räucherständer unmittelbar daneben ist wohl für Libationen bestimmt (Abb. 42 und 43). Schüsseln und Vasen aus Gold und Silber von erstaunlicher handwerklicher Qualität, ein prunkvolles Geschirr, das den ganzen Boden bedeckt, bilden den größten Teil der Beigaben (Abb. 44–54). Gleich daneben stehen zwei große Holzkästen mit Miniaturwerkzeugen und Uschebtis aus Fayence und Bronze; über eintausend Einzelstücke werden von den Archäologen registriert! Die Ausstattung des Grabes wird ergänzt durch ein Kalzitgefäß und vier Kanopenkrüge, die an der Wand aufgestellt sind. Wurden auch Beigaben ins Grab gelegt, die ganz aus vergänglichem Material wie

86

87

Papyrus und Stoff bestanden? Die alles zerstörende Feuchtigkeit, die in der Sargkammer herrschte, macht eine Antwort für immer unmöglich.

Nach Abschluß der letzten Riten wird die Tür zur Sargkammer durch einen riesigen Granitblock verschlossen, den die Arbeiter auf bronzenen Rollen heranschieben; seine Umrisse verschwinden schließlich unter einer reliefierten Kalksteinverkleidung. Totenstille legt sich über die Sargkammer, wo der König, der Sonne gleich, seine nächtliche Reise antritt.

Aber das Leben in Tanis ging weiter. Es ist nicht bekannt, wann die Königin Mut-nedjemet, der Prinz Anchef-en-Mut und der General Wendjebau-en-djed die nach ihrem Willen vorbereiteten Grabstätten bezogen. Wahrscheinlich fanden ihre Begräbnisse erst nach dem Tod des Psusennes statt; in der Grabausstattung des Königs befinden sich Beigaben, die die Namen dieser drei Personen tragen, so daß anzunehmen ist, daß sie an seiner Bestattung teilnahmen. Nach ihrem Begräbnis wurde das Grab endgültig verschlossen.

In der Hauptstadt folgten nun die Thronerben des Psusennes: Amenemope, Osochor, Siamun, Psusennes II. Gegen 950 v. Chr. stiegen die Nachkommen der großen libyschen Häuptlinge auf den Thron, die der 21. Dynastie verwandtschaftlich verbunden waren. Von diesen Königen, die die 22. Dynastie bilden, hat die Nachwelt nur einen einzigen Namen im Gedächtnis behalten, den Scheschonks I., der Jerusalem einnahm.

Jeder dieser Könige erweiterte den großen Amuntempel um Neubauten, stellte Statuen, Sphingen und Obelisken auf, die aus den Ruinen der Ramsesstadt geholt worden waren. Neben dem Psusennes-Grab entstand ein ganzer Königsfriedhof mit den Gräbern seiner Nachfolger. Einige dieser Gräber sind ausgegraben, die des Amenemope, des Osorkon II. und Scheschonk III. Auch bei ihnen handelt es sich um unterirdische Kammern mit kleinen Sargräumen und Gängen, deren Wände bisweilen mit ausgezeichneten Reliefs und Malereien bedeckt sind. Bei Osorkon II. finden sich erstaunliche Szenen der Geburt der Sonnenscheibe, die sich an Darstellungen im Tal der Könige orientieren, außerdem Auszüge aus dem Totenbuch, so das negative Sündenbekenntnis und das Totengericht mit der Wägung des Herzens.

Dann aber folgte eine Zeit, in der die Grabesruhe gestört wurde. Auf die lautlose Jenseitsreise der Pharaonen folgten die dumpfen Schläge der Grabräuber, die sich in die unterirdischen Kammern vorarbeiteten, das Flackern der Fackeln, der Einbruch der Diebe, die sich über die Königsmumien hermachten, und schließlich das Kommen und Gehen der Priester, die die kostbaren Reste wegtrugen, um sie in einem sichereren Grab noch einmal zu bestatten. In ihren Einzelheiten bleiben die Vorgänge, die die Nekropole von Tanis in Unruhe versetzten, unbekannt. Jedenfalls wurden manche Gräber, darunter auch das des Psusennes, noch einmal geöffnet.

Der Sarkophag der Mut-nedjemet, der Gemahlin des Königs, nahm nun die sterblichen Überreste des Amenemope auf, für den nahebei ein eigenes Grab angelegt worden war. In der ganzen neu belegten Grabkammer wurde der Name der Königin weggemeißelt und durch den Namen des neuen Grabinhabers ersetzt. Bald darauf wurden drei weitere Könige in der Vorkammer beigesetzt. Nur einer von ihnen, Scheschonk II., ist durch die Inschriften auf seinen prachtvollen Grabbeigaben namentlich bekannt, auf dem massiven Silbersarg, dem reichen Schmuck, den Gefäßen und Uschebtis. Die Identität der beiden anderen Toten bleibt unbekannt; sie waren in goldbeschlagenen Holzsärgen bestattet; ihre königliche Abstammung gibt sich in ihren Uräen zu erkennen. Vielleicht war einer dieser Unbekannten der König Siamun, von dem ein Skarabäus nahebei gefunden wurde.

Dann erst wurde das Grab endgültig verschlossen. Von all diesen Unruhen verschont, ruhten Psusennes und Wen-djebau-en-djed in ihren unberührten Sargkammern, von jenen sagenhaften Schätzen umgeben, die heute unsere Bewunderung finden.

86, 87 Nur auf einem einzigen der Tanis-Pektorale erscheint der König. Das in Goldblech getriebene Motiv zeigt den König Amenemope bei Weihrauchopfer und Libation vor dem Totengott Osiris. Eine identische Darstellung ist auf die Rückseite ziseliert (Höhe 8,8 cm).

88

IX. Die Grabausstattung und ihre Bedeutung

Wie die Balsamierer die Mumie mit fast unzähligen Schichten von schützenden Binden umgaben, so hatten die Kunsthandwerker der königlichen Werkstätten oft schon Jahre im voraus die verschiedenen Särge vorbereitet, die die Mumie aufnehmen sollten. Die Sitte, mehrere Särge ineinanderzuschachteln, reicht weit zurück. Schon aus der Pyramidenzeit sind Berichte von Expeditionsleitern erhalten, die Granit aus Assuan oder kostbaren Kalzit holten, um daraus königliche Sarkophage zu fertigen. Aus jüngerer Zeit liefert eine Inschrift im Grab des Weisen Petosiris, der am Ende des 4. Jahrhunderts v. Chr. lebte, eine recht genaue Beschreibung der notwendigen Ausstattung:

»Dein Leib wird in vier Särgen in dieses Grab gelegt; einer aus Wacholderholz, der zweite aus ›kedu‹-Holz, der dritte aus Sykomorenholz, der letzte aus Stein... Sie werden deine Behausung sein an jenem Tage [deines Begräbnisses], mit deinem Namen beschriftet und mit Edelsteinen aller Art belegt.«

Alle diese Texte finden ihre Bestätigung in den Entdeckungen der Archäologen in den Königs- und Beamtengräbern. Das berühmteste Beispiel hierfür liefert das Grab des Tutanchamun mit seinen vier Schreinen und seinen vier Särgen aus Sandstein, vergoldetem Holz und massivem Gold. Die Nekropole von Tanis zeigt an, daß auch in den dunkleren Zeiten der ägyptischen Geschichte dieser Brauch fortlebte.

Der Schutz der Mumien

Wiederum ist es das Psusennes-Grab, das das beste Beispiel dieses Schutzes der Mumie liefert. Dem König standen vier verschiedene Umhüllungen zur Verfügung, die seinen Körper wie vier Schutzwälle umgaben.

Den äußeren Schutz lieferte ein monolither Sarkophag aus Rosengranit, der ganz offensichtlich wiederverwendet war. Mag es sich um einen Irrtum oder eine bloße Nachlässigkeit handeln, die Steinmetze, die damit beauftragt waren, die ursprünglichen Inschriften zu tilgen, um sie durch die Namen des Psusennes zu ersetzen, hatten an mehreren Stellen die Kartusche des ersten Besitzers des Sarges stehen lassen, des Königs Merenptah. Die Gesichtszüge, die auf der Oberseite des Sargdeckels in Hochrelief wiedergegeben sind, stellen also nicht Psusennes, sondern den Nachfolger des großen Ramses dar: eine kolossale liegende Figur in Gestalt des Osiris, des Totengottes.

Von der Innenseite des Deckels hebt sich eine Frauenfigur von bezaubernder Schönheit ab. Ihr sternenbesetztes Gewand und die Begleittexte weisen sie als Nut, die ägyptische Himmelsgöttin, aus. Die lang ausgestreckte Figur der Göttin berührte beinahe die Gestalt des Verstorbenen, die auf dem Deckel des zweiten Sarges in Relief dargestellt ist, und nahm sie hinein in das Meer der Sterne, die sie rings umgeben – eine in Stein gemeißelte Version der von Nut gesprochenen Worte:

88 Jedes der Amulette auf der Mumie des Hornacht, aus dünnem Gold- und Elektrumblech geschnitten und in Zellentechnik mit Edelsteinen eingelegt, ist ein kleines Meisterwerk. Von links nach rechts sind Osiris, ein Geier, der mumifizierte Achem-Falke und der menschenköpfige Seelenvogel dargestellt.

»Ich strecke mich über dir aus..., ich bin deine Mutter Nut, meine
beiden Arme stützten sich auf dich in meinem Namen ›Himmel‹...«

Die Sargwanne aus Rosengranit trägt auf dem unteren Teil der Außenseite die Nachahmung einer Festungsmauer, durch die fünfzehn Tore führen. Diese seit dem Alten Reich übliche Sargdekoration erscheint aufgrund der sie begleitenden Darstellungen und Texte unter einem neuen Bedeutungsaspekt, denn mehrere dieser Tore sind mit den Körperteilen des Osiris identifiziert, der nach der Legende zerstückelt worden war, bevor er wiederauferstand. So ist der Sarkophag nichts anderes als der Palast des Gottes, in dem sich die Wiederauferstehung des toten Königs als eines neuen Osiris vollziehen sollte, beschützt von Festungsmauern, auf denen in Reliefs auf der Innenseite der Sargwanne abgebildete, gräßlich anzusehende Schutzgeister mit Waffen und magischen Zeichen wachen.

In diesem ersten schützenden Gehäuse liegt, aus schwarzem Granit gehauen, ein zweiter Steinsarg in Mumiengestalt, die Arme über der Brust überkreuzt. Auch er zeigt nicht die Züge des Psusennes, denn die ausgemeißelten Hieroglyphen und das weich gebildete Gesicht verraten, daß es sich wiederum um ein wiederverwendetes Stück handelt. Da keine Namensinschriften erhalten geblieben sind, wird es wohl für immer unbekannt bleiben, wer der ursprüngliche Besitzer dieses prachtvollen Sarges war. Der Reliefschmuck und die Inschriften, die Totengötter anrufen, blieben unversehrt; Nut breitet ihre Flügel um den Oberkörper des Toten, Isis und Nephthys beweinen Osiris, dazu treten Anubis, der Gott der Mumifizierung, und die vier Horussöhne, die Beschützer der Kanopen (Abb. 55).

Eben dieselben Götter sind es, die auch auf dem Silbersarg erscheinen, der äußerst präzis in den schwarzen Granitsarg eingepaßt ist. Der ausgezeichnet erhaltene Deckel zeigt den in Mumienbinden gehüllten König mit den Abzeichen seiner Herrscherwürde, dem gestreiften Königskopftuch – wie beispielsweise beim Gisa-Sphinx – mit der massiv-goldenen Uräusschlange an der Stirn, dem unten eingerollten geflochtenen Bart, dem Wedel und Krummstab. Ein breiter Schulterkragen und drei übereinander angeordnete Vögel, deren ausgebreitete Schwingen bis zum unteren Sargteil reichen, bilden den ziselierten Dekor (Abb. 1).

In der Hauptinschrift spricht der Tote die Himmelsgöttin an:

»Gesprochen von dem Osiris, dem Herrn der Beiden Länder Aa-cheper-Rê Psusennes: O du meine Mutter Nut, breite deine Flügel um mich! Mache, daß ich unter den unzerstörbaren Sternen weile!«

Der untere Teil des Sarges, mit dem Deckel durch Zapfen und Bolzen verbunden, konnte nur in kleinen Bruchstücken geborgen werden und wurde im Museum in Kairo sorgfältig rekonstruiert. Auf dem Sargboden ist Nut abgebildet, die Mutter der Götter, die den toten König empfängt (vgl. S. 127). Die kostbarsten Materialien waren für den innersten Schutz der Mumie ausgewählt worden. Auf ein Silberblech gelegt, ist der Leib des Königs völlig in Gold gehüllt. Die Maske, aus einem Goldblech von weniger als 1 Millimeter Stärke getrieben, besteht aus zwei zusammenpassenden Teilen, die durch Nieten zusammengehalten werden. Gesicht und Kopfbedeckung entsprechen dem Silbersarg (Abb. 2–4).

Es mag an der Kostbarkeit des Materials oder an der besseren Qualität der künstlerischen Arbeit liegen, daß die Maske mit viel größerer Eindringlichkeit die Züge eines jugendlich strahlenden Pharao wiedergibt, der durch den Blick seiner eingelegten Augen besonders lebendig wirkt. Auf den breiten Brustteil der Maske hat der Goldschmied die vielfachen Reihen des »Usech«-Kragens ziseliert, bei dem sich Reihen runder Perlen und pflanzliche Motive abwechseln, Blätter, Blumen und Lotosblüten. Ein Deckblech aus Gold, das die Wölbung des Brustteils der Maske aufnimmt, bedeckte Körper und Füße des Toten. Diese 1 Meter lange Goldfläche ist mit dem Muster der Mumienbinden bedeckt, in das Darstellungen und Texte einbezogen sind, die denen auf dem Silbersarg entsprechen. Diese aufwendige Ausstattung wurde noch durch goldene Finger- und Zehenhülsen ergänzt (Abb. 5 und 6). All das erinnert an den massiv goldenen Sarg und die Maske des Tutanchamun, für deren Herstellung man nicht an dem kostbaren Metall gespart hatte, das in den Ritualtexten vorgeschrieben wurde:

> »O Osiris..., du kommst, um deine goldenen Fingerhülsen zu erhalten; deine Finger sind aus purem Gold, deine Fingernägel aus Elektrum! Was aus der Sonne fließt, kommt zu dir, es ist der göttliche Leib des Osiris, wahrhaftig! Du wirst auf deinen Beinen gehen bis zur Wohnung der Ewigkeit, deine Hände werden für dich tragen bis zur Stätte der endlosen Dauer, denn du bist wiederbelebt durch das Gold, du bist mit neuen Kräften versehen durch das Elektrum... [Das Gold] wird dein Antlitz im Jenseits erleuchten, du wirst atmen dank des Goldes, du wirst hervorgehoben dank des Elektrums...«

In der Realität konnten sich nur Könige und einige wenige Privilegierte eine so kostspielige Ausstattung leisten, die auch Habgier erweckte. So kann man sich gut vorstellen, daß die Gräber Osorkons und Takelots II. in Tanis ausgeraubt wurden, da die verstreuten Überreste auf eine ähnlich reiche Ausstattung schließen lassen. Die vollständige Grabausstattung bei Amenemope, Scheschonk II. und Wen-djebau-en-djed zeigt jedoch, daß keiner von ihnen an den Prunk des Psusennes-Grabes heranreichte.

Das Grab des Königs Amenemope, wohl dem Psusennes-Grab am engsten verwandt, ist von auffallender Ärmlichkeit, die zweifellos aus einer hastigen Wiederbestattung resultiert. Die Goldmaske mit dem Königskopftuch läßt den Hinterkopf unbedeckt; aus sehr dünnem Goldblech gefertigt, hat sie den Zerstörungen der Zeit nur mühsam widerstanden. Finger- und Zehenhülsen fehlen ebenso wie das goldene Deckblech, und der Silbersarg ist durch einen vergoldeten Holzsarg ersetzt, dessen Gesicht mit seinen weichen und jugendlichen Zügen sehr ansprechend wirkt (Abb. 74 und 77). Die äußerste Hülle bildete ein Granitsarg, der ursprünglich – wie übrigens auch die Sargkammer – der Gemahlin des Psusennes gehört hatte.

Die Grabausstattung des Wen-djebau-en-djed, eines Generals und engen Vertrauten des Psusennes, bildet hierzu in ihrem Reichtum einen deutlichen Kontrast. In dem Granitsarkophag, der ursprünglich einem Amunpriester gehört hatte, entdeckten die Archäologen Reste eines Silbersarges und eines vergoldeten Holzsarges. Die Mumie war mit goldenen Finger- und Zehenhülsen sowie mit einer prachtvollen Maske ausgestattet, die aus starkem Goldblech gearbeitet ist. Im Unterschied zu den zuvor beschriebenen Masken reichte sie nur bis zum Haaransatz und bedeckte lediglich Gesicht, Ohren und Vorderseite des Halses. Eine nachhaltige Faszination geht von diesem Idealporträt aus, in dem der Günstling des Königs in ewiger Jugend Unsterblichkeit erlangt hat (Abb. 56 und 57).

Die eindrucksvollste Mumienmaske ist zweifellos die des Königs Scheschonk II., der ebenfalls als jugendlicher Mann dargestellt ist (Abb. 94 und 95). Hier entsprechen sich Bild und Wirklichkeit ohne Zweifel; wir wissen nahezu nichts über diesen König, dessen Regierung sehr kurz gewesen sein muß. Seine Maske trägt keinen königlichen Kopfputz und endet wie bei Wen-djebau-en-djed an der Stirn, wo durchbohrte Laschen ihre Befestigung am Kopf der Mumie erlaubten. Das goldene Deckblech auf der Mumie des Psusennes ist hier durch ein Netz aus Gold- und bunten Fayenceperlen ersetzt.

Die Särge Scheschonks II. haben durch ihre außergewöhnliche Form zu Recht Bewunderung erregt. Die Mumie war in zwei mumiengestaltige Särge mit Falkenkopf gebettet. Der äußere Sarg besteht aus zwei exakt zusammenpassenden Teilen aus getriebenem Silberblech. Die Hände, die Krummstab und Wedel halten, sind gesondert gearbeitet und eingezapft, während Augen und Perücke des Falkenkopfes sowie die Bilder und Totentexte auf dem

89 Vier Kanopen enthielten die Eingeweide des Prinzen Hornacht, der um 870 v.Chr. lebte. Sein Sarg wurde im Grab seines Vaters Osorkon II. (889–850 v.Chr.) gefunden. Jedes der Kalksteingefäße ist mit einem figürlich gestalteten Deckel verschlossen. Die Gesichter der Schutzgötter, der vier Horussöhne, sind fein modelliert und weisen noch zahlreiche Farbspuren auf.

Deckel fein ziseliert sind (Abb. 90). Aus diesem ersten Sarg, dessen perlmutterartiger Glanz im Grab seinen schwachen Schimmer verbreitete, bargen die Ausgräber einen zweiten Sarg von gleicher Form und Ausstattung. Die aus einem dünnen Goldblech ausgeschnittenen Figuren heben sich von dem schwarzen Untergrund aus Mumienkartonage ab. Die Falkenaugen sind von einem dünnen Golddraht umzogen und mit blauem Glas eingelegt. Von den kundigen Händen der Spezialisten im Museum in Kairo restauriert, steht dieses außergewöhnliche Ensemble heute gleichrangig neben den viel aufwendigeren Grabausstattungen der vorangegangenen Könige (Abb. 93).

Die genaue Bedeutung der Vogelgestalt dieser Särge wird augenblicklich noch diskutiert. Handelt es sich um eine Erscheinungsform des Königs, des auf Erden lebenden Falken, um Horus, den Sohn des Osiris und Rächer seines Vaters, oder um Osiris-Sokaris, den Beschützer der Toten?

Fragmente eines ähnlichen Sarges, die im Grab Osorkons II. gefunden wurden, zeigen, daß derartige Särge auch noch in der 22. Dynastie in Gebrauch waren.

Schmuck für die Ewigkeit

Trotz dieser aufwendigen Aufbewahrung blieb keine der Königsmumien von Tanis erhalten. Weder Mumienbinden noch die mit Salben präparierten Mumien fanden die Ausgräber, sondern nur kümmerliche Knochenreste, auf denen der Totenschmuck funkelte.

Die Bestattung Scheschonks II. enthielt einige wenige Ornatreste. Auf dem Leichnam des Königs fand sich ein goldener Gürtel, mit einem Gehänge versehen, von dem nur noch die trapezförmige Einfassung erhalten war (Abb. 96). Die Perlen, die auf dem Sargboden aufgesammelt werden konnten, erlauben die Ergänzung des Musters, bei dem sich Königskartuschen und geometrische Motive in einer vielfarbigen Komposition abwechseln. Statuen und Tempelreliefs zeigen oft solche vielgliedrigen Schurzgehänge, die aber nur ganz selten im Original gefunden wurden. Diesen Bestandteil des königlichen Ornats tragen bisweilen sogar Götter. Im Bereich des Totenglaubens konnte dieser Schurzteil den Sieg des Toten symbolisieren.

Ein weiteres Kleidungsstück verdient in der Ausstattung Scheschonks II. besondere Aufmerksamkeit: ein Sandalenpaar aus Gold, das offenbar niemals getragen worden war (Abb. 97). Die Sohle biegt sich vorn in einer Art Sporn auf, der rückwärts bis zum Rist läuft. Ein an der Sohle befestigter goldener Riemen läuft zwischen den beiden ersten Zehen hindurch – ein erstaunlich modernes Befestigungssystem, das jedoch oft auf den Reliefs des Neuen Reiches abgebildet ist. Nur noch das Grab des Psusennes enthielt ebenfalls Sandalen, die etwas anders konstruiert und mit Rosetten- und Dreiecksmustern reich ziseliert sind (Abb. 10).

Im übrigen sind die Verstorbenen weitgehend wie zu ihren Lebzeiten ausgestattet. Es finden sich Schulterkragen, Ringe, Armreife, für die die Ägypter eine so große Vorliebe hatten. Eigenartigerweise kommen Ohrringe, die in der Ramessidenzeit häufig von Männern getragen wurden, nur in einem einzigen recht einfachen Paar bei Wen-djebau-en-djed vor.

Da eindeutige Gebrauchsspuren fehlen, ist die Funktion all dieser Schmuckstücke nur schwer zu ermitteln. Nahmen die Könige einige ihrer Lieblingsstücke mit in die ewige Ruhestätte, oder war der Schmuck aus rein religiösen Überlegungen heraus ins Grab gelegt worden, um den Toten ihre Reise in die Jenseitswelt zu erleichtern?

Zusätzlich zu den auf die Bauchhöhle gelegten Goldplättchen und den Amuletten, die man zwischen den Mumienbinden fand, müssen noch Schmuckstücke genannt werden, die speziell als Beschützer des Toten geschaffen wurden, Herzskarabäen, Pektorale, bestimmte Anhänger... Für

90 Die eindrucksvollsten aller Särge aus Tanis sind die Scheschonks II. Das Gesicht dieses Königs, der um 900 v.Chr. für kurze Zeit Koregent war, ist hier durch einen Falkenkopf ersetzt, der wahrscheinlich auf die Götter Sokaris oder Horus Bezug nimmt. Der äußere Sarg aus massivem Silber ist völlig mit ziselierten Darstellungen bedeckt (vgl. Detail Abb. 92).

andere Schmuckstücke erscheint die Antwort auf die Frage nach ihrer Funktion weniger eindeutig; zu allen Zeiten bildeten ägyptische Juwelen kraft ihrer Motive und durch ihr Material gleicherweise ein schützendes Netz um Lebende wie Tote.

Halsschmuck

Die Statuen des Neuen Reiches führen uns vor Augen, daß das Zeremonialgewand der Pharaonen nicht weniger als drei Arten von Halsschmuck umfaßte: einen breiten Halskragen, ein Pektoral und große Perlenketten. Dieser Schmuck erschien als unzureichend, um den König Psusennes ins Jenseits zu begleiten. Auf seiner Mumie fanden die Archäologen sechs Halskragen, sechs Pektorale – vier davon in Gestalt geflügelter Skarabäen – und über dreißig Anhänger. Es scheint, daß nur zwei dieser Schmuckstücke dem Toten um den Hals gelegt waren, das schwere, fünfreihige »Ehrengold« und ein Pektoral. Der ganze übrige Schmuck wurde auf seine Brust gelegt. Der Schmuck des Amenemope und Scheschonks II., weniger begüterter Herrscher, und die Beigaben Osorkons II. und des Takelot, die von den Grabräubern weitgehend zerstört wurden, zeugen von der Schönheit und Vielfalt des königlichen Halsschmucks in der Dritten Zwischenzeit. Manche dieser Schmucktypen fanden sich auch in der Grabausstattung von nichtköniglichen Personen wie Wen-djebau-en-djed und Hornacht.

In all diesen Gräbern sucht man vergeblich nach dem breiten »Usech«-Kragen. Dieser in Ägypten sehr beliebte Schmuck, aus mehreren Reihen radial angeordneter Perlen zusammengesetzt und schon seit dem Alten Reich belegt, kommt in Tanis nur als Dekorationsmotiv in den ziselierten Darstellungen auf der Goldmaske des Psusennes und auf den Särgen vor.

Ein weiterer Schmucktyp, der Schulterkragen in Gestalt eines Geiers, ist lediglich in einem einzigen Beispiel belegt, das sich auf der Mumie Scheschonks II. fand. Er stellt einen Vogel dar, dessen ausgebreitete Schwingen den Hals des Toten umziehen und sich auf seinem Rücken berühren, wo sie ein Gegengewicht tragen. Im Vergleich zu den bei Tutanchamun gefundenen Parallelen wirkt die Arbeit, aus dicken Goldplättchen geschnitten, leblos. Der Kopf des Raubvogels, nach rechts gewendet, und seine Fänge, die Schutzsymbole halten, bestehen aus massivem Gold. Zur Wiedergabe des Vogelgefieders wählte der Goldschmied die Zellenschmelztechnik; leider sind die schillernden Einlagen heute nicht mehr erhalten. Gerade dieses Schmuckstück hat einen unbezweifelbar königlichen und jenseitsbezogenen Charakter. Der Geier, allgemein als heiliges Tier der Göttin Nechbet angesehen, der Schutzherrin von Oberägypten, kann ebenso gut eine Erscheinungsform der Isis sein (vgl. Kapitel 157 des Totenbuches).

Im Ensemble der amuletthaften Schmuckstücke muß den Herzskarabäen ein besonderer Platz eingeräumt werden, da sie sich gerade zur Zeit der Tanis-Könige besonderer Beliebtheit erfreuten. Diese großformatigen Skarabäen aus grünem Stein, als Anhänger gearbeitet, kommen seit der 18. Dynastie in Gebrauch. Sie wurden auf die Brust der Mumie gelegt und tragen Kapitel des Totenbuchs, die die Bedeutung des Herzens im Totenglauben des Alten Ägypten herausstellen. Kapitel 26 garantiert dem Toten den Besitz des Herzens, das für das Fortleben von entscheidender Bedeutung war: Dank der Schriftmagie spielte der Skarabäus mit seinem Text die Rolle des unvergänglichen Herzens. Wahrscheinlich handelt es sich hierbei um eine Reminiszenz an alte Zeiten, als die Balsamierer das Herz durch einen Stein ersetzten, den sie ins Innere des Brustraums der Mumie legten.

Dasselbe Bestreben, das Herz unversehrt zu erhalten, erklärt in Tanis die große Anzahl von Anhängern mit Herzskarabäen. Der schönste von ihnen ist aus Lapislazuli geschnitten und bildet verschiedene Erscheinungsformen der Sonne ab, die dem König Psusennes ihren Schutz gewähren (Abb. 9). Um einen Diebstahl dieses kostbaren Herzens zu verhindern, konnte auf die Unterseite der Skarabäen auch das 27. Kapitel des Totenbuchs geschrieben werden, dessen Fluchformeln gegen Diebe jegliche Gefahr abhielten. Viele Skarabäen tragen auch das Kapitel 30; es ist eng mit dem Glauben an ein Totengericht verbunden, in dessen Verlauf das Herz gewogen wird. Dieses Schmuckstück war also ein echter Talisman, der den glücklichen Ausgang des Prozesses garantierte, und es sollte auch den Triumph des Toten darstellen, der mit neuem Leben begabt war...

Der besonders schöne Herzskarabäus auf der Mumie des Wen-djebau-en-djed (Abb. 59) trägt einen Auszug aus Kapitel 26. Dieser Anhänger, in eine Goldfassung eingesetzt, ist aus strahlend grünem Feldspat geschnitten und hängt an einer Kette, die aus acht Edelmetallröhrchen besteht. Die Inschrift erwähnt einen König User-maat-Rê und legt daher die Vermutung nahe, daß dieses großartige Schmuckstück aus dem Königsgrab eines Ramses gestohlen wurde.

Das Skarabäenmotiv erscheint auch auf Pektoralen, die ebenfalls dem Toten auf die Brust gelegt wurden. Wie schon bei Tutanchamun, zählen sie auch unter den Schätzen von Tanis zu den reinsten Meisterwerken der ägyptischen Goldschmiedekunst. Einige Pektorale aus den Gräbern des Psusennes und des Wen-djebau-en-djed zeigen diese Schmuckform in ihrer reichsten Ausführung, bestehend aus einem großen Anhänger aus Gold mit Zellenschmelztechnik, einem Gegengewicht und Perlenschnüren aus Gold und bunten Steinen (Abb. 26 und 27). Andere Pektorale sind an einer einfachen Kette oder – wie bei Scheschonk II. – einem Bügel aus Goldblech aufgehängt (Abb. 98). Der Mittelpunkt des Pektorals besteht oft aus einem richtigen Herzskarabäus, der seine charakteristischen Inschriften trägt. Auf anderen Skarabäen stehen seltener belegte Texte. »Mein Herz ist das Herz des Rê; das Herz des Rê ist mein Herz« liest man beispielsweise auf der Rückseite eines Skarabäus, der in eines der sechs Pektorale des Psusennes eingelassen ist. An kaum einem anderen Beispiel könnte man besser erklären, wie das im Skarabäus dargestellte Herz des Toten dem Sonnengott Rê gleichgesetzt ist und sich damit in eine Symbolik einfügt, die für Totenpektorale typisch ist und zu deren Hauptthemen die Motive des Sonnenlaufes gehören.

Die einzelnen Phasen des Sonnenlaufes und, ihm gleichgesetzt, der Auferstehung des Toten sind auf den Pektoralen von Tanis abgebildet. Nur ein einziges Pektoral, mit dem Namen des Amenemope beschriftet, spielt offenbar auf die Rituale des königlichen Jubiläumsfestes an. Es zeigt den König beim Weihrauchopfer und bei der Wasserspende vor Osiris, dem Herrn der Ewigkeit (Abb. 86 und 87). Keines der Schmuckstücke aus Tanis trägt jedoch Texte und Bilder, die sich auf das Königsamt beziehen, wie dies seit dem Mittleren Reich für diese Form von Anhängern typisch war.

Der Formenschatz geht auf ältere Vorbilder zurück. Bei einigen wenigen Stücken fügen sich die Einzelmotive zwanglos zu einem Ganzen und folgen den Gesetzen der Symmetrie, die für ägyptische Goldschmiede immer eine wesentliche Rolle spielten. Zu diesen Pektoralen, die man als »offene« bezeichnet, gehören vier große Anhänger des Psusennes. Die einzelnen Elemente aus Gold mit Einlagen sind untereinander verlötet und bilden ein durchbrochenes Gefüge (Abb. 23–25, 28 und 29). Ihr Motiv ist in allen Exemplaren fast identisch und besteht aus einem Skarabäus mit ausgebreiteten Flügeln. Der Käfer schiebt vor sich eine Kartusche her, die den Namen des Königs enthält, während seine Hinterbeine den Schen-Ring halten. Dieses klassische Bildthema stammt aus dem Bereich des Jenseitsglaubens und spielt auf die Geburt des Sonnenballs an, an dessen Stelle hier der Königsname tritt. Die Gleichsetzung des Toten mit der Sonne garantiert ihm eine Wiedergeburt gleich dem allmorgendlichen Aufgang des Gestirns am Horizont.

91 Die bei der Mumifizierung dem Körper entnommenen Eingeweide Scheschonks II. wurden in vier silbernen Miniatursärgen in Gestalt der Königsmumie aufbewahrt (Länge 25 cm).

92 Die auf den silbernen Außensarg Scheschonks II. ziselierte geflügelte Gestalt beschützt die Königskartusche. Ausnahmsweise handelt es sich nicht um Isis oder Nephthys, sondern um Maat, die Tochter des Rê und Göttin der Weltordnung.

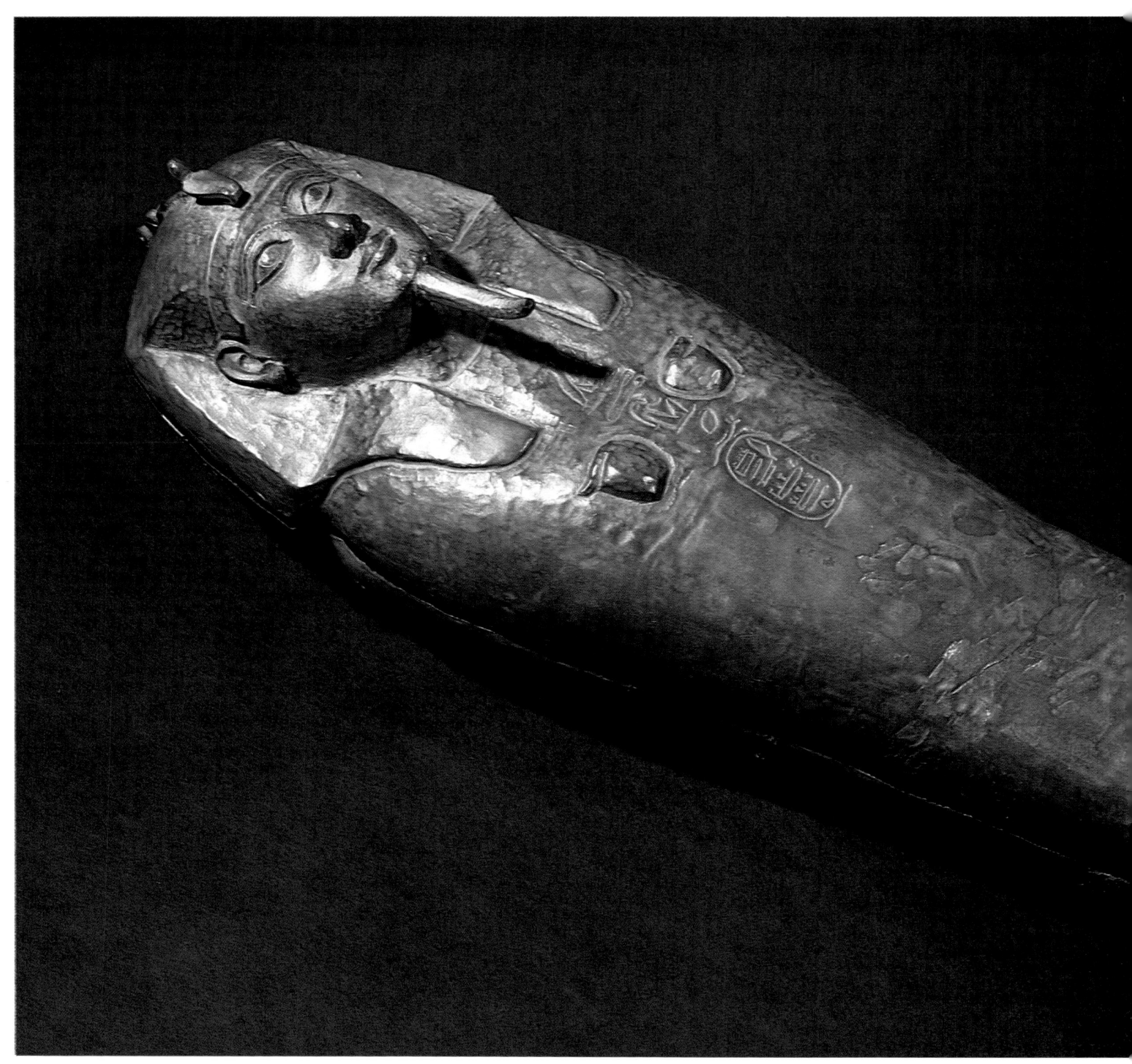

92

Ein anderes dieser Pektorale, das aus dem Grab Scheschonks II. stammt, spielt auf das gleiche Geschehen an: Ein Skarabäus aus Lapislazuli wird von zwei königlichen Uräusschlangen flankiert und rollt vor sich die goldene Sonnenscheibe (Abb. 102). Ähnlich wie bei manchen Schmuckstücken des Tutanchamun kann diese Kombination auch als ein Schriftspiel gelesen werden, da jedes Bildelement einen Teil des Königsnamens bildet. Dieser Anhänger, dessen unteren Abschluß ein Fries von äußerst fein eingelegten Lotosblüten bildet, steht in seiner außergewöhnlichen Qualität in deutlichem Gegensatz zu den vier geflügelten Skarabäen des Psusennes, die fast etwas grob wirken. Als Vergleich bietet sich ein Schmuckstück aus dem Schatz von Tell Mokdam an, in dem die aufgehende Sonne als über einer Lotosblüte sitzender Widder aus Lapislazuli abgebildet ist (Abb. 116 und 117).

Wie auch schon in früheren Zeiten orientiert sich der geläufigste Typ der Tanis-Pektorale unmittelbar an architektonischen Vorbildern: Der rechteckige Rahmen des Schmuckstücks nimmt die Form einer Fassade mit Hohlkehle auf. Manche Ornamentteile stammen aus dem altägyptischen Architekturschmuck, so die geflügelte Sonnenscheibe und die »Farbenleiter«, ein Ornamentband aus mehrfarbigen Rechtecken. Die Pektorale des 1. Jahrtausends tragen zusätzlich einen Sockelstreifen, der durch ein Scharnier mit der Unterkante des Pektorals verbunden ist und die Vertikalachse der Komposition unterstreicht.

Eines der Psusennes-Pektorale besitzt einen Sockelstreifen aus eingelegtem Gold, der für sich allein ein wahres Wunderwerk darstellt. Auf dem durchbrochen gearbeiteten, nicht einmal 3 Zentimeter hohen Band hat der Künstler zwei Szenen der Himmelfahrt des Toten abgebildet. Psusennes selbst führt das Ruder und transportiert in seiner Barke den Gott Osiris und einen Phönix, ein Symboltier der Ewigkeit (Abb. 18–21). Auch hier wieder liefert das Totenbuch die Erklärung, wenn Kapitel 100 und 129 die Szene beschreiben: Der verklärte Tote erhält die Erlaubnis, in der Barke des Sonnengottes und seines Gefolges Platz zu nehmen.

Das Hauptfeld dieses Schmuckstücks führt anschaulich den Bedeutungsreichtum der Tanis-Pektorale und die Vielfalt der auf ihnen angesprochenen Themen vor Augen. In die Mitte ist ein geflügelter Skarabäus auf einen Djed-Pfeiler gesetzt und stellt hiermit die aufgehende Sonne dar – eine neuerliche Bezugnahme auf den Sonnenkreislauf (Abb. 16 und 17). Das Tier nimmt auf seine ewige Reise den König mit, dessen Namen es auf jeden seiner Flügel eingraviert trägt. Als seitliche Rahmung stehen zwei Göttinnen mit ausgestreckten Flügelarmen, Isis und Nephthys, die dem toten König Leben zufächeln, um ihn wieder zu beleben, wie sie es einst für ihren Bruder und Gemahl getan hatten.

Zum Abschluß dieser Motivanalyse könnte man vielleicht darüber erstaunt sein, daß der Tote bald mit der Sonne, bald mit dem Totengott Osiris gleichgesetzt wird, aber solche Widersprüche sind ein grundlegender und bedeutsamer Aspekt des ägyptischen Jenseitsglaubens. Die religiöse Aussage des Schmuckstücks ist im übrigen völlig klar: Sei es als neuer Osiris, sei es als Identifizierung mit dem Gott Rê – der Tote hat die Gewißheit, sein ewiges Leben zu sichern.

Noch einen Schritt weiter in der Dichte der Information geht ein Anhänger, der auf der Mumie Scheschonks II. gefunden wurde. Unter einem gestirnten Himmel fährt die Sonnenscheibe in einer Barke, begleitet von zwei weiteren Fahrgästen, Isis und Maat, der Göttin der Gerechtigkeit; beide beschützen die Sonne mit ihren ausgebreiteten Flügelarmen. Das Material der Sonnenscheibe, Lapislazuli, spielt vielleicht auf den Nachtlauf der Sonne an; Text und bildliche Darstellungen bezeichnen die Sonne als den Gott Amun-Rê-Harachte... Die Deutung wird durch weitere Bildelemente, die Wappenpflanzen von Ober- und Unterägypten und Falkenfiguren, nur noch schwieriger (Abb. 104).

Die anderen Tanis-Pektorale erreichen nicht diesen hohen Grad an motivlicher Vielfalt. Die Künstler variieren im wesentlichen ein Grundthema: Der Sonnenskarabäus wird von den Göttinnen der Osirislegende begleitet, die die Wiedergeburt des Toten gewährleisten sollen.

Angesichts der vielen Bedeutungsgehalte und der Überfülle der Symbole könnte die Befürchtung aufkommen, daß die Pektorale in Überladenheit, Plumpheit und Eintönigkeit ersticken. Das ist keineswegs der Fall. Die ägyptischen Goldschmiede haben es verstanden, die Komposition durch den konsequenten Einsatz von A-jour-Technik und Einlegearbeit aufzulockern. Innerhalb der strengen Vorgaben, an die sie sich zu halten hatten, ordneten sie die Motive in einem klug ausgewogenen Gleichgewicht, das durch das Wechselspiel der bunten Steine noch unterstrichen wurde. Bei solchen Meisterwerken fällt es oft recht schwer zu sagen, welche Seite man mehr bewundern soll: die Vorderseite, auf der das dunkle Blau des Lapislazuli, das warme Rot des Karneol und das Grün des Türkis das Schimmern des Goldes noch unterstreichen, oder die Rückseite, die in Goldblech ziseliert ist.

Psusennes besaß drei weitere Halskragen, die auf Vorbilder der 18. Dynastie zurückgehen. Diese Schmuckstücke, von den Ägyptern »schebiu« genannt, setzen sich aus mehreren Reihen scheibenförmiger Plättchen zusammen und besitzen einen Verschluß mit kleinen Anhängern.

Tempelreliefs zeigen entsprechende Schmuckstücke als Bugzier von Götterbarken. Sie bildeten auch die höchste Auszeichnung, wenn der König seinen treuen Beamten das »Ehrengold« verlieh. In keinem Grabrelief jedoch hat der Künstler so aufwendige Halskragen wie die des Psusennes abgebildet, nicht einmal im Grab des späteren Königs Haremhab, wo diese Szene an hervorgehobener Stelle dargestellt ist. Der erste Halsschmuck besteht aus fünf Reihen hohler scheibenförmiger Goldperlen, von einem Verschluß zusammengehalten, der das Perlenmotiv nachahmt und auf seiner Rückseite die Titulatur des Königs trägt. Von diesem Verschluß hängt ein ganzes Bündel von Goldketten herab, an denen glockenförmige Blüten befestigt sind, zweifellos Kornblumen nachahmend. Diese Komposition bildet einen schillernden Blütenschwall, der sich über den Rücken des Königs ergoß und bei jedem Schritt leise klingelte.

Der zweite Halsschmuck unterscheidet sich vom ersten durch die Form der Perlen, mehr als 5000 Goldscheibchen, die in sechs Reihen aufgefädelt sind, und durch das trapezförmige, mit farbigen Steinen eingelegte Schloß. Er wiegt mehr als acht Kilogramm und zählt 98 glockenförmige Anhänger (Abb. 11). Psusennes besaß einen nahezu gleichen dritten Halsschmuck, dessen 110 Blütenanhänger unter dem Kopf des Toten gefunden wurden; ohne Zweifel lag dieser Schmuck um den Hals der Mumie.

Dieser aufwendige, seinen Träger fast erdrückende Schmuck lebt nach der Regierungszeit des Psusennes in zunehmend einfacher werdenden Formen fort. Das Grab des Amenemope enthielt zwei Halskragen des gleichen Typs, deren Goldgewicht jedoch deutlich geringer ist. Einer von ihnen trägt den Namen seines Vorgängers Psusennes. Der zweite verdient Beachtung wegen seiner ungewöhnlichen winkelförmigen Gold- und Lapislazuli-Perlen und seiner Lotosblüten-Anhänger. In den Gräbern von Scheschonk II. und Hornacht bleibt von diesen »schebiu«-Halskragen nur noch eine einreihige goldene Perlenkette übrig, von der drei oder vier Kettchen mit Lotosblüten herabhängen, ein bescheidener Blütenkranz, der stark an die Vorbilder des Neuen Reiches erinnert.

> »Der König von Ober- und Unterägypten Aa-cheper-Rê Setep-en-Amun, der Sohn der Sonne Psusennes. Er hat einen großen Beschützer des Halses gemacht aus echtem Lapislazuli, dessengleichen es nie für irgendeinen König gegeben hat.«

Diese Inschrift ist auf das Schloß eines anderen Halskragens des Psusennes ziseliert – und er hat damit nicht übertrieben: Der großartige Schmuck bleibt

einzigartig. Er gleicht den anderen in dem Schwall der Blütenglöckchen, die an fünf Ketten vom Verschluß herunterhängen, besteht jedoch aus zwei Strängen großer runder Perlen aus weiß und grau geädertem Lapislazuli, zwischen die vereinzelt Goldperlen gesetzt sind. Die Gesamtwirkung ist überaus prunkvoll, und das seltene Material verleiht dieser Komposition unschätzbaren Wert.

In den Gräbern von Tanis gab es auch einfacheren Halsschmuck. Eine doppelreihige Halskette aus Lapis-Perlen aus dem Grab des Psusennes hat wegen ihres Keilschrifttextes zu Recht Berühmtheit erlangt (Abb. 14). Aus dem Text ergibt sich, daß der Schmuck von einem assyrischen Großwesir seiner ältesten Tochter geschenkt worden war. Gab es verwandtschaftliche Bande zwischen dieser ausländischen Prinzessin und den Königen von Tanis? Hatte Psusennes in Fortführung eines festen Brauchs des Neuen Reiches eine vorderasiatische Gemahlin in seinen Harem aufgenommen? War das Schmuckstück in die Hände von Händlern geraten, die es in die Hauptstadt des Deltas brachten? Oder gehörte es ursprünglich in den Schatz der Vorfahren des Pharao? Es bleibt eines der Rätsel, die uns der Schmuck von Tanis immer noch aufgibt.

Anderer Halsschmuck besteht einfach aus kostbaren Amuletten. Lapislazuli-Herzen, Schlangenköpfe aus Karneol und Götterfigürchen waren den Toten an Goldketten oder Goldblechreifen um den Hals gelegt. Wen-djebau-en-djed besaß die zweifellos vollständigste Sammlung an Götterfigürchen. Eine Gruppe von in massivem Gold gegossenen Statuetten ist trotz der kleinen Abmessungen von fast monumentaler Wirkung. Der Künstler hat mit höchster Meisterschaft die weiblichen Körper in ihrer Umhüllung von eng anliegenden Kleidern modelliert. Die Details der Perücken, Halskragen, Armreifen und Stoffmuster am unteren Gewandsaum sind mit äußerster Feinheit ziseliert. Zu den bemerkenswertesten Stücken gehören eine stehende Isis mit Kuhgehörn und Sonnenscheibe und zwei Darstellungen der Göttin Bastet mit Löwenkopf (Abb. 61 und 62). Mit diesen Meisterwerken der Goldschmiedekunst kann die berühmte Triade Osorkons II. im Louvre verglichen werden (Abb. 107–110), ferner – qualitativ weniger bedeutend – eine kleine Gruppe von Amuletten des Prinzen Hornacht.

Weitere Anhänger bezeugen die besondere Verehrung, die Wen-djebau-en-djed den Widdergöttern Herischef und Ba-neb-djedet entgegenbrachte. Bei einem befindet sich das heilige Tier im Innern eines goldenen Schreines von nur 3 Zentimetern Höhe (Abb. 66). Die Vorderseite besteht aus einer beweglichen Goldplatte und läßt sich in ihren beiden Gleitschienen herausziehen; so wird die winzige Widderfigur aus Lapislazuli mit Goldattributen sichtbar. Die Seiten des Naos sind mit getriebenen Darstellungen des Gottes geschmückt. Eine andere Amulettserie ist aus Stein geschnitten, beispielsweise eine Bastet aus Bergkristall, die auf einem mit Goldrändern eingefaßten Thron sitzt, oder ein rechteckiges Karneolplättchen mit der Darstellung von Isis und Nephthys, die den Thron beschützen. Schließlich fanden sich auf dem Leichnam des Wen-djebau-en-djed wie auch bei den anderen Mumien von Tanis aus Goldblech ausgeschnittene Darstellungen von Vögeln, in die sich der Tote verwandeln möchte; dazu die ganze Vielfalt von Schutzsymbolen und einige goldene Kapseln mit Aufhängeösen, deren pflanzlicher Inhalt nicht mehr identifizierbar war. Vielleicht enthielten manche dieser Behälter jene kleinen Papyrusröllchen mit magischen Formeln, die in der Dritten Zwischenzeit besonders beliebt waren.

93 Scheschonk II. besaß einen eindrucksvollen Innensarg von großartigem Aussehen. Er besteht nur aus schwarzer Kartonage und dünnem, ausgeschnittenem Goldblech, kann aber trotzdem unschwer mit den aufwendigen Särgen seiner Vorgänger konkurrieren. Wie der silberne Außensarg hat er den Kopf eines Falken, des heiligen Tieres der Götter Sokaris oder Horus.

Armreife

Die 26 Armreife, die an der Mumie des Psusennes gefunden wurden, zeigen überdeutlich, welche Bedeutung die Ägypter dieser Art Schmuck beimaßen.

Die anderen Könige sind hier etwas bescheidener; Scheschonk besaß sieben, Amenemope sechs, Hornacht fünf und Wen-djebau-en-djed zwei.

Eine uralte Tradition lebt hier fort, die sich im Niltal bis ins 4. Jahrtausend zurückverfolgen läßt. Schon die allerältesten Armreife aus Schiefer, Elfenbein und Muschel sowie die einfachen Perlenschnüre hatten zweifellos magische Funktion und dienten dem Schutz der Handgelenke, wo der Pulsschlag dicht unter der Haut spürbar ist. Ist es Zufall, daß bei Psusennes, Scheschonk und Hornacht jeweils der linke Arm am reichsten geschmückt war? Erst in jüngster Zeit wurde die Meinung geäußert, daß die Priester vielleicht diese leicht verwundbare Stelle, die in späten Texten direkt mit dem Herz in Verbindung gebracht wird, absichtlich besonders gut schützten.

Wie bei den Pektoralen haben auch bei den Armreifen die Motivelemente in erster Linie symbolische Bedeutung und tragen zum Schutz ihres Besitzers bei. Die Innenseite mancher Armreife zeigt ziselierte Inschriften ähnlicher Funktion. So richtet auf der Rückseite des massiv goldenen Armreifs des Psusennes Amun-Rê-König-der-Götter folgende Worte an den König: »Ich gebe dir Mut und Stärke; mögest du das Haupt deiner Feinde schlagen.« Auf dem zylindrischen Armreif des Wen-djebau-en-djed nimmt eine Anrufung des heiligen Widders von Mendes fast die ganze verfügbare Fläche ein: »Oh du Widder mit vier Gesichtern, Herr des Feuers... Komm..., du wirst erretten von allem Übel und Unheil...«

Der junge Prinz Hornacht stellte sich unter den Schutz verschiedener Götter, darunter der 36 Dekansterne, der Gefolgsleute der »Gefährlichen«, der furchterregenden Göttin. Die Innenseite eines seiner Armreife ist in drei horizontale Register gegliedert; das oberste zeigt eine Prozession von vierzehn Göttern, die beiden unteren tragen Schutzformeln: »Gesprochen von den Göttern und Göttinnen des Himmels, der Erde und der Unterwelt: Was wir tun, das ist dein Schutz...« Der Steg eines anderen Armreifs ist mit einer Reihe winzig kleiner Dekangötter geschmückt, die sich in ganz ähnlichen, eindeutigen Worten vernehmen lassen: »Wir gewähren Schutz dem Hohenpriester des Amun, dem Königssohn des Herrn der Beiden Länder, Hornacht, dem Gerechtfertigten.«

Daß in den Gräbern auch älterer Schmuck gefunden wurde, ist zwar nicht auf eine Art Sammlerleidenschaft der Grabbesitzer zurückzuführen, erklärt sich aber doch aus einer ganz ähnlichen Haltung: Eine flüchtig eingeritzte Inschrift auf der Rückseite von zwei Armreifen Scheschonks II. mit dem Motiv des Udjat-Auges weist darauf hin, daß sie ursprünglich seinem ruhmreichen Vorfahr Scheschonk I. gehört hatten, dem siegreichen Eroberer Jerusalems (Abb. 99). Ein vergleichbarer Fall bei Amenemope: Er trug am linken Arm einen Reif mit dem Namen seines Vorgängers, des prunkliebenden Psusennes. Die Kartuschen Osorkons II. auf einem der Armreife des Hornacht haben eine andere Bedeutung: Das Schmuckstück ist vielleicht das letzte Geschenk eines Vaters an seinen frühverstorbenen Sohn. Weitere Texte auf den Armreifen von Tanis weisen darauf hin, daß die Schmuckstücke dem Toten gestiftet wurden. Wie auch auf vielen anderen Objekten des Königsfriedhofs findet man auf ihnen Stiftungsvermerke von Mut-nedjemet, der Gemahlin des Psusennes, von Mitgliedern der königlichen Familie und von hohen Beamten.

All diese Armreife an den Mumien von Tanis gehen auf Schmuckformen früherer Epochen zurück. Viele waren paarweise gearbeitet, eine Modeerscheinung, die sich häufig auf den Malereien des Neuen Reiches feststellen läßt. Zwei Armreife aus dem Besitz des Psusennes tragen sogar die seltenen Angaben »rechts« und »links«. Es war im pharaonischen Ägypten keineswegs außergewöhnlich, eine ganze Reihe von Armreifen zu tragen, die den Unterarm wie ein schimmernder Panzer umschlossen; seit Beginn des Neuen Reiches wurde es auch Mode, Oberarmreife zu tragen. Sie unter den vielen Armreifen in den Gräbern herauszufinden, ist nicht immer ganz leicht. Einen

94 Im Unterschied zu den anderen Königsmasken von Tanis zeigt die Maske Scheschonks II. keinerlei Königsinsignien. »Nemes«-Kopftuch, Zeremonialbart und Halskragen fehlen. Ein dünnes Goldblech bedeckt Gesicht und Hals. Fünf durchbohrte Laschen erlaubten seine Fixierung auf der Mumie. Bei der Auffindung der Maske waren das rechte Auge und die Einlagen der linken Braue noch erhalten.

ganz seltenen Sonderfall jedoch bilden die beiden prachtvollen Reife, die Psusennes an den Knöcheln trug; solche Fußreife werden sonst nur in der ramessidischen Rundplastik wiedergegeben.

Erstaunlicherweise fehlt in diesem so reichen und vielfältigen Bestand die traditionsreichste, klassische Art von ägyptischen Armreifen; sie besteht aus mehreren Perlenreihen, zwischen die vertikale Stege aus Edelmetall eingesetzt sind. Die beiden Armreife mit dem Namen Scheschonks I. ahmen das Aussehen dieser Schmuckstücke nach, die noch ein Jahrhundert zuvor überaus beliebt gewesen waren. Sie tragen Lapis-Einlagen, die durch vertikale Goldbänder gegliedert sind. Das Muster wird durch ein rechteckiges Feld unterbrochen. In dieses ist eine Emblemgruppe gesetzt, die dem Toten »alle Gesundheit« wünscht: Auf dunkelblauem Grund steht ein schwarz-weißes Udjat-Auge über einem Korb mit Schachbrettmuster (Abb. 99). In feinster Einlegetechnik hat der Künstler eine großartige Komposition geschaffen, die durch die Klarheit ihrer Zeichnung und ihrer Farben besticht. Wie die meisten der Armreife von Tanis bestehen auch diese aus zwei ungleich großen Segmenten, die durch Scharniere verbunden sind. Über der einen starren Achse läßt sich der Reif öffnen und ohne Schwierigkeiten um das Handgelenk legen. Das gleiche System findet sich bei den beiden Armreifen, die die Königin Mut-nedjemet ihrem Gemahl schenkte. Die Arbeit ist von raffinierter Schlichtheit und verwendet als einziges Material Gold. Es gibt hier weder das Spiel der Farben noch symbolträchtige Motive; die Wirkung beruht ausschließlich auf dem Kontrast abwechselnd glatter oder fein kannelierter Streifen (Abb. 33).

Eine weitere Gruppe geht von einem völlig anderen Grundgedanken aus. Auf den Armreifen mit dem Namen des Psusennes, die Amenemope in sein Grab mitnahm, erscheint auf beiden Hälften das gleiche Motiv: ein geflügelter Skarabäus, von zwei Königskartuschen flankiert. Wenn man den Armreif umdreht, läßt sich die raffinierte Arbeit des Scharniers betrachten. Durch eine optische Täuschung erscheint der Name des Königs zwischen den Flügeln des Skarabäus. Noch tritt das Gold stark in Erscheinung, kontrastiert durch die blauen und grünen Farbtöne der Einlagen; die Schwerfälligkeit der Formen ist durch die durchbrochen gearbeitete Grundfläche aufgelockert (Abb. 78 und 79).

Ein ähnlicher Stil findet sich im Dekor der Fußreife des Psusennes. Wiederum ist der Königsname das Hauptmotiv, hier kryptographisch geschrieben und in eine goldene Grundfläche eingelegt. Die übrige Fläche ist mit goldenen Halbmonden und mit aufgesetzten Lapis-Stücken auf Edelmetallgrund geschmückt. Dieses in der ägyptischen Kunst recht seltene Motiv tritt noch einmal auf zwei weiteren Armreifen von Tanis auf. Handelt es sich hierbei, wie es der Ausgräber annimmt, um Knieschmuck? Die Hypothese ist schwer aufrecht zu erhalten. Die Gesamtkomposition orientiert sich um vier senkrecht stehende Kartuschen, die die gesamte Titulatur des Königs beinhalten. Zwei Reife mit Scharnieren, ebenfalls aus dem Grab des Psusennes, tragen auf einer Platte aus Lapislazuli in Goldeinlagen eine hieroglyphische Inschrift mit der gleichen Titulatur. Zwei goldene Voluten, die die Inschrift rahmen, heben sich vom tiefen Blau des Steines ab. Die Schlichtheit der Zeichnung und die Harmonie der leuchtenden Farben fügen sich zu einer in dieser Zeit seltenen Eleganz. Ein glatter Armreif des Psusennes von geringerer Feinheit bezieht seinen Reiz vom Funkeln der bunten Steine, die direkt in das Gold eingesetzt sind. Er gehört zu einer anderen Gruppe von Schmuck in Tanis, Stücken, die massiv gearbeitet sind und keine Verschlüsse besitzen. Das spektakulärste Beispiel ist zweifellos ein schwerer massiver Goldreif von dreieckigem Querschnitt, der durch seine nüchterne Form auffällt, vor allem aber durch sein Gewicht von 1742 Gramm (Abb. 32).

Die letzte Gruppe der Tanis-Armreife ähnelt in Form und Motiven den Skarabäenringen. Die Reife bestehen aus einer beweglichen Platte, die zwischen den Enden eines offenen Ringes befestigt ist. Bei dieser Schmuckform, die bereits bei Tutanchamun vorkommt, haben die Goldschmiede von Tanis ihrer Kreativität freien Lauf gelassen. Sie spielen mit der Form der Reife – glatt oder in sich gedreht, flach oder zylindrisch – und mit der Gestaltung ihrer Endstücke. Für die Gestaltung der Platten greifen sie tief in das Repertoire symbolischer Formen. Das Udjat-Auge, der Skarabäus und Götterfiguren sind zwar die bevorzugten Themen, aber bisweilen haben die Künstler auch einen ganz einfachen Stein nur seiner strahlenden Farbe wegen gewählt und ihn zu einer rein geometrischen Form verarbeitet. Aus dem Grab des Wen-djebau-en-djed stammt ein Beispiel von großartiger Schlichtheit: Zwischen die ziselierten Enden eines massiven Goldreifs ist eine prächtige, von goldenen Hülsen gehaltene Achatperle eingesetzt (Abb. 58). Für den jungen Prinzen Hornacht schuf man ein erheblich differenzierteres Stück: Der eigentliche Armreif besteht aus drei nebeneinanderliegenden Röhrchen, die mit Schachbrettmuster geschmückt sind. Sie schließen sich nicht zu einem Ring, sondern lassen Platz für drei Stengel, auf denen sieben Skarabäen aus Gold und Lapislazuli sowie ein Frosch sitzen.

Auch die Grabausstattung Scheschonks II. enthielt bemerkenswerte Armreife. Zwei von ihnen variieren auf besonders geglückte Weise ein pflanzliches Motiv, das auch auf anderen Schmuckstücken der Tanis-Nekropole vorkommt. Der flache Reif verbreitet sich an den Enden und läuft in Papyrusdolden aus, die durch farbige Einlagen besonders hervorgehoben sind. Dazwischen ist ein nachtblauer Skarabäus eingesetzt (Abb. 100).

Das zweifellos erstaunlichste Stück ist jedoch der »Zylinderarmreif«. Zunächst fällt er nur durch die intensive Farbigkeit seines goldgebänderten Lapis-Steins auf. Wie groß muß das Erstaunen der Archäologen gewesen sein, als sie sich näher über das Schmuckstück beugten: Im reinsten altmesopotamischen Stil ist das Motiv des Helden Gilgamesch dargestellt, der die wilden Tiere bezwingt, ein Bild, das im Zweistromland um 2600 v.Chr. belegt ist. War es ein Talisman oder ein Familienerbstück? Darf man darin ein Zeugnis internationaler Beziehungen sehen? Man kann über die Geschichte dieses Schmucksteins, der fast zwei Jahrtausende vor der Anlage der Nekropole von Tanis geschnitten wurde, nur Mutmaßungen anstellen (Abb. 101).

Ringe

Ägyptische Ringe bestehen seit dem Mittleren Reich gewöhnlich aus einer beweglichen Ringplatte, die an einem Goldring drehbar befestigt ist. Ursprünglich hatte die Ringplatte die Form eines Skarabäus; die ägyptischen Goldschmiede verwandten jedoch auch andere Symbole, die zugleich Schmuck- und Schutzfunktion ausübten. Die in Tanis gefundenen Ringe gehören größtenteils zu diesem klassischen Typ und zeigen Skarabäen oder Udjat-Augen aus Lapislazuli, grünem Feldspat, selten auch Karneol.

Wie auch sonst üblich tragen viele von ihnen auf der Unterseite eingeschnittene Inschriften, den Namen des Eigentümers, bisweilen aber auch eines königlichen Stifters oder nicht näher bekannter Personen. So erwähnt beispielsweise ein Lapis-Skarabäus vom Finger Scheschonks II. einen gewissen Hor-em-pe (?), dessen Beziehungen zum Herrscher im Dunkeln bleiben. Das Beachtenswerte an diesem Stück ist die feine Ausführung des Rings, dessen Enden in Gestalt von Papyrusdolden ziseliert sind. Das gleiche Dekorationsmotiv kehrt in größerem Format bei zwei Armreifen aus demselben Grab wieder.

Unter den Ringen, die die Archäologen in situ über den goldenen Fingerhülsen des Psusennes fanden, tritt ein neuer Typus auf, dünne, massive Goldringe, die auch auf die Zehenhülsen der Mumie gesteckt waren, ferner größere Ringe, deren Inschriften den Toten unter den Schutz der thebanischen Göttertriade Amun, Mut und Chons stellen. An seinem rechten Daumen trug der König einen ganz besonders kostbaren Goldring mit feinsten Zelleneinlagen. Zwei von Goldperlenreihen gerahmte Königskartuschen heben sich von einem eingelegten Schachbrettmuster aus Lapislazuli und Glas ab (Abb. 37).

Mit den 36 Ringen, die in seinem Sarg gefunden wurden, übertrifft Psusennes zumindest quantitativ Tutanchamun bei weitem. Die übrigen berühmten Toten von Tanis, Könige oder einfache Höflinge, scheinen für diese Schmuckform nicht die gleiche Vorliebe besessen zu haben wie Psusennes. Ihre Gräber enthielten jeweils nur einige wenige Ringe mit einem Udjat-Auge oder einem Skarabäus.

Waffen und Zepter

Nach einem jahrtausendealten Brauch nahmen die Toten von Tanis ein ganzes Sortiment von Waffen mit sich in den Sarg, die die bösen Geister der Finsternis vertreiben sollten, dazu Stäbe und Zepter als Rangabzeichen.

Von diesem Arsenal waren alle aus Holz, Leder und Elfenbein gefertigten Bestandteile längst vergangen, als die Archäologen die Gräber öffneten. Im Grab des Psusennes waren zwei längliche Goldhülsen mit der Kartusche des Herrschers die einzigen Überreste eines Bogens, der neben dem Sarg gelegen war. Dicht daneben fand man Bronzeklingen, Pfeilspitzen und Lanzenspitzen, deren vorderstes Ende mit Blattgold verziert war. Diese Kriegsausrüstung wurde wahrscheinlich durch einen Fellschild ergänzt, von dem nur die Goldverzierungen übrig blieben: Man muß sich den Schild ähnlich vorstellen wie auf den Reliefdarstellungen des Streitwagens Thutmosis' III., ganz mit Silber beschlagen und mit zwei Udjat-Augen aus Gold versehen. Näher am Leichnam lagen im großen Rosengranitsarkophag drei Bronzeschwerter; eines von ihnen trug den Namen des Generals Wen-djebau-en-djed; ein anderes besaß noch einen schönen, mit Blattgold überzogenen Griff, der in einen Falkenkopf mit fein ziseliertem Gefieder auslief (Abb. 36).

Die dicht um den Leichnam des Wen-djebau-en-djed gefundenen Fragmente erlauben den Schluß, daß dieser Soldat für seinen letzten Kampf ein noch schärferes Schwert gewählt hatte: Die Klinge war aus Eisen gegossen, einem in Ägypten überaus seltenen Metall von unvergleichlicher Härte.

Die wenigen Lanzenspitzen, die sich nahe beim Sarkophag des Amenemope fanden, erlauben keinerlei Rückschluß auf die ursprüngliche Ausrüstung des Königs, und in den ausgeraubten Gräbern der tanitischen Könige der 22. Dynastie haben die Ausgräber keinerlei Waffen gefunden.

Auch von den Stäben und Insignien, deren Vielfalt das Grab des Psusennes so anschaulich zeigt, wurde hier nichts gefunden. Bei Psusennes wurden mindestens sechs gezählt, die meist auf dem Boden des Rosengranitsarkophags neben den Waffen lagen. Der hauchdünne Blattgoldbelag der Holzstäbe hat dem Zerstörungswerk der Jahrtausende widerstanden und die eleganten Formen ihrer kugeligen, kegel- oder lotosförmigen Knäufe bewahrt. Einer der besterhaltenen Stäbe ahmt die königliche Streitkeule nach, wie sie seit den frühesten Dynastien in den symbolhaften Szenen vorkommt, die den König beim Erschlagen der Feinde zeigen. Die Inschriften und die kleinen Vignetten, die auf diese Insignien ziseliert sind, preisen aber keineswegs die Stärke und Tapferkeit des Herrschers. Es sind vielmehr Darstellungen der Götter von Tanis, von Amun, Mut, Sachmet, Chons, die dem König Psusennes ihren Schutz gewähren (Abb. 8). Ähnliche Stücke aus den Gräbern des Amenemope und des Wen-djebau-en-djed stammen offenbar aus denselben Werkstätten.

95 Obwohl heute die Einlagen fehlen, ist die Goldmaske Scheschonks II. zweifellos die lebendigste aller Tanis-Masken. Dieses Idealporträt von äußerster Kühle ist mit höchster handwerklicher Perfektion gearbeitet, die sich besonders in der Modellierung des von einem feinen Grat umzogenen Mundes zeigt.

Edelmetallgefäße

Edelmetallgefäße, wie sie im Kult und bei der königlichen Tafel benutzt wurden, sind nicht in großer Zahl erhalten geblieben. Wie beim Schmuck waren ihr kleines Format und ihr hoher Marktwert der Grund dafür, daß sie das bevorzugte Ziel von Grabräubern bildeten. Die in den Gräbern von Tanis entdeckten Exemplare sind daher von um so größerer Bedeutung für die Geschichte der Goldschmiedekunst im Altertum. Bei Psusennes wurden zwanzig dieser Gefäße gefunden, sieben bei Amenemope und vier bei Wendjebau-en-djed, während zur Mumie Scheschonks nicht ein einziges Metallgefäß gehörte.

Die Vielfalt ihrer Formen und die terminologischen Schwierigkeiten ihrer Beschreibung sind dem Ägyptologen wohl bekannt. Die einzelnen Phasen ihrer Herstellung lassen sich in den Handwerkerszenen der Wandbilder von Privatgräbern des Neuen Reiches gut verfolgen, so bei hohen thebanischen Würdenträgern wie dem Wesir Rechmire, bei Men-cheper-Rê-seneb, bei Amenhotep-Sise, aber auch bei weniger berühmten Handwerkern. Außergewöhnliche Zusammenstellungen von Kultgefäßen von bisweilen verwirrender Formenvielfalt finden sich im Neuen Reich in den Tempelreliefs von Medinet Habu und Karnak. »Aus Gold, Silber, Bronze (?), Kupfer geschaffen, erstrahlen sie über den Fluten wie die Sterne des Himmels«, heißt es in einer Inschrift in Karnak. Die Tempelreliefs in Abydos, in denen König Sethos I. dem Gott Osiris Opfer darbringt, zeigen ganz deutlich ihre außergewöhnliche Bedeutung im Ritual des Götterkultes, die durch die späten Texte und Darstellungen in den ptolemäischen Tempeln von Edfu und Dendera noch unterstrichen wird.

Ähnliche Gefäße spielten im Totenkult eine wesentliche Rolle; das ergibt sich aus den zahlreichen Opferszenen auf Privatstelen und Tempelwänden. Es sind die gleichen Gefäße, die in späten Totentexten, besonders im Mundöffnungsritual, mit bestimmten Abschnitten des Bestattungsrituals in Verbindung gebracht werden. Der Gebrauch solch kostbarer Gefäße war jedoch keineswegs das Privileg von Göttern und Toten; man findet sie auch in den Händen der Gäste und Diener bei den vergnügten Gastmählern, die die Künstler der thebanischen Grabmalereien so gerne darstellten.

So wird verständlich, weshalb trotz der reichen Informationsquellen der Ägyptologe nicht immer in der Lage ist, den genauen Verwendungszweck dieses Goldgeschirrs festzustellen, dessen Formenvielfalt relativ begrenzt ist.

In den Sargkammern des Psusennes und des Amenemope haben manche Objekte ganz offensichtlich kultische Funktion. Da sind zunächst die großen konischen Ständer aus Silber und Bronze, auf die große einfache Schalen aufgesetzt sind. Die Ausgräber fanden sie in unmittelbarer Nähe der Sarkophage aufgestellt, also in einem Kontext, der unendlich oft in den Tempeln und Grabbildern wiederholt wird. Es handelt sich um die Opfertische, die von den Ägyptern »chaut« genannt und offenbar für die unterschiedlichsten Zwecke verwendet wurden. Sie erscheinen in den Opferszenen vor Göttern und Toten (Abb. 82). Bisweilen trägt ihre Schale ein Feuerbecken, auf dem Fleisch oder leckeres Geflügel brät. Häufiger benutzte man sie als Untersatz, auf dessen Platte Blumengebinde, Obst und Gemüse, Räuchergefäße und Parfümflaschen, »alle guten und reinen Dinge«, die für den Kult nötig waren, dargebracht wurden. Man vollzog auf ihnen auch die Wasserspenden und Trankopfer, die in der ägyptischen Religion eine wesentliche Rolle spielten.

Genau dieser Ritus ist auf einem Relief im Grab des Psusennes zu sehen: Der König ist vor den Totengott Osiris getreten und gießt eine Flüssigkeit direkt in die auf ihren Untersatz gestellte Schale. Man könnte fast sagen, der Künstler habe beabsichtigt, eine Art Gebrauchsanweisung der verschiedenen Kultgeräte, die im Grab gefunden wurden, zu geben. Der Untersatz ruht auf einer Art rechteckigem Sockel, dessen Form an den bronzenen Räucherständer erinnert, der neben dem Sarkophag gefunden wurde – jenes berühmte Stück, dessen in das Metall ziselierte Inschrift seine Herkunft angibt, zweifellos ein Heiligtum Ramses' II., des fernen Vorfahren des Psusennes (Abb. 42 und 43).

Die Kanne, die der König auf dem Wandbild in der Hand hält, erinnert bis ins Detail an die Kannen, die in seinem eigenen Grab und im unmittelbar daneben liegenden Grab des Amenemope gefunden wurden (Abb. 83). Die Formen dieser Gefäße sind klar und schlank; bisweilen ist eine gebogene Ausgußtülle angebracht. Das schönste Exemplar gehörte Psusennes; es ist aus dünnem Goldblech gearbeitet und galt schon zur Zeit der Könige von Tanis als Altertum: Auf seine Schulter ist der Name des Ahmose ziseliert, des Gründers des Neuen Reiches...

Eine weitere Gefäßart ist ebenfalls mit Wasserriten verbunden, die in der ägyptischen Religion eine so große Bedeutung hatten: die »nemset«-Vasen mit flachem Boden, in Breite und Höhe fast gleich und mit einer kleinen Ausgußtülle versehen. Psusennes besaß ein solches Gefäß in Silber, Amenemope je eines in Silber und in Bronze.

Fast alle diese Gefässe tragen Inschriften, in denen neben den Königsnamen auch die Totengötter Sokaris und Osiris genannt werden. Daher glaubte man lange Zeit, daß diese Kultgefäße neben den toten Königen aufgestellt wurden, um ihnen die Möglichkeit zu geben, die Jenseitsgötter auch weiterhin zu verehren. Ein Text auf dem Silberständer des Amenemope legt jedoch eine andere Erklärung nahe: »Oh vollkommener Gott Amenemope, nimm diese Wasserspende, die aus Elephantine kommt...« Wie im Götterkult wird das Weihwasser mit der nahrungspendenden Flut der Überschwemmung verglichen, die die Ägypter alljährlich zwischen den Felsen des Ersten Katarakts hervorsprudeln sehen. Die Anrufung läßt jedoch keine Zweifel daran, daß sie sich nicht an einen Gott, sondern an den verstorbenen König wendet. Es scheint, daß die Wasserspende und damit auch alle zu ihrer Durchführung notwendigen Geräte für den persönlichen Gebrauch des Toten bestimmt waren. Einige Kultgefäße waren vielleicht während der Bestattungsfeierlichkeiten verwendet worden, bevor sie für immer im Grab verschwanden. Das läßt sich wohl daraus erschließen, daß man »nemset«-Kannen fand, deren Rolle für die Reinigung des Toten im Verlauf des Mundöffnungsrituals besonders bedeutend war.

Während sich bei Amenemope die Metallgefäße auf einige wenige Kultgefäße beschränkten, auf Kannen, »nemset«-Krüge, Schalen und einen Untersatz, hatte Psusennes in sein Grab auch noch Gefäße mitgenommen, die offenbar profanen Zwecken dienten. Genau gleiche Stücke wurden auch im Grab seines Günstlings, des Generals Wen-djebau-en-djed gefunden. Einige von ihnen waren ganz offensichtlich Geschenke des Königs.

Bei der Herstellung dieser Gefäße hatten die Goldschmiede die edelsten Metalle und die modernsten Techniken benutzt; durch die gelegentliche Kombination von Gold und Silber erzielte man interessante Kontraste. Der Glanz des Metalls wurde durch farbige Einlagen noch erhöht, die Gefäßwandungen erhielten getriebene Ornamentfriese, und ziselierte oder plattierte Muster überzogen die Oberfläche. Diese differenzierte Technik findet sich sogar noch in der Bearbeitung der Henkel, die mit durchbrochen gearbeiteten Pflanzenmustern geschmückt sind, oder mit einfachen Reifen, die von eleganten, einen stilisierten Baum darstellenden Palmetten eingefaßt sind.

Zahlenmäßig überwiegen Schalen, Kelche und Teller, Formen also, die schon seit dem Mittleren Reich weit verbreitet sind. Viele von ihnen treten bereits im Schatzfund von Tod auf, einem großartigen Ensemble von Silberarbeiten, das sich heute je zur Hälfte im Kairo-Museum und im Musée du Louvre befindet. Bei den Dekorationsmotiven haben die Silberschmiede sehr stark auf den Formenschatz des Neuen Reiches zurückgegriffen, aus dem nur sehr wenig erhalten ist. So findet man beispielsweise auf der berühmten

96, 97 Bei der Mumie Scheschonks II. fanden sich Teile der Kleidung, die sonst nur selten erhalten sind. Ein Goldgürtel mit ziseliertem Muster trug einen Perlenschurz, von dem nur der äußere Rand übrig ist; seine farbigen Einlagen und der Fries von Lotosblüten geben eine Vorstellung seiner ursprünglichen Schönheit. Die aus Goldblech geschnittenen Sandalen sind einfacher als bei Psusennes (vgl. Abb. 10). Die Länge der Sandalen beträgt 28 und 29,3 cm.

96

97

Goldschale, die König Thutmosis III. einem General namens Djehuti schenkte, zahlreiche Motive, die den Dekor der Schalen von Tanis vorwegnehmen: Die Darstellungen sind in konzentrischen Kreisen um eine Mittelrosette angeordnet, deren kreisrundes Mittelfeld sich sicherlich aus technischen Notwendigkeiten ergibt. Rings herum sind Motive einziseliert, die das Leben im Sumpfdickicht darstellen, ein Reigen von Fischen und Papyrusgirlanden.

Seltsamerweise liefert der Grabschatz des Tutanchamun kein königliches Prunkgeschirr, das den Stücken aus Tanis vergleichbar wäre; Parallelen finden sich nur bei Einzelstücken aus der Zeit der Ramessiden, dem Becher der Königin Ta-useret oder einigen anderen Gefäßen aus dem Hortfund von Zagazig im Delta.

Auf dem Gebiet der Edelmetallgefäße ist die Sammlung des Psusennes zweifellos die reichste und vielfältigste. Stücke von höchster Feinheit stehen neben ganz einfachen Gefäßen, unter denen eine Reihe von schmucklosen eiförmigen oder halbkugeligen Silberbechern auffällt. Bei einem dieser Becher sitzt in der Mitte eine große runde goldene Ausbuchtung; dieses Detail wird am Gefäßrand viermal wiederholt, begleitet von der Königskartusche. Ein anderer Becher mit flachem Boden trägt auf seiner Außenseite die Namen des Königs, die sich von dem ziselierten Gittermuster des Gefäßkörpers abheben. Der Ausgräber möchte hierin die Abbildung einer Ziegelmauer sehen. Form und Dekor erinnern jedoch viel eher an geflochtene Körbe, wie sie so häufig in den Gräbern vorkommen und im Neuen Reich bisweilen auch in Fayencegefäßen nachgebildet werden (Abb. 45).

Bei ganz weit ausladenden Gefäßen gilt die Aufmerksamkeit des Künstlers insbesondere der Gestaltung der deutlich sichtbaren Innenseite. Zwei Silberschalen aus dem Grab des Psusennes und des Wen-djebau-en-djed weisen eine überraschende Ähnlichkeit auf (Abb. 44 und 69). In der Mitte sitzen florale Motive, auf der ersten Schale strahlenförmig angeordnete Blütenstengel mit Lotosknospen und -blüten, auf der zweiten eine Girlande weit geöffneter Lotosblüten rings um eine Mittelrosette. Über die restliche Oberfläche der beiden Schalen laufen gebrochene Linien, die eine gekräuselte Wasserfläche darstellen sollen. Beide Schalen besitzen einen angenieteten goldenen Henkel, der von Palmetten gesäumt ist. Die Schale des Wen-djebau-en-djed ist – wie sollte es anders sein – ein Geschenk des Königs; dies ergibt sich aus dem auf ihren Rand ziselierten Text. Ganz offensichtlich kommen beide Stücke aus derselben Werkstatt.

Ebenso verhält es sich bei zwei Goldschalen, deren flache Wölbung ein getriebenes Winkelmuster trägt. Es bricht am oberen Rand ab, um Platz für Inschriften zu lassen. Die Schale des Wen-djebau-en-djed wird dadurch besonders kostbar, daß in ihrer Mitte in feinster Zellentechnik der Papyrus und die Lilie als Wappenpflanzen von Unter- und Oberägypten dargestellt sind (Abb. 70 und 71). Eine ähnliche Anordnung von Papyrusdolden in Sternform findet sich bereits bei manchen Schmuckstücken des Mittleren Reiches; die Stilisierung der Pflanzen, deren Geflecht sich von einem dunkleren Grund abhebt, wirkt jedoch hier wie eine Vorahnung mancher islamischer Goldschmiedearbeiten. Die Schale des Psusennes unterscheidet sich von dem soeben beschriebenen Stück nur durch die Gestaltung des Mittelfeldes; der Künstler hat sich hier auf eine einfache Rosette mit sechzehn Blättern beschränkt.

Unter all diesen kostbaren Gefäßen darf ohne jeden Zweifel die »Schale mit den Schwimmerinnen« als die berühmteste gelten, deren ausgewogene Bildkomposition sich mit der handwerklichen Meisterschaft die Waage hält (Abb. 68). Um den Innenrand läuft eine Inschrift, die diese im Sarkophag des Wen-djebau-en-djed gefundene meisterliche Arbeit als Geschenk des Königs ausweist. Der Gefäßkörper besteht aus Silber. Im Mittelpunkt sitzt eine goldene Rosette, deren mit farbigen Steinen eingelegte Blätter nicht

98 Die Schmuckstücke Scheschonks II. zeigen wie die meisten Goldschmiedearbeiten von Tanis eine Vorliebe für kühle Farbtöne. Die goldenen Figuren des Pektorals heben sich von den zartgrünen Einlagen ab, deren Farbe auf Jugend und Vitalität anspielt. Beiderseits des geflügelten Skarabäus knien Isis und Nephthys (Höhe 15,6 cm).

mehr erhalten sind. Eine von Perlenreihen gesäumte Goldblechscheibe ist um dieses Mittelfeld gelegt. Auf diesem bereits im voraus getriebenen Goldblech hat der Künstler vier Schwimmerinnen abgebildet; sie scheinen durch das Wasser zu schweben, in dem Vögel, Fische und Lotosblüten treiben. Die jungen Mädchen, nur mit einem Gürtel und Perlenketten bekleidet, sind paarweise einander gegenüber abgebildet, wie sie eine Ente zu erhaschen versuchen. Eine von ihnen hat die Ente bereits gepackt, während die andere nur noch ins Leere greifen kann. Diese überaus reizvolle Darstellung, die fast an Tausendundeine Nacht erinnert, läßt sich unschwer in wohlbekannte Bilder der altägyptischen Literatur einfügen. Schon aus der Pyramidenzeit erzählen uns die Papyri, daß der weise König Snofru es liebte, in Gesellschaft schöner junger Mädchen, die ihm das Boot ruderten, hinauszufahren in die luftige Weite des Papyrusdickichts.

Zur selben Zeit erscheint das Motiv des jungen Mädchens mit der Ente in der bildenden Kunst. Es findet sich auf Fayencebechern und auf Metallgefäßen, beispielsweise auf einer Silberschale aus dem Schatzfund von Zagazig, die frappierende Ähnlichkeit zur Psusennes-Schale aufweist. Die besten Beispiele für die Beliebtheit dieses Motivs liefern jedoch die berühmten Schminklöffel in Gestalt von Schwimmerinnen. Lange schon diskutiert man über die Bedeutung dieser zauberhaften, überaus fein gearbeiteten Holz- und Elfenbeinlöffel. Der hohle Leib der Ente, der mit zwei drehbar angebrachten Flügeln verschlossen werden konnte, enthielt kostbare Substanzen, zweifellos nicht einfach Kosmetika, sondern sicherlich Opfergaben für die Götter, wohl Myrrhe oder Wein.

Auffallend ist, wie sehr unter den Motiven dieser Gefäßgruppe das Wasser und das Treiben im Uferdickicht im Vordergrund stehen. Es liegt ja nahe, ein Gefäß, das zur Aufnahme von Flüssigkeiten bestimmt ist, mit einem Teich zu vergleichen. Vielleicht kann man einen Schritt weitergehen und bemalte Fayencegefäße aus der 18. Dynastie mit in Betracht ziehen; auf ihnen finden sich die gleichen Motive auf leuchtend türkisblauem Bildgrund: Wasserlinien, Fische, Lotosblüten. Ihr Fundort und die auf ihnen dargestellte Göttin Hathor, Herrin des Türkises und Beschützerin der Toten, legen eine Erklärung als Ritualgefäße nahe, die mit der Auferstehung des Toten zu tun haben. In der Zeit, die den Königen von Tanis vorangeht, nimmt die motivliche Vielfalt dieser Gefäße zu, menschliche Figuren treten auf, und die Bedeutung scheint neue Aspekte zu gewinnen. Offenbar werden derartige Gefäße nun im täglichen Leben als Trinkgefäße benutzt; als Grabbeigaben jedoch haben sie ihre symbolische Bedeutung niemals ganz verloren.

Ähnliches gilt für Gefäße in Gestalt einer Lotosblüte. Ein Kelch mit gesondert angesetztem Fuß aus dem Sarkophag des Wen-djebau-en-djed hat die Form eines sich öffnenden Lotos, dessen Blätter abwechselnd aus Gold und Elektrum bestehen. Ein Kelch trägt die Namen des Psusennes und seiner Gemahlin Mut-nedjemet über einer kryptographischen Inschrift, die »Leben, Gesundheit und Kraft« verheißt (Abb. 72 und 73).

Dem Naturvorbild noch näher kommt der Goldkelch des Psusennes, der auf einem ausladenden Fuß ruht und eine halbgeöffnete Lotosblüte nachahmt (Abb. 46). Der Künstler hat die Naturnähe dadurch besonders unterstrichen, daß er auf der Außenseite Blüten- und Kelchblätter ziseliert hat. Die Ägypter kannten verschiedene Arten von Lotos, meist als weißer und blauer Lotos bezeichnet. Um den blauen Lotos mit seinem überaus starken Duft ranken sich zahlreiche religiöse Vorstellungen. Die Blüte öffnet sich im Morgenlicht und schließt ihren Kelch bei Sonnenuntergang; daher galt sie den Ägyptern als ein Bild der täglichen Geburt der Sonne. Religiöse Texte und bildliche Darstellungen machen den Lotos schließlich zum Symbol der Auferstehung des Toten. Man denke etwa an ein Kunstwerk aus dem Grab des Tutanchamun, einen Porträtkopf des Kindkönigs, der aus der geöffneten Blüte auftaucht. Hier sind in meisterhafter Weise jene Vignetten des Toten-

99 Scheschonk II. besaß zwei dieser außergewöhnlichen Armreife mit den Namen seines berühmten Ahnen Scheschonk I., des Eroberers von Jerusalem. Von dem Goldgrund mit Lapislazuli-Einlagen hebt sich eine Emblemgruppe ab, die dem Toten »alles Wohlergehen« wünscht (Durchmesser 6,5 cm).

100 Der Armreif Scheschonks gestaltet mit ungewöhnlicher Eleganz ein Thema, das sich oft bei Fingerringen mit beweglicher Ringplatte findet. Der Goldreif, in den der Lapislazuli-Skarabäus einbezogen ist, schwingt an seinen Enden in Papyrusdolden aus, die durch bunte Einlagen hervorgehoben sind (Durchmesser 6,8 cm).

99

100

buchs in rundplastische Form umgesetzt, in denen unter den vielfältigen Verwandlungen des Toten auch der Augenblick festgehalten ist, in dem er sich in eine Sonnenblüte verklärt.

So ist es durchaus gerechtfertigt, nach der Bedeutung dieser Kelchgefäße zu fragen, die am Beginn der 18. Dynastie aufkommen und dem blauen und weißen Lotos in verschiedenen Materialien – Stein, Fayence und Edelmetall – dauerhafte Form verleihen. Waren die Gefäße, die den blauen Lotos nachahmten, nicht in ganz besonderer Weise für religiöse Zwecke, vor allem für den Totenkult, bestimmt? Nach den Reliefs und Malereien des Neuen Reiches scheint es jedoch eher, daß schon seit dem Ende der 18. Dynastie solche Gefäße als Trinkbecher benutzt wurden.

Lotosmotive bestimmen auch teilweise den Dekor eines kostbaren Goldgeschirrs, einer Flasche und einer Schüssel, die beide die Kartuschen des Psusennes tragen (Abb. 51–54). Die flachbodige Schüssel hat eine leicht konvex gekrümmte Wandung. Die klare Umrißlinie kontrastiert mit dem formalen Reichtum des durchbrochen gearbeiteten Henkels, der mit drei Nieten befestigt ist. Er ahmt einen Strauß von Lotosblüten und -knospen nach; die Stengel krümmen sich zu einem Bogen, dessen vernietetes Ende in eine Palmette ausläuft. Dieses kunstvolle Motiv ist nicht eine Erfindung der tanitischen Goldschmiede. Einige Objekte aus dem Schatz von Zagazig und noch frühere Stücke aus der 18. Dynastie bieten gute Beispiele, Flaschen und Gefäße aus Bronze, Stein oder Fayence. Auch für die Flasche des Psusennes mit ihrer klaren Linienführung haben Gefäße des Neuen Reiches Pate gestanden. So wurde ein Bronzegefäß von fast gleicher Form im Grab des Architekten Cha gefunden, der unter Amenophis III. starb. Es handelt sich um ein flachbodiges Gefäß, auf dessen gebauchten Körper ein hoher, nach oben leicht ausschwingender Hals gesetzt ist. Dieses Formelement ist sehr stark stilisiert und erinnert gleichzeitig an eine Lotosblüte und eine Papyrusdolde, ein anderes beliebtes Motiv der ägyptischen Künstler. Beide Gefäße, Seite an Seite im Grab des Psusennes gefunden, bildeten zweifellos ein Ensemble, wie es die thebanischen Maler oft unter dem Opfertisch abbilden, wobei die Flasche in einem großen Trinkgefäß steht. Wahrscheinlich handelt es sich um eine späte Variante von zwei Objekten, die schon seit der Pyramidenzeit in den Gräbern ihren festen Platz haben: die Schnabelkanne und die Schüssel. Man nimmt allgemein an, daß das Wasser in der Flasche beim Mahl den Gästen über die Hände gegossen und in der Schüssel aufgefangen wurde.

Die Deutung anderer Edelmetallarbeiten aus dem Grab des Psusennes bleibt recht unsicher, obwohl man zweifellos davon ausgehen kann, daß es sich um die kostbaren Teile eines Tafelgeschirrs für das Totenmahl handelt. Dazu gehören wohl auch zwei Geräte, deren Formen auf eine gemeinsame Idee zurückgehen. Der Künstler hat als Dekorationsmotiv wiederum ein Thema aus dem Formenschatz des Neuen Reiches ausgewählt; es handelt sich um Kopf und Hals einer Ente, die man in ihrem eleganten Schwung auf den unterschiedlichsten Objekten findet, auf Schminklöffeln und Möbelfüßen, auf Musikinstrumenten und Papyrusmessern. In einem dieser beiden Geräte hat man eine Schöpfkelle erkannt, mit der wohl Wein aus einem großen Krug geschöpft wurde. An der kleinen, silbernen Kelle sitzt ein sehr langer Stiel, der am Ende umgebogen ist und in einen Entenkopf ausläuft. Das zweite Gerät wurde mit größter Wahrscheinlichkeit zum Ausgießen einer Flüssigkeit benutzt. Es besteht aus einer halbkugeligen Kelle, einer spitzen Ausgußtülle und einem Stiel, der wiederum einen Entenkopf trägt. Aus dünnem Goldblech gearbeitet, besticht diese Arbeit durch ihre geradezu moderne, bewundernswert schlichte Linienführung, die durch die beiden eingravierten Inschriften nicht beeinträchtigt wird. Diese Texte teilen mit, daß es sich um ein Geschenk der Mut-nedjemet an den König handelt (Abb. 47 und 48).

Stein- und Tongefäße

Erstaunlicherweise fehlen in den Gräbern der Könige von Tanis die wunderbaren Stein- und Tongefäße, die seit vorgeschichtlicher Zeit zu den Meisterleistungen Ägyptens gehören. Bei Psusennes oder Osorkon II. findet sich keine Spur von bemalten oder glasierten Tongefäßen, von denen unzählbare Scherbenmengen die altägyptischen Nekropolen bedecken. Der Ausgräber von Tanis erwähnt gerade ein einziges großes, grob gearbeitetes Gefäß, das in der Vorkammer des Psusennes gefunden wurde.

Gleiches gilt für die Steingefäße, seit dem 4. Jahrtausend wahre Spitzenwerke, wie ein kurzer Blick auf die über 30 000 Gefäße zeigt, die unter der Pyramide des Djoser in Sakkara entdeckt wurden. Die unterschiedlichsten Gesteinsarten fanden hier Verwendung: dunkler Basalt, gefleckte Breccia, grüner Schiefer, glänzender Serpentin, Diorit, Bergkristall, Kalzitalabaster. Auch die unschätzbaren Gefäßsammlungen aus den königlichen und privaten Friedhöfen des Mittleren Reiches sollten hier in Erinnerung gerufen werden, oder die grenzenlose Vielfalt der Gefäße aus den Gräbern des Neuen Reiches, für die das Grab des Tutanchamun als großartiges Beispiel stehen mag: Es enthielt nicht weniger als 79 Steingefäße, meist aus Kalzitalabaster, deren Formen die außergewöhnliche Phantasie der Künstler des Neuen Reiches bezeugen. Durch und durch klassische Formen stehen neben Gefäßen mit wuchernden pflanzlichen Motiven oder tiergestaltigen Stücken. Der Kontrast, den die Funde in den Gräbern von Tanis bilden, könnte kaum stärker sein. Bisher waren solche Gefäße in großer Zahl verwendet worden – als Behälter kostbarer Salben, Nahrungsmittel und Getränke, als Teil der Grabausstattung, die dem Toten zur Verfügung gestellt wurde; in Tanis aber entdeckten die Archäologen nur einige wenige Exemplare.

Die Könige der 21. Dynastie, Psusennes und Amenemope, verfügten jeweils nur über ein großes Gefäß aus Kalzitalabaster, das in seiner altertümlichen Form und seinen zerstörten Inschriften deutlich zu erkennen gibt, daß es wiederverwendet worden war. Im Grab Takelots II. fand sich eine typische Arbeit der 22. Dynastie, ein großes eiförmiges Gefäß mit spitz zulaufendem Boden und zwei kleinen Henkeln, das aus einem transparenten, von goldgelben Streifen durchzogenen Gestein gebildet ist, dem sogenannten ägyptischen Alabaster. Die Kartuschen auf der Gefäßwandung nennen den Namen Osorkons I., eines Vorgängers des Toten. Es ist das einzige in Tanis gefundene Beispiel für eine ganz wesentliche Gruppe von Grabbeigaben, deren Bedeutung aufgrund der zufälligen Fundlage und der planlosen Plünderung der Gräber nicht mehr voll ermessen werden kann.

Ähnliche Gefäße – vielleicht aus den geplünderten Gräbern der tanitischen Könige der 22. Dynastie – erfuhren ein seltsames Schicksal, das die allgemeinen Unruhen widerspiegelt, die Ägypten im 1. Jahrtausend erschütterten. Manche Gefäße gelangten ins Assyrerreich, wo man sie in Palastruinen fand. Ein Gefäß wurde rund zweihundert Jahre nach dem Tod seines Besitzers in einem Grab der iberischen Halbinsel nahe Granada als Urne wiederverwendet; ein weiteres Exemplar, heute im Musée du Louvre in Paris, kam in Rom nahe beim Marcellus-Theater zum Vorschein; man hatte es nachträglich mit einem Deckel, mit Volutenhenkeln und mit einer Widmung versehen, in der Claudius Pulcher, der im 1. Jahrhundert v.Chr. lebte, genannt wird.

Wahrscheinlich enthielten diese Krüge ursprünglich Wein aus den ägyptischen Oasen; dies ergibt sich aus einer Inschrift auf einem der Stücke, in der es heißt: »Wein, der dein Grab in Freude taucht, so daß du Tag und Nacht trunken bist.« Hier wird nicht nur auf die irdischen Freuden eines Landes angespielt, dessen Weinberge berühmte Sorten produzierten, sondern auch auf jene mystische Trunkenheit, an der Hathor teilhatte, die Göttin der Musik und Beschützerin der Toten.

Die Kanopen

Nur eine Gruppe von Steingefäßen kommt in den Gräbern von Tanis häufig vor: die sogenannten Kanopen, die unmittelbar mit der Mumifizierung zu tun haben. Die heute in der Ägyptologie gebräuchliche Bezeichnung »Kanope« ist auf eine Verwechslung mit einem Kultbild des Osiris zurückzuführen, das in hellenistischer Zeit in der Hafenstadt Kanopus (östlich von Alexandria) verehrt wurde und dessen Form an Eingeweidegefäße erinnert, die einen Deckel in Form eines Menschenkopfes tragen.

Seit der Pyramidenzeit pflegten die Ägypter die Eingeweide, die dem Leichnam entnommen wurden, in speziell dafür vorgesehenen Gefäßen aufzubewahren und im Grab abzustellen. So fanden Archäologen in der unberührten Grabkammer der Hetep-heres, der Mutter des Cheops, einen Kasten aus Kalzit, in dessen vier Fächern die Eingeweide der Königin in einer vor 4500 Jahren zubereiteten Natronlösung schwammen. In der Folgezeit bildete sich die Tradition von vier Kanopenkrügen heraus, deren jeder bestimmten Eingeweiden zugeordnet war, der Leber, den Lungen, der Milz und dem Magen, den Gedärmen. Die inneren Organe wurden dem Schutz von vier Göttinnen – Isis, Nephthys, Neith und Selket – und von vier Schutzgöttern, den Horussöhnen, unterstellt, deren Gestalten man oft in den Kanopendeckeln darstellte: Amset mit Menschenkopf, Hapi mit Affenkopf, Duamutef mit Schakalskopf und Kebehsenuef mit Falkenkopf.

Der aus Kalzit gefertigte Kanopensatz aus dem Grab des Psusennes zeigt diese Götterköpfe in recht dürftiger Qualität. Die Deckel sind jedoch mit Goldüberzug und lapislazuliblauer Farbe geschmückt, die nach außen hin einen recht kostbaren Eindruck erwecken. An der Stirn der vier Götter sitzt der königliche Uräus aus vergoldeter Bronze. Die Gefäßwandung trägt die üblichen Inschriften, die dem Toten den Schutz der Götter garantieren: »Worte zu sprechen: Oh Nephthys, mögest du den Schutz für den Gott Hapi gewährleisten, der hier ist beim Osiris-König Aa-cheper Rê-Setep-en-Amun, dem Sohn des Rê Psusennes-geliebt-von-Amun, gerechtfertigt bei Osiris«, steht auf der Kanope, die dem Gott Hapi geweiht ist; Hapi ist traditionsgemäß für den Schutz der Lungen zuständig, die dem Leichnam entnommen werden.

Wie in der 18. Dynastie tragen alle Kanopen des Wen-djebau-en-djed Deckel in Form von Menschenköpfen; vielleicht darf man hierin Idealporträts des Toten sehen, vorausgesetzt, diese Eingeweidebehälter stammen nicht – wie viele andere Steinobjekte – aus einem älteren Grab. Ohne Zweifel trifft das für zahlreiche Kanopen zu, die in der Vorkammer des Psusennes abgestellt waren, unmittelbar neben den Särgen, die man hierher in Sicherheit gebracht hatte.

In dieser bunten, in aller Eile zusammengestellten Sammlung machte man sich nicht einmal die Mühe, den Namen des ursprünglichen Besitzers auszulöschen; der Kanopensatz des Scheschonk II. nimmt allerdings einen ganz besonderen Platz ein: Er geht auf eine Tradition zurück, für die das Grab des Tutanchamun großartige Beispiele liefert. Die Eingeweide des Herrschers befanden sich in vier silbernen Miniatursärgen, die von den Archäologen in vier Kalzitgefäßen mit Deckeln und Inschriften gefunden wurden. Diese Miniatursärge sind 25 Zentimeter lang und bestehen aus zwei aneinander passenden Hälften; sie enthielten eine ganze Reihe von Ringen und Anstecknadeln. Der Deckel der Miniatursärge zeigt den Pharao in Mumienbinden gewickelt; seine auf der Brust gekreuzten Hände tragen die königlichen Insignien. Auf jedem der vier Eingeweidesärge steht der Name des Königs, vom Namen eines der Horussöhne begleitet (Abb. 91).

Zweifellos ist dieses Ensemble aufgrund seiner handwerklichen Qualität und der Verwendung von Edelmetall von außergewöhnlicher Bedeutung. Noch bemerkenswerter ist jedoch der Kanopensatz des Prinzen Hornacht,

101 Der Lapislazuli-Zylinder des goldenen Armreifs ist mehr als 1500 Jahre vor Scheschonk II. graviert worden. Er stammt aus Mesopotamien und trägt eine Darstellung des Helden Gilgamesch, der wilde Tiere bezwingt.

102 Das Motiv des Pektorals König Scheschonks II. ist neben seiner Sonnensymbolik zugleich eine Rebus-Schreibung des Königsnamens. Die elegante Komposition und die wohlüberlegte Schlichtheit des Lotosfrieses werden durch die harmonische Abstimmung der Blau- und Grüntöne der Einlagen aus Lapislazuli und farbigen Pasten unterstrichen.

103 Der Goldring mit seinem Lapislazuli-Stein besticht durch die überaus einfache Form und die wertvollen Materialien. Das Schmuckstück, dessen Ringenden in Papyrusdolden auslaufen, erinnert unmittelbar an zwei Armreife, die ebenfalls von Scheschonks Mumie stammen (vgl. Abb. 100).

101

102

103

der in stilistischer Hinsicht durchaus gleichwertig ist. Die Eingeweidegefäße befanden sich in einem kleinen Sandsteinkasten mit gewölbtem Deckel, den die Grabräuber mitnahmen. Ihre Enttäuschung muß groß gewesen sein: Keinerlei Edelmetallsärge gab es hier, sondern nur Kanopen aus Kalkstein, deren Deckel im besten Stil der 19. Dynastie gearbeitet sind. Man erkennt die Gesichter der vier Horussöhne, deren feine Ausführung von den zahlreichen blauen, schwarzen und roten Farbresten noch unterstrichen wird (Abb. 89).

Die Uschebtis

Von allen Königsgräbern haben zweifellos die tanitischen Gräber die größte Zahl jener Grabstatuetten geliefert, die in der Fachsprache mit einem altägyptischen Wort als »Uschebtis« bezeichnet werden. Zugleich aber konnte man über ihre künstlerische Qualität feststellen, sie sei »umgekehrt proportional zur großen Zahl der Figürchen« (vgl. Abb. 40 und 41).

Ein Vergleich mit den Stücken der vorangegangenen Zeit ist sicherlich problematisch, da die Uschebtis des Neuen Reiches sich mehr und mehr von der einfachen Grundform entfernt hatten. Die frühen Uschebtis stellen den Toten in eng umwickelter Gestalt dar und wurden in nur wenigen Exemplaren in Gräber des Mittleren Reiches gelegt. Das Neue Reich machte daraus ein unzählbares Heer von Statuetten, die durchaus hohes künstlerisches Niveau erreichten. Sie wurden aus den kostbarsten Materialien hergestellt, aus Ebenholz, Kalzit, Fayence, waren teils mit Metall überzogen oder eingelegt, konnten farbig bemalt sein oder aus grellbunter Fayence bestehen, und manch ein Uschebti stand keineswegs hinter wirklichen Statuen zurück. In ihrem Erscheinungsbild hatten sie vieles von den Statuen übernommen, die gelockten Perücken, die plissierten Gewänder mit weiten Ärmeln, wie sie von den Angehörigen der Oberschicht getragen wurden. Sie bewahrten jedoch ihren besonderen Charakter aufgrund der Inschriften, die fest zu den Uschebtis gehörten, meist des berühmten 6. Kapitels des Totenbuchs, das die Bedeutung der Statuetten beschreibt:

>»Oh Uschebti, wenn der Tote zur Arbeit aufgerufen wird wie ein Mann zu seiner Pflicht, um die Felder zu bestellen, um die Ufer zu bewässern, um Sand vom Osten zum Westen zu transportieren, dann sollst du sagen: Hier bin ich!«

Sie dienten also als Zauberfigürchen, als kleine Diener, die statt des Verstorbenen schwere Arbeit im Jenseits ausführen sollten. Allmählich ging man dazu über, sie in Mannschaften zu gliedern, die von Vorarbeitern beaufsichtigt wurden; diese erkennt man an ihrem langen Plisseeschurz, ihrem Wedel und ihrem Stock. Um den Nutzen der dienstbaren Figürchen noch zu erhöhen, stellten ihnen die ägyptischen Kunsthandwerker Miniaturmodelle von landwirtschaftlichen Geräten zur Verfügung: Hacke, Getreidesack, Eimer, Tragstange und Ziegelform wurden neben sie ins Grab gelegt. Vielleicht darf man schon bei den 417 Uschebtis aus dem Grab des Tutanchamun diese Differenzierung der Aufgabenbereiche sehen, wie sie in einem Papyrus des British Museum belegt ist, der die Bestellung und Bezahlung einer solchen Mannschaft von magischen Figürchen belegt: »365 männliche und weibliche Sklaven (also einer für jeden Tag des Jahres), dazu 36 Vorarbeiter, um sie zu beaufsichtigen.«

Die Anzahl der Uschebtis, die den tanitischen Königen zur Verfügung stehen, scheint noch erheblich größer gewesen zu sein. Aus den knappen Äußerungen des Ausgräbers geht hervor, daß allein schon der Vorraum des Psusennes-Grabes mehr als 1550 Uschebtis enthielt, die den verschiedenen Nutzern des Grabbaus gehörten. Man hat auch Berechnungen angestellt, daß allein Psusennes mehr als tausend Uschebtis besaß – ein absoluter Rekord unter allen ägyptischen Königen. Leider fällt ihre plastische Qualität gegenüber den Meisterwerken der vorangegangenen Dynastien völlig ab. Hierin spiegelt sich die allgemeine Verarmung, aber auch ein veränderter Totenglauben. Waren sie früher Ersatzpersönlichkeiten des Toten, so sind sie nun zu wirklichen Dienern geworden, für die der Tote bezahlt hat, damit sie für ihn arbeiten. Von nun an werden sie nicht mehr aus kostspieligen Materialien hergestellt, sondern meist aus Fayence oder Ton; nur ganz selten begegnen Stücke aus Bronze.

Manche Werkstätten der 21. Dynastie, beispielsweise die thebanischen Ateliers, verstanden es, die gedrungenen Formen und die monotone Serienherstellung durch den Zauber der Farbe auszugleichen, durch ein strahlendes Blau, das für die sogenannte Deir-el-Bahari-Fayence charakteristisch ist. Für die Tanis-Uschebtis läßt sich Gleiches nicht sagen. Sie sind meist aus grünlicher Fayence, ihre Durchformung ist grob, und ihre Beschriftung beschränkt sich oft auf den Namen des Eigentümers. Auffällig ist jedoch in Tanis die bedeutende Anzahl weiblicher Uschebtis, ein seltener Beleg für diese Dienerinnen, die der Quittungspapyrus im British Museum erwähnt. Aus der mittelmäßigen Masse heben sich einige Fayence-Uschebtis von Vorarbeitern und eine kleine Gruppe von Bronze-Uschebtis mit dem Namen des Wen-djebau-en-djed ab, deren handwerkliche Qualität den Anhängern aus dem Tanis-Schatz gleichkommt.

Die tausend Uschebtis aus dem Grab Osorkons II. zeigen, daß unter der libyschen Dynastie die Fayencekunst eine deutliche Renaissance erlebte. An den beiden sehr verschieden gestalteten Gruppen von Uschebtis aus dem Besitz des Königs bemerkt man beispielsweise eine besonders auffallende Tendenz zu individualisierender Darstellung bei den ausdrucksvollen Gesichtern der Diener, die Löckchenperücken lebender Personen tragen. Dieser naturalistische Stil überträgt sich auch auf die Gestaltung der Person des Vorarbeiters. Erstmalig in der ägyptischen Kunst gibt er seine steife Haltung auf, wird in Schrittstellung gezeigt und läßt seine Peitsche knallen.

Veränderte Jenseitsvorstellungen

Da es kaum Vergleichsmaterial gibt, erscheint es wenig sinnvoll, den eigenständigen Charakter der reichen Funde aus den Königsgräbern von Tanis herauszuarbeiten. Zu wenig wissen wir von den Schätzen, die den anderen ägyptischen Königen ins Jenseits mitgegeben wurden. Mit Ausnahme des Tutanchamun-Grabes, von Psusennes durch mehr als dreieinhalb Jahrhunderte getrennt, ist kein einziges Königsgrab unversehrt erhalten geblieben. Selbst bei Tutanchamun vergißt man zu gerne, daß das Grab des Kindkönigs schon kurz nach der Bestattung aufgebrochen und in aller Eile wieder verschlossen wurde. Ohne Zweifel hatten sich die Grabräuber die kostbarsten Beigaben gegriffen, vielleicht gerade die Gold- und Silbergefäße, die seltsamerweise in der Grabausstattung fehlen.

Das Grab der Hetep-heres schließlich, der Mutter des Cheops, kann trotz seines reichen Mobiliars schwerlich mit dem Grab des Psusennes oder Scheschonk II. verglichen werden; mehr als anderthalb Jahrtausende liegen zwischen den beiden Fundkomplexen. Zeitlich am nächsten sind die Grabschätze der kuschitischen Herrscher, die seit 750 v. Chr. ein Jahrhundert lang über Ägypten herrschten. In Nuri und el-Kurru im fernen Sudan haben die Gräber des Königs Piye (Pianchi), seiner Gemahlinnen und seines Nachfahren Aspelta Schmuck, Edelmetallgefäße, eine Goldmaske, einen bronzenen Altarständer geliefert, die einen fernen Nachklang der Schätze von Tanis darstellen. Diese magere Ausbeute bedarf der Ergänzung, um sich eine Vorstellung vom Reichtum der Königsgräber des Neuen Reiches und der Spätzeit zu machen. In den geplünderten Felsengräbern des thebanischen Gebirges blieb nicht viel mehr zurück als die schweren Steinsarkophage und ein

104 Großaufnahme eines 7,8 cm hohen Pektorals aus dem Grab Scheschonks II. Diese herrliche Goldschmiedearbeit ist ein Erbstück. Das Pektoral gehörte dem späteren König Scheschonk I., als er, wie die Inschrift besagt, erst Oberkommandierender der Meschwesch war. Die Sonnenbarke fährt unter dem gestirnten Himmel über den Urozean; sie trägt die Sonnenscheibe aus Lapislazuli, auf der Amun-Rê-Harachte in Relief dargestellt ist und die von Isis und Maat beschützt wird.

paar Fundstücke, die den Grabräubern entgangen waren, hier ein königlicher Streitwagen mit seiner ganzen Ausrüstung, dort Statuenfragmente, Gefäße, einige prachtvolle Uschebtis.

Die Wechselfälle der Geschichte, glückliche Grabungsfunde, manchmal auch nur der Bau einer Bahnlinie oder die Folgeerscheinung eines Gewitters haben einige außergewöhnliche Stücke ans Licht gebracht, die bei dem Versuch helfen können, den Schätzen von Tanis ihren Platz in der Geschichte der altägyptischen Goldschmiedekunst zuzuweisen. Die Goldgefäße und Goldsandalen der Gemahlinnen Thutmosis' III., der Schmuck und die Goldmaske des Cha-em-wese, eines Sohnes Ramses' II., die kostbaren Metallgefäße aus Zagazig, der Schmuck der Königin Kama machen eindeutig klar, daß die Künstler der Dritten Zwischenzeit sich sehr stark an Vorbildern des Neuen Reiches orientierten. Wirklich neue Formen und Motive sind in Tanis recht selten, aber um so öfter findet man eine kühle Eleganz und schlichte Harmonie, die für die Goldschmiedekunst dieser Zeit charakteristisch sind.

Als Vergleichsmaterial zur Rekonstruktion königlichen Mobiliars müssen wegen der Fundleere der Königsgräber die Funde aus den zahlreichen Privatgräbern herangezogen werden. Die Gräber der 18. Dynastie haben umfangreiches Material geliefert, unter dem sich die meisten Objektgattungen des Tutanchamun-Grabes – wenn auch in weniger aufwendiger Ausführung – wiederfinden. Die höheren Schichten von Deir el-Medina oder auch die Schwiegereltern Amenophis' III. nahmen neben Schmuck und reiner Grabausstattung oft auch außergewöhnliche Zeugnisse aus ihrem irdischen Leben mit ins Jenseits, die dem Toten helfen sollten, sich seine Alltagswelt neu zu schaffen. Seit den frühesten Dynastien war es Brauch, beim Toten sein Bett, seine Tische und Stühle aufzustellen, dazu eine vollständige Garderobe, Musikinstrumente oder auch ein Spielbrett, Rasiermesser und Kosmetika, Geschirr, Küchengerät, Brot, manchmal sogar Wein mit Jahrgangsangabe oder ein gebratenes Täubchen.

Nichts von alledem in den Gräbern von Tanis. Die Grabausstattung bestand im wesentlichen nur aus den Sarkophagen und Särgen, den Kanopen und Kultgefäßen, einigen Bechern aus Gold oder Silber und einer Unmenge von Uschebtis. Diese Beschränkung könnte man wohl auf die kleinen Abmessungen der Gräber und auf die Ungunst des Deltaklimas zurückführen, wenn nicht zur selben Zeit auch andere Grabanlagen eine entsprechende Veränderung erlebten. Weder die Familiengräber der Priesterkönige der 21. Dynastie in Theben noch das Grab des Prinzen Scheschonk, des Sohnes Osorkons II., in Memphis enthielten Gegenstände des täglichen Lebens.

Wir haben es also eher mit veränderten Jenseitsvorstellungen zu tun, die auch in der Grabausstattung ihren Ausdruck finden; die Ansätze zu diesen Veränderungen lassen sich schon unter den Ramessiden beobachten, wenn in den Bildern der Privatgräber die fröhlichen Szenen aus dem irdischen Leben, ohne freilich ganz aufgegeben zu werden, meist feierlichen Prozessionen von Göttern weichen. Dieses stärkere Gewicht der Frömmigkeit, diese Veränderung in der Grabausstattung sind nur Teilaspekte eines tiefgreifenden geistigen Wandels, den Ägypten in der Dritten Zwischenzeit erlebt. Diese Bewegung ist keineswegs eine kurzfristige Erscheinung. Sogar während der saitischen Renaissance um 550 v.Chr. nehmen die hohen Würdenträger, die sich in Sakkara bestatten lassen, eine Ausstattung mit ins Grab, die noch einfacher ist als bei den Königen von Tanis.

Somit sind die Schätze von Tanis neben ihrer außerordentlichen historischen und kunstgeschichtlichen Bedeutung von besonderer Aussagekraft für die Geistesgeschichte Altägyptens. Unter formalen Gesichtspunkten stehen die Funde von Tanis im Erbe des Neuen Reiches, in ihrem Gedankengut gehören sie aber bereits in die Spätzeit.

X. Materialien und Techniken

Von der Grabarchitektur bis zum kleinsten Detail der Grabausstattung war alles darauf angelegt, dem Toten zum Fortleben nach dem Tod zu verhelfen. Dieses Bestreben schlägt sich sogar in der Wahl der verwendeten Materialien nieder, die nach ihren natürlichen Eigenschaften, nach ihrer Schönheit und ihrer Seltenheit, vor allem aber auch nach ihrer magischen Wirksamkeit ausgesucht wurden.

Spätzeitliche Bestattungsrituale beleuchten in sehr anschaulicher Weise diesen Aspekt des ägyptischen Denkens. Man liest dort hymnische Anrufungen, in denen die ganze Schöpfung zum Schutz des Toten herbeigerufen wird; manche Hymnen sprechen die Pflanzenwelt an und zählen verschiedene Baumharze auf, Wacholder, Pinie, Sykomore: »Oh Wacholder, du Fleisch des großen Gottes! Oh Wacholder, komm ins Reich der Toten, komm, du Wohlgeruch von Punt! Komm, du göttlicher Duft!« Die poetische und bilderreiche Sprache der Ägypter vermischt sich hier mit präziser Beschreibung. All diese kostbaren oder wohlduftenden Hölzer sind vermutlich bei der Herstellung der Sarkophage, die die Mumien beschützten, verwendet worden, aber auch bei der Produktion der für die Einbalsamierung benötigten Salben. Wie die Pflanzen spielten auch Metalle und Edelsteine eine wesentliche Rolle bei der Wiederauferstehung des Toten. »Für dich kommen Gold und Silber, Lapislazuli und Türkis! Der ›tehen‹-Stein kommt und läßt dein Gesicht erstrahlen, der Karneol umgibt deinen Weg. Die Edelsteine kommen für dich, sie fließen für dich in Strömen aus dem Inneren der Berge und sind deine Beschützer«, heißt es im Balsamierungsritual.

Andere Textstellen gehen mehr ins Detail und gestatten eine exakte Definition der ihnen zugeschriebenen Bedeutungen, ihrer durch das dichterische Wort aktivierten Mächtigkeit, ihrer symbolischen und magischen Funktion. Nach ägyptischer Vorstellung waren Pflanzen und Mineralien ein Ausfluß der Götter, deren Leib am Weltbeginn aus ihnen gebildet worden war. Alte Mythen beschreiben die Götter als Wesen mit silbernen Knochen, goldenem Fleisch und Haaren aus Lapislazuli. Parallel zum Formen- und Motivbestand, der für die Grabausstattung ausgewählt wurde, webten also die verschiedenen Materialien um den Toten ein Netz von Symbolgehalt, der bald aggressiv, bald schutzspendend oder wiederbelebend sein konnte.

Zahlreiche Inschriften, insbesondere Texte zur Tempelgründung, weisen darauf hin, daß auch die Wahl des Baumaterials von religiösen Überlegungen bestimmt wurde. Im Königsfriedhof von Tanis ist jedoch kaum eine Spur von Materialsymbolik zu finden. Ein Hinweis auf den Assuan-Granit mag genügen, der wie schon zur Pyramidenzeit zur Auskleidung mehrerer königlicher Sargkammern verwendet wurde. Zum Schutz des Sarkophags hatte der Architekt diesen gewichtigen und schwer zu bearbeitenden Stein dem feinen Kalkstein vorgezogen, aus dem das übrige Grab gebaut wurde. Es ist ein Zeichen der Zeit, daß die tanitischen Könige nicht mehr in der Lage waren, eine Flotte zum Ersten Katarakt zu schicken, wo seit den frühesten Dynastien die

105, 106 Unter den Königen von Tanis werden die Uschebtis, die Dienerfigürchen, die dem Toten im Jenseits die von ihm geforderten schweren Arbeiten abnehmen sollen, immer zahlreicher. Sie werden in Serie hergestellt und sind meist nur wenig differenziert. Manche Werkstätten im thebanischen Bereich verstanden es jedoch, die Monotonie und Plumpheit der Formen durch jenes strahlende Blau zu kompensieren, das für die »Deir-el-Bahari-Fayence« typisch ist (maximale Höhe 17 cm).

105

106

Pharaonen den Rosengranit geholt hatten. Stattdessen ließen sie für den Bau ihrer letzten Ruhestätte Blöcke und Statuen wiederverwenden, die einstmals für die Ramessiden geschaffen worden waren. Dasselbe gilt für die Kalksteinplatten und für die schweren Steinsärge, deren manche noch den Namen des ursprünglichen Besitzers tragen.

Die Edelmetalle

Gegossen und wieder eingeschmolzen, haben die für die Grabausstattung bestimmten Metalle nur selten Spuren ihrer ursprünglichen Verwendung bewahrt. An erster Stelle der Wertordnung stand wie in jedem Königsgrab das Gold. Als korrosionsfreies Metall von sonnengleichem Glanz war es ein Garant der Ewigkeit. Kraft ihrer Goldmasken und goldenen Finger- und Zehenhülsen erleuchteten die toten Könige die Sargkammer mit blitzendem Glanz, den Göttern des Mythos mit ihrem Leib aus Gold vergleichbar.

Der Marktwert dieses Edelmetalls war beträchtlich, und die höchsten Auszeichnungen bestanden aus goldenen Geschenken. So läßt sich das hohe Ansehen, das der General Wen-djebau-en-djed genoß, unmittelbar an den großartigen Schmuckstücken ablesen, die seine Mumie umgeben. Widmungsinschriften seines Königs Psusennes finden sich auf mehreren Gegenständen.

Gold stand in Ägypten reichlich zur Verfügung, und die Goldschmiede benutzten es recht großzügig. Das Protokoll eines Grabräuberprozesses, der gegen 1100 v.Chr. bald nach den Plünderungen im Tal der Könige stattfand, ruft für immer zerstörte Kostbarkeiten noch einmal in Erinnerung. Einer der Angeklagten gesteht, im Grab des Königs Sebekemsaf eine Beute von 160 »deben« Gold gemacht zu haben – das sind mehr als 14 Kilogramm! Einer der Halskragen des Psusennes wiegt, wie schon erwähnt, nicht weniger als 8 Kilogramm. Mit dem Bild eines solchen Kragens schrieben übrigens die Ägypter das Wort für Gold: »nub«. Das Edelmetall wurde schon in prädynastischer Zeit in Form von Goldkörnchen im Sand und im angeschwemmten Kiesboden gefunden; später gewann man es aus goldhaltigen Quarzadern. Die wichtigsten Lagerstätten befanden sich in den Wüstenbergen im Süden und Südosten Ägyptens; die Könige mußten dort Brunnen graben lassen, um die todbringende Trockenheit zu überwinden.

Aus der Ramessidenzeit ist eine Karte erhalten, auf der der Plan von Goldminen im Wadi Hammamat östlich der Stadt Koptos aufgezeichnet ist. In dieser Gegend, wo noch heute Bergbau getrieben wird, kann man die Stollen besichtigen, die unter den Pharaonen in den Berg getrieben wurden; ihre Enge ist kaum vorstellbar. In die Goldminen geschickt zu werden, war eine schlimme Strafe, und der Grieche Agatharchides hat einen alptraumhaften Bericht über die Lebensbedingungen der Arbeiter in ptolemäischer Zeit überliefert. Das Gros der Arbeitskräfte rekrutierte sich aus Kriminellen und Kriegsgefangenen. Nachdem das Erz zerkleinert und unter Aufsicht von Soldaten in Becken gewaschen war, wurde der Goldstaub in kleinen roten Ledersäckchen abtransportiert oder gleich in Barren oder Ringe gegossen. In dieser Verarbeitungsform kam der Goldtribut aus Nubien nach Ägypten, ferner aus dem sagenhaften »Gottesland«, das heute mit der Somaliküste identifiziert wird. Die Könige des Neuen Reiches bezogen auch große Mengen Gold von ihren asiatischen Vasallen; dieses Gold jedoch gelangte, wenn auch nach Gewicht bewertet, vor allem in verarbeiteter Form nach Ägypten, als Gefäße, Geschirr, Schmuck.

Die Goldgewinnung war in Ägypten königliches Monopol, und seit Amenophis III. (um 1387–1350 v.Chr.) wurde das Gebiet der Goldminen in Oberägypten und Nubien der Oberhoheit des Amun, des thebanischen Götterkönigs, unterstellt. Gewinnung und Verarbeitung des Goldes waren perfekt organisiert und beschäftigten zahlreiche Dienstränge: Die »Großen des Goldberges«, die Rechnungsschreiber des Goldes, Soldaten, Minenarbeiter, Goldwäscher, Goldgießer, Goldschmiede.

Das ägyptische Rohgold war nicht rein, sondern enthielt oft Silber. Wenn der Silberanteil ein Fünftel der Gesamtmenge übersteigt, so nimmt die Legierung eine hellere Färbung an und wird Elektrum genannt. Elektrum kam in den östlichen Wüsten als natürliche Mischung vor. Die alten Ägypter gaben ihm einen eigenen Namen, »djam«, und betrachteten es als ein gesondertes Metall. Seit dem Neuen Reich scheint allerdings das Geheimnis der Herstellung von Elektrum bekannt zu sein. Materialanalysen an Schmuck der 18. Dynastie haben auch ergeben, daß man seit dieser Zeit reines Gold herzustellen verstand, zweifellos auf dem Wege des Kupellierens, um Verunreinigungen auszusondern. Die Goldschmiede verstanden nun auch Gold-Kupfer-Legierungen herzustellen und dadurch eine außergewöhnliche Patinierung zu erzeugen. Vielleicht wurde dieses Verfahren aber auch zur Herabsetzung des Feingehalts angewandt; das wird zumindest durch manche Briefe babylonischer Könige nahegelegt, die, von Mißtrauen getrieben, nicht zögerten, ägyptisches Gold einzuschmelzen, um seine Reinheit zu prüfen.

Prunkvolle Gefäße, Goldmasken, herrlicher Schmuck – dieser gleißende Schatzfund von Tanis läßt vergessen, daß keines dieser unberührten Gräber soviel Gold enthielt wie das Grab eines Kindkönigs namens Tutanchamun... Die Erklärung liegt natürlich in der politischen Lage. In der 21. Dynastie waren manche Goldquellen, so die Tribute der Vasallenstaaten, versiegt, andere waren nur noch schwer zugänglich, obwohl die Pharaonen noch nominell die Oberhoheit über Nubien beanspruchten. Die Texte aus dieser Zeit geben zu diesen Fragen nicht viel her, und so ist man auf Vermutungen angewiesen. Ohne jeden Zeifel profitierte die neue Dynastie zumindest indirekt von Grabräubern, die unter den letzten Ramessiden gewütet hatten; vielleicht hatte sie auch manches von den Schätzen geerbt, die in der beim nahen Qantir gelegenen Ramsesstadt aufgehäuft worden waren, deren Paläste und Tempel in manchem Preislied verherrlicht werden. Daß man in den Gräbern von Tanis Kultgeräte mit den Namen alter Könige fand, wurde oft mit der Absicht erklärt, die enge Verbindung mit den ruhmreichen Vorfahren zu dokumentieren. Etwas prosaischer kann man darin aber auch das Ergebnis von Plünderungen sehen, wie sie durch die großen Grabräuberprozesse und die Umbettung der Königsmumien um das Jahr 1000 bezeugt sind. Vieles vom letzten Schmuck, der der Dunkelheit der Königsgräber entrissen wurde, wanderte zweifellos in die Schmelztiegel, so daß jedes Anzeichen der verbrecherischen Herkunft des Goldes für ewig ausgelöscht wurde.

Doch in derselben Nekropole von Tanis tragen andere Schmuckstücke und Gefäße Widmungsinschriften hoher Würdenträger aus Theben, so des Hohenpriesters des Amun Pinodjem, und zeigen damit, daß das Gold des Amun nach wie vor ins »nördliche Theben« gelangte. Es besteht also keinerlei Grund zu der bisweilen geäußerten Vermutung, die Eroberung Jerusalems durch Scheschonk I. könnte in irgendeiner Beziehung zur Pracht der Gräber von Tanis stehen. Die Reichtümer des Psusennes und Amenemope, beide deutlich früher zu datieren als jenes historische Ereignis, sollten allein schon als Gegenargument ausreichen.

Neben dem Gold kam Silber für die Herstellung von Schmuck und Edelmetallgefäßen an zweiter Stelle. Platin, Palladium und andere »moderne« Metalle wurden von den Ägyptern nicht verwendet. Das Silber nannten sie »hedj« und hielten es offenbar für eine besondere Art von Gold. In Ägypten recht selten auftretend, findet es sich vor allem in natürlichen Verbindungen mit Gold, dem es je nach prozentualem Anteil einen matt weißlichen Schimmer verleihen kann. Bis zum Mittleren Reich (2060–1785 v.Chr.) wurde es höher geschätzt als Gold; eine vor kurzem angefertigte Analyse der Gefäße aus dem Schatz von Tod, dem bedeutendsten Silberfund, der jemals in Ägyp-

107 Auf der Unterseite der goldenen Basisplatte der Triade Osorkons II. nennt eine ziselierte Inschrift die göttlichen Gaben, die Osiris dem König zuweist.

108, 109 Die Detailaufnahme läßt das feine Profil der Göttin erkennen, das an ramessidische Königinnen erinnert. Wie bei der Figur des Horus sind die Lapislazuli-Einlagen der Perücke verloren. Auf der Rückseite der Götterkrone ist eine der Ösen zu sehen, an denen die Triade aufgehängt werden konnte. Obwohl sie meist als ein Anhänger angesehen wird, legen es die ungewöhnlich großen Abmessungen der Basisplatte doch nahe, eher an die Verzierung einer Kultbarke zu denken.

110 Im Musée du Louvre in Paris befindet sich eine großartige Arbeit von nur 9 cm Höhe, die nicht aus den Gräbern von Tanis stammt, sondern Ende des 19. Jahrhunderts im Kunsthandel erworben wurde. Sie trägt den Namen Osorkons II., dessen Züge man wohl in der Osirisfigur erkennen darf, die in Erwartung der Wiedergeburt auf einem Pfeiler aus Lapislazuli hockt. Zu ihren Seiten erheben der falkenköpfige Horus und die Göttin Isis schützend ihre Hände. Die Ausgewogenheit des Bildaufbaus und die Eleganz der massiv goldenen Figuren setzen diese Triade unter die Meisterwerke der ägyptischen Goldschmiedekunst.

107

108

109

110

ten gemacht wurde, gibt zu der Vermutung Anlaß, daß zu jener Zeit das Silber aus dem griechischen Bereich kam, aus den Minen von Laurion und von den Kykladen. Erst seit der Mitte des 2. Jahrtausends v.Chr. erwähnen hieroglyphische Texte die Herkunft des Silbers: Libyen und vor allem die Länder des Vorderen Orients, wo die Pharaonen sich nun ein Weltreich aufbauten. In diesen Gebieten mit ihrer weiter fortgeschrittenen Metallurgie verstand man sich seit langer Zeit auf die Verarbeitung von silberhaltigen Bleierzen. Neuere Untersuchungen deuten aber auch darauf hin, daß ein großer Teil des ägyptischen Silbers aus denselben Minen kam wie das Gold. Die Herkunft des Silbers von Tanis ist schwer zu bestimmen, solange keine naturwissenschaftlichen Analysen vorliegen. Die politische Lage erlaubt jedoch den Schluß, daß es zum Teil aus dem internationalen Warenverkehr vor allem mit den Phönikern stammte, deren Seeverkehr gerade am Anfang seiner Expansion stand. Noch läßt sich nicht sagen, ob das Metall schon aus dem spanischen Reich von Tartessos kam; im Widerspruch zu den Zeugnissen der klassischen Antike sprechen die archäologischen Indizien augenblicklich dagegen, daß es vor 750 v.Chr. wirkliche phönikische Kolonien entlang der andalusischen Ostküste gegeben hat.

Wegen ihrer Anfälligkeit gegenüber der Korrosion sind die meisten Silberobjekte aus Altägypten verloren; es ist ein überraschender Glücksfall, daß die Gräber von Tanis trotz ihrer Lage im feuchten Boden des Deltas die außergewöhnlichste Sammlung ägyptischer Silberarbeiten bewahrt haben. Die Hauptwerke sind natürlich die großen Silbersärge des Psusennes und Scheschonk II., die in der ganzen pharaonischen Geschichte nicht ihresgleichen haben. Wenn man noch die Silbergefäße und die Eingeweidesärge Scheschonks II. dazurechnet, dann kann die Bedeutung der Silberbeigaben mit gutem Recht als einzigartig bezeichnet werden. Hier stellt sich die Frage nach den Gründen dieser Vorliebe für ein Metall, das im Grab des Tutanchamun fast völlig fehlte. Vermutlich muß man hierin die Reaktion auf eine gewisse Goldknappheit sehen.

Die Kunst des Bronzegusses, die in der Dritten Zwischenzeit ihren Höhepunkt erlebte, ist im Königsfriedhof von Tanis recht schwach vertreten. Es muß auffallen, daß zu einer Zeit, in der die Künstler äußerst feine Bronzestatuen wie beispielsweise die Karomama im Musée du Louvre schaffen, in den Königsgräbern von Tanis kaum eine Spur dieser Kunstgattung zu finden ist. Sicherlich waren diese Statuen eher für Tempel als für Gräber bestimmt; die wenigen offiziellen Statuen, die erhalten sind, kleine Figuren des Königs, der das tägliche Tempelritual vollzieht, und die zahlreichen Votivbronzen stammen meist aus Heiligtümern. Auch die hohe Korrosionsanfälligkeit des Metalls ist einer der Gründe für die Seltenheit von Bronzen in Gräbern.

Ohne chemische Analysen ist eine Unterscheidung von Objekten aus Kupfer und solchen aus einer Kupfer-Zinn-Legierung schwierig. Vielleicht war wie beim Tutanchamun-Grab noch in Tanis Kupfer häufiger als Bronze, die nur für bestimmte Objektgruppen verwendet wurde, bei denen ein höherer Härtegrad gefordert war, beispielsweise bei Waffen. Kupfer, das die Ägypter in reichen Vorkommen im Sinai und in der Ostwüste fanden und später auch aus Syrien und Zypern importierten, wurde zu allen Zeiten der altägyptischen Geschichte verwendet. Seine Verarbeitung ist schon in prähistorischer Zeit Anfang des 4. Jahrtausends v.Chr. belegt. Die frühesten Königsgräber enthielten erstaunliche Mengen von Kupferobjekten: Gefäße, Waffen, Werkzeuge. Später, in der Pyramidenzeit, vergleichen bisweilen die Texte das Flimmern der Sterne mit dem schimmernden Glanz des Kupfers, aus dem auch die Gebeine des toten Königs bestehen. Erst im Mittleren Reich, um 1900 v.Chr., lernen die Ägypter, eine Legierung aus Kupfer und Zinn herzustellen, und treten damit in die Bronzezeit ein. Wie auf vielen anderen Gebieten der Metallurgie war Ägypten auch hier gegenüber seinen Nachbarn im Vorderen Orient deutlich im Rückstand.

111 Die 60 cm hohe hervorragende Sandsteinstatue Osorkons I. wurde in Byblos im Libanon gefunden. Sie trägt eine Widmung des Königs von Byblos in phönikischer Alphabetschrift und belegt die engen Verbindungen zwischen dieser Region und Ägypten zu Beginn des 1. Jahrtausends v.Chr. Die Statue wurde von Pierre Montet ausgegraben und befindet sich heute im Musée du Louvre in Paris.

Außer den verschiedenen Waffen – Dolchen, Schwertern, Lanzen und Pfeilen –, die dicht bei den Mumien lagen, treten Kupfermetalle in Tanis nur gelegentlich bei der Grabausstattung auf. Sie finden bei der Herstellung einzelner Sargteile Verwendung, so bei den Augen, die in Metallumrahmungen eingesetzt sind, oder bei den Befestigungszapfen der Bärte. Zu den wenig aussagekräftigen Zeugnissen der Bronzekunst dieser Zeit gehören noch der Spiegel, der neben dem Kopf des jungen Prinzen Hornacht gefunden wurde, der Räucherständer mit den Kartuschen Ramses' II. aus dem Grab des Psusennes und einige Uschebti-Serien. Die einzige Ausnahme scheint das Grab des Amenemope zu bilden, das eine ganze Gruppe von Bronzegefäßen besitzt. Wahrscheinlich jedoch darf man hierin nicht eine besondere Vorliebe für dieses Material sehen; es handelt sich wohl eher um ein Indiz relativer Dürftigkeit seiner Grabausstattung. Zum Zeitpunkt der königlichen Bestattung freilich konnte der strahlende Glanz dieser Gefäße unschwer mit den aus viel kostbareren Metallen gefertigten Grabbeigaben seiner Vorgänger konkurrieren.

Die Edelsteine

Im Totenschmuck der Pharaonen verband sich der Glanz der Edelmetalle mit den leuchtenden Farben der Edelsteine, die nach ihrer Farbe und Oberfläche, aber auch nach ihren magischen Eigenschaften ausgewählt wurden. Rote Steine galten als Schutz gegen böse Mächte, grüne und blaue, die in Tanis besonders oft verwendet wurden, halfen dem Toten auf seinem Weg zur Auferstehung. Weder ihre Seltenheit noch ihre Fähigkeit, das Licht zu brechen, waren für den ägyptischen Goldschmied Auswahlkriterien. Die Ägypter kannten keine Juwelen, wie sie in unseren Schaufenstern funkeln, Diamanten, Rubine, Saphire, Smaragde. Sie verstanden es vielmehr, mit sicherem Geschmack und höchster handwerklicher Meisterschaft die leuchtenden Farben ihrer Lieblingssteine zur Geltung zu bringen, das warme Rot des Karneol, das Blaugrün des Türkis und das tiefe Blau des Lapislazuli.

An Karneol und Türkis war in Ägypten kein Mangel. Karneol, altägyptisch »hereset«, der die lebensspendenden Eigenschaften des Blutes besaß, konnte ohne großen Aufwand in den Wüsten östlich des Niltals gesammelt werden. In manchen Texten steht Karneol als Synonym für »Zorn«, und seine furchterregenden Eigenschaften wehrten den Angreifer ab. Türkis, »mefkat«, kam aus den Minen des Sinai, in die die Pharaonen Expeditionen zur Materialgewinnung aussandten. Die leuchtende Farbe des Türkis, die an das Aufsprießen junger Pflanzen im Frühling denken ließ, war gleichbedeutend mit Lebenskraft und Lebensfreude. Seine Verwendung in der Grabausstattung sollte wohl dem Toten die Freuden der Wiedergeburt garantieren. Türkis war der Stein der Göttin Hathor, der Schutzherrin des Sinai. Auf einer Stele aus der Zeit um 1800 v.Chr. berichtet der Leiter einer Steinbruchexpedition, daß es eine besonders günstige Zeit für die Türkisgewinnung gab, da der Stein seine Farbe je nach Temperatur ändert. Nur Lapislazuli, »chesbed«, kam nicht aus Ägypten selbst. Seit vorgeschichtlicher Zeit wurde er über mesopotamische Händler aus dem fernen Afghanistan importiert. Dort scheint er nicht sehr selten gewesen zu sein; der Schatzfund des Mittleren Reiches aus Tod enthält über zweihundert Lapislazulistücke, deren Herkunft durch keilschriftliche Aufschriften gesichert ist. Der Text entspricht dem auf einer der Lapis-Perlen in einem Halskragen des Psusennes, während dessen Nachfahre Scheschonk II. ein mesopotamisches Rollsiegel aus dem gleichen Material besaß. Lapislazuli, aus dem nach den alten Mythen Bart und Haare der Götter bestanden, hatte ähnliche Eigenschaften wie Türkis und scheint von den Königen der 21. und 22. Dynastie besonders geschätzt worden zu sein; sie ließen sich mehrreihige Halskragen mit runden

Perlen, Teile der Armreife, Ringplatten und zahlreiche Anhänger aus Lapislazuli fertigen.

Es gibt noch weitere Steine, die von den altägyptischen Juwelieren verarbeitet wurden, roter Jaspis, »chenemet«, dessen leuchtende Farben vor Feinden schützte, grüner Feldspat oder Amazonit, »neschemet«, dessen Farbe an die Auferstehung denken ließ, gestreifter Chalzedon, Kalzitalabaster, Obsidian und Bergkristall. Granat aus dem Sinai und Amethyst, besonders im Mittleren Reich hoch geschätzt, kommen beim Schmuck von Tanis nicht vor. Generell bevorzugen die tanitischen Goldschmiede kühle Farben und stehen damit in einem deutlichen Gegensatz zum Schmuck Tutanchamuns.

Manchmal war die Wahl des Materials genauestens durch das Ritual vorherbestimmt, und der Kunsthandwerker mußte beispielsweise nach den Vorschriften des Totenbuchs das Amulett in Form einer Kopfstütze aus Hämatit fertigen oder den Herzskarabäus aus grünem Jaspis, aus »nemehef«. Der hohe Härtegrad und die Seltenheit dieser Steine veranlaßten ihn jedoch häufig, sich über diese Vorschriften hinwegzusetzen.

Die teils erheblichen Schwierigkeiten bei der Materialbeschaffung bewegten die Ägypter auch dazu, geeignete Ersatzstoffe zu entwickeln. Seit der Vorgeschichte beherrschte man die Oberflächenveredelung weicher Gesteine wie Steatit durch eine blaue oder grüne emailähnliche Glasur. Man hatte auch bereits das Geheimnis der »ägyptischen Fayence« entdeckt, einer Masse aus Quarzsand, die mit einer kupferhaltigen Glasur von blauer oder grüner Farbe überzogen wurde.

Meist diente sie als Edelsteinersatz, und wahrscheinlich handelt es sich bei dem leuchtenden »tjehenet«, das in den Texten neben Türkis und Lapislazuli genannt wird, um diese Fayence. Seit dem Neuen Reich stellte man Fayence in den verschiedensten Farben her. Da sie als Rohmaterial eine leicht modellierbare oder in Modeln formbare Masse war, konnten aus ihr die unterschiedlichsten Gegenstände geformt werden: Perlen, Ringplatten oder ganze Ringe, Statuetten und Einlagen. Das »Ägyptisch-Blau«, ein Doppelsilikat aus Kalk und Kupfer, war schon zur Zeit des Cheops bekannt. Sein intensives Blau machte es zu einem sehr brauchbaren Ersatz für Lapislazuli. Farbiges Glas wurde allgemein erst seit dem Neuen Reich verwendet. Mit seinem Glanz und der Intensität seiner Farben ahmt es Lapislazuli, Karneol und grünen Feldspat so originalgetreu nach, daß es oft nicht einfach ist, den Unterschied mit bloßem Auge zu erkennen. Das gilt nicht für Einlagen aus Bergkristall, die, in farbig getönte Kittmasse verlegt, zu dieser Zeit ebenfalls als Ersatz für farbige Steine verwendet wurden. All diese Ersatzstoffe hatten in den Augen der Ägypter geringeren Wert als die echten Steine. Trotzdem fanden sie teilweise auch für die Herstellung anspruchsvoller Schmuckstücke Verwendung, bei Tutanchamun wie bei den Königen von Tanis.

Handwerker und Goldschmiede

Wenig ist über die Handwerker bekannt, die diese großartigen Arbeiten ausführten; wie in vielen anderen Fragen muß man auch hier auf Quellen des Neuen Reiches zurückgreifen. Ein berühmtes Literaturwerk, das ägyptischen Schülern als Schulbuch diente, die »Satire der Berufe«, schildert die Arbeit der Goldschmiede in recht finsteren Farben:

> »Niemals habe ich einen Goldschmied gesehen, der [zu einem wichtigen Auftrag] ausgeschickt worden wäre; ich habe aber den Metallarbeiter an seinem Ofen gesehen. Seine Finger waren aufgesprungen und runzelig wie die Haut des Krokodils, und er stank ärger als Fischlaich.«

Offenbar wird hier etwas schwarzgemalt, um den Beruf des Schreibers herauszustellen, denn es sind Goldschmiede bekannt, die keineswegs in Not lebten. Natürlich gab es innerhalb des Berufes eine strenge Rangfolge, und Welten lagen zwischen den »Obergoldschmieden«, hohen Beamten, die sich aufgrund ihres Reichtums ein prachtvolles Grab in Sakkara-Nord leisten konnten, und dem einfachen Arbeiter, der mit Schmelztiegel, Blasebalg und Zangen hantierte. Trotzdem werden die Handwerker, soweit man das aufgrund der erhaltenen Quellen feststellen kann, ein verhältnismäßig gutes Leben geführt haben. Aus Familienstammbäumen läßt sich ablesen, daß Berufe vom Vater auf den Sohn übergingen.

Die einzelnen handwerklichen Tätigkeiten waren hochspezialisiert; neben den Goldschmieden nennen die Texte die Gießer, die das Edelmetall in Barren gossen, die »Dünngoldmacher«, die das Blattgold schlugen, die Steinschneider, die die farbigen Steine zurechtmachten, die »Fayenciers«, die Perlenmacher, die Kragenmacher... Die Motiventwürfe für Schmuck, besonders wenn es sich um kultischen Schmuck handelte, wurden manchmal von sehr hochgestellten Persönlichkeiten überwacht, von Oberbildhauern oder Hohenpriestern. Eines der bedeutendsten Zentren der Metallkunst war Memphis, die alte Reichshauptstadt, in der Ptah, der Schutzherr der Handwerker und Goldschmiede, zusammen mit Sokaris, dem Gott der Metallgießer, verehrt wurde. Die meisten Goldschmiede standen in königlichen Diensten; manche waren an den großen Tempeln Ägyptens tätig, vor allem am Amuntempel in Theben, konnten aber auch für verschiedene private Auftraggeber arbeiten.

Goldschmiede, Bronzekünstler und Steinschneider werden oft unmittelbar nebeneinander abgebildet, und wenn sie schon nicht eine gemeinsame Werkstätte teilten, so arbeiteten sie doch in direkter Nachbarschaft. Die Wandbilder vieler thebanischer Gräber, beispielsweise des Wesirs Rechmire oder der Goldschmiede Nebamun und Ipuki, zeigen sie bei der Arbeit mit ihrem äußerst einfachen Handwerkszeug, über den aus einem großen Gefäß gefertigten Schmelzofen mit glühenden Kohlen gebückt. Der Blasebalg war bis zum Neuen Reich nichts anderes als ein einfaches Binsenrohr mit Lehmmuffen, in das der Arbeiter blies; später traten an seine Stelle Lederschläuche mit Düsen, die mit den Füßen getreten und an Riemen wieder hochgezogen wurden, wie es noch heute bei afrikanischen Stämmen beobachtet werden kann. Der Goldstaub und die verschieden geformten Barren – Ringe oder Riegel – wurden auf einer Balkenwaage sorgfältig gewogen. Das Metall wurde in tönernen Tiegeln, die man mit Zangen hielt, geschmolzen und anschließend in Formen gegossen oder zu dünnen Blechen ausgeschlagen. Man bearbeitete das Blech auf einer glatten Unterlage mit polierten Steinen oder mit Kalkstein- und Bronzehämmern. Anstelle von Feilen wurden verschiedene Schmirgelmittel verwendet; Sandstein, Quarzit, Sand glätteten die Unebenheiten und erzeugten die schimmernde Oberfläche. Zum Schneiden von Metall benutzte man nicht Sägen, sondern verwendete lieber Stichel aus Kupfer und Bronze oder Feuersteinklingen. Löcher wurden mit großen Spitzwerkzeugen in das Metall geschlagen.

Nachdem die Steinschneider die passenden Steine ausgesucht hatten, machten sie sich an deren Zuschnitt und schliffen sie auf gleiche Stärke ab. Manche Darstellungen zeigen uns den folgenden Arbeitsschritt: Der Handwerker durchbohrt Perlen mit einem Drillbohrer, der mit einer Bogensehne in Drehung versetzt wird. Die technischen Verfahren zur Erzielung regelmäßiger Perlenformen sind nicht bekannt. Wahrscheinlich wurden Kugelperlen wieder und wieder zwischen zwei Schleifplatten aus Stein, beispielsweise Quarzit, gerollt; Zylinderperlen schliff man auf ähnliche Weise in Rillen. Die Oberfläche wurde anschließend mit einer Sandmischung poliert. Die Herstellungsverfahren für Miniaturperlen oder für Perlen komplizierterer Formen bleiben ein Geheimnis, und gerade angesichts der einfachen Werkzeuge, die den ägyptischen Steinschneidern zur Verfügung standen, steht man voll Staunen vor ihren meisterhaften Leistungen.

112 Zeitgleich mit den Schätzen von Tanis, belegt der kostbare goldene Halsschmuck des Priesterkönigs Pinodjem die Kunstfertigkeit des thebanischen Handwerkers. Wie beim Schmuck des Psusennes (Abb. 11) treten hier Bündel von glockenförmigen Blüten auf. Das Collier gehört zum altägyptischen Schmuck des Musée du Louvre in Paris.

Mit ähnlich einfachen Techniken meisterten die Ägypter auch die verschiedensten Verfahren der Metallbearbeitung. Sie wußten, daß man den Schmelzpunkt eines Metalls durch die Legierung mit einem unedlen Metall herabsetzen konnte, und sie hatten verschiedene Löttechniken entwickelt, mit deren Hilfe sie selbst feinste Einzelteile zusammenfügen konnten: Lötung mit Feuer und Hartlötung mit Kupfersalzen, wobei man so gewöhnliche Rohstoffe wie Natron und Malachit verwendete.

Schon im Mittleren Reich hatten die Ägypter von ihren östlichen Nachbarn die Geheimnisse der Filigranarbeit und der Granulationstechnik gelernt. Diese Verzierungstechniken waren unter den späten Ramessiden äußerst beliebt, fehlen aber eigenartigerweise beim Tanis-Schmuck fast völlig. Einzig im Grab des kleinen Prinzen Hornacht finden sich einige wenige Beispiele höchst mäßiger Qualität.

Bewandert in den Techniken der Bronzeverarbeitung, waren die Ägypter auch Meister in der Kunst des Wachsausschmelzverfahrens. Bei Edelmetallen angewandt, war dies eine kostspielige Methode; gelegentlich wurde sie jedoch in Tanis wie anderswo für die Herstellung der Uräusschlangen an Königsfiguren und der massiven Anhänger in Gestalt von Götterfiguren verwendet, so für die Isisfigur des Wen-djebau-en-djed oder für die Triade Osorkons II.

Metallfolien wurden von den Kunsthandwerkern mit größter Kunstfertigkeit verarbeitet. Das auf einen weniger kostbaren Kern aufgeklebte oder aufgenagelte hauchdünne Gold- oder Silberblatt verlieh den einfachsten Gegenständen ein völlig verändertes Aussehen. Der Holzsarg des Amenemope mit seinem Goldüberzug auf Gesicht und Händen ist ein eindrucksvolles Beispiel für diese Technik. Auch die Herstellung von Gefäßen mit ihren klaren Formen ging letztlich von dünnen Gold- oder Silberblechen aus; man wandte das Verfahren der Treibarbeit an, bei dem das Metall einfach gehämmert und mehrfacher Erhitzung ausgesetzt wurde. Auf diese Weise entstanden die meisten Kultgefäße der Könige von Tanis, die Schalen und die Becher mit dem Perlstabornament. Der gleichen Technik bediente man sich offenbar auch für die Goldmasken und die Silbersärge.

Perlen, Anhänger der Halskragen und alle einfachen Schmuckelemente, die man in großen Stückzahlen verwendete, wurden oft in Modeln aus Stein, Holz oder Keramik getrieben. Je dünner die Goldfolien waren, desto eher konnten sie mit Knochen- oder sogar Holzwerkzeugen bearbeitet werden. Der Kunsthandwerker führte die einzelnen Motive im Negativ aus, indem er das Werkstück auf einen elastischen Untergrund legte. Das prachtvolle Pektoral des Amenemope liefert das vollkommenste Beispiel: Auf der Rückseite erscheinen die Motive im Negativ, während sie sich auf der Vorderseite als Relief abheben.

Eine ganz ähnliche Technik, das Prägen von Metall, beschränkte sich auf Serienfertigung; sie wurde für Götterfiguren und Schutzsymbole wie beispielsweise Udjat-Augen oder Djed-Pfeiler angewendet, die in großen Stückzahlen hergestellt werden mußten. Hierbei prägte der Goldschmied das Motiv mit einem Figurenstempel so oft wie nötig auf die Rückseite der Folie. Das Motiv schnitt man dann entlang seiner Umrisse aus, Detailmotive wurden ziseliert. Eine Darstellung im Grab des Rechmire zeigt, wie dieser letzte Arbeitsgang des Goldschmieds ablief: In einer Werkstatt, in der die Handwerker mit der Herstellung von Edelmetallgefäßen beschäftigt sind, die denen des Psusennes erstaunlich ähneln, schlägt ein Mann, der sich über die gebauchte Wandung einer großen Vase beugt, mit einem Stein einen feinen Meißel. Zweifellos ist er gerade dabei, eine Inschrift zu punzen. Im Gegensatz zur Gravur mit dem Stichel, die in Ägypten kaum vor der Spätzeit Verwendung findet, wird bei dieser Technik keinerlei Metall abgehoben.

Auch die Drähte, die für die Herstellung von Ketten und Reifen nötig waren, wurden aus Goldblech geschnitten. Dieses Verfahren ergab Drähte mit rechteckigem oder dreieckigem Querschnitt; es bleibt die Frage, wie die Ägypter diese feinen Streifen in zylindrische Drähte umarbeiteten. Wurden sie durch Hämmern geglättet, rollte man sie zwischen zwei Steinplatten, um die Kanten abzurunden, oder wurden sie durch kleiner und kleiner werdende Bohrungen von Perlen gezogen? Allein schon die als Blütenstengel gearbeiteten Gegengewichte der schweren Halskragen des Psusennes zeigen die Vielfalt ägyptischer Goldketten: Bei manchen Exemplaren sind die Bündel von glockenförmigen Blüten an einfachen oder doppelten Ketten mit quadratischem Querschnitt aufgehängt, während andere Ketten aus dreifachen Ringen bestehen, die einfach ineinandergefädelt sind. Unter Scheschonk II. hatten sich Geschmack und Technik verändert; die Anhänger, die der König trug, werden von einem äußerst schlichten, um den Hals gelegten Goldblechstreifen gehalten.

Ähnliche Goldblechstreifen wurden von den Goldschmieden für die schwierige Zellentechnik verwendet. Dazu lötet man auf ein Blech Stege, deren Verlauf den Umriß und die Innenzeichnung des gewählten Motivs bestimmt. Jede so entstandene Zelle nimmt einen farbigen Stein auf, der, paßgenau zugeschnitten, mit einem Klebemittel befestigt wird. Die Oberfläche der fertigen Einlegearbeit wird anschließend sorgfältig poliert. Diese typisch ägyptische Technik geht bis auf das Alte Reich zurück und bleibt während der ganzen pharaonischen Geschichte äußerst beliebt. Die Halsketten des Psusennes mit ihren Pektoralen, die Armreife mit Udjat-Auge bei Scheschonk II., der großartige Reif des Psusennes mit geometrischem Muster und all die vielen anderen Schmuckstücke aus Tanis zeigen die bewundernswerte Qualität dieser Dekorationstechnik, die der Farbe der nebeneinander gesetzten Steine durch deren Umrahmung mit einem feinen Goldsaum besondere Strahlkraft verleiht.

Drei Jahrtausende lang verstanden es die ägyptischen Goldschmiede, ihre Kunstfertigkeit in den Dienst der toten Könige zu stellen, ohne zu Gefangenen ihres Materials zu werden, das seit den frühesten Dynastien mit Symbolen und Bedeutungen überfrachtet war. So entstand dieser Schmuck für die Ewigkeit, eine kostbare Ausrüstung zur Bewältigung des Weges ins Reich der Toten und zugleich eine der größten künstlerischen Leistungen. Die in den Königsgräbern von Tanis aufgehäuften Schätze bezeugen in eindrucksvoller Weise, daß am Beginn des ersten Jahrtausends das Gespür für Farbe und Symmetrie, die künstlerische Kreativität und die meisterliche Beherrschung schwierigster Techniken noch in voller Blüte standen.

113

114

Schlußwort

113 Nur wenige Denkmäler haben das Bild des Königs Siamun bewahrt, der von 979 bis 960 v.Chr. in Tanis regierte. Zweifellos darf man seine Züge im Gesicht der Sphinxfigur erkennen, die seine Kartusche trägt. Nur 10 cm lang, zeigt die Bronzefigur mit ihren Golddrahteinlagen die außergewöhnliche Qualifikation der Metallkünstler dieser Zeit. Die Statuette befindet sich ebenfalls im Musée du Louvre in Paris.

114 Die Gold- und Fayenceplättchen aus den Gründungsgruben eines tanitischen Tempels tragen die Kartusche des Siamun, der als großer Bauherr in die Geschichte eingegangen ist.

115 Während der Dritten Zwischenzeit pflegten die Delta-Könige eine Prinzessin aus ihrer Familie nach Theben zu entsenden, um dort die Rolle der »Gottesverehrerin des Amun« zu übernehmen. Zur Ehelosigkeit verpflichtet, regelten die Gottesgemahlinnen ihre Nachfolge durch Adoption. Sie besaßen beträchtlichen politischen Einfluß. Eine von ihnen, Karomama, Zeitgenossin Osorkons II. und Takelots II. (um 880–830 v.Chr.), ist in einer großartigen Bronzestatue von 59 cm Höhe dargestellt, die sich heute im Musée du Louvre in Paris befindet. Mehr noch als die elegante Gestalt verdienen die prachtvollen Einlagen aus Silber, rötlichem Gold und Elektrum Bewunderung.

116, 117 Im Jahre 1915 wurde in Tell Mokdam im Delta ein Grab entdeckt, das den kostbaren Schmuck der Mutter Osorkons III. enthielt. Das prachtvolle, 11,7 cm hohe Pektoral stellt die Geburt der Nachtsonne dar, die in Widdergestalt aus einem Lotos aufsteigt, unterstützt von Isis und Maat. Die schlichte Harmonie der Figuren aus Lapislazuli und vergoldetem Silber ist wie das Motiv den Schmuckstücken von Tanis vergleichbar. Die Rückseite zeigt das gleiche Bildschema in Goldblech getrieben; die Einlagen des Lotos mit seinen Blättern in Zellentechnik bilden den einzigen farblichen Akzent.

Die bedeutendste Entdeckung Montets in Tanis ist zweifellos der Grabkomplex des Königs Psusennes I. Diese fünf zu einem Baukörper zusammengeschlossenen Grabräume haben jedoch eine recht verwickelte Geschichte, denn immer wieder kam es durch neue Grabinhaber zu Nachbestattungen und Umbettungen. So fand Montet in ein und demselben Grab mehrere Mumien, die einen Zeitraum von hundert Jahren abdecken. Deswegen erscheint es angebracht, die verschiedenen Belegungsphasen des Königsgrabes abschließend noch einmal darzustellen.

Das bedeutendste von Montet in Tanis gefundene Grab hat mehrere Veränderungen erfahren. Zunächst für den zweiten König der 21. Dynastie, Psusennes I., und für seine Königsgemahlin Mut-nedjemet angelegt, die in den beiden Granitkammern bestattet wurden, nimmt es schon bald die sterblichen Überreste des Oberkommandierenden der Armee Seiner Majestät auf, des Königssohnes Anchef-en-Mut, der in einem kleinen Raum an der Südseite des Grabes zwischen Vorraum und Eingangsstollen beigesetzt wird; diese Kammer, eine bauliche Erweiterung des Grabes, wird in ausgeraubtem Zustand aufgefunden. Nach ihm kommt Wen-djebau-en-djed, der Oberste der Bogenschützen des Psusennes. Er wird in der Nachbarkammer bestattet; in diesem unberührten Raum, der keinen direkten Zugang zum Vorraum hat, fand man seinen reichen Grabschmuck. Dann wird der Sarg des Königs Amenemope, des Nachfolgers Psusennes' I., der ein für ihn errichtetes Grab im Nordwesten der Nekropole besessen hatte, umgebettet und in der Sargkammer der Mut-nedjemet beigesetzt, wobei deren Mumie und Grabausstattung verlorengingen.

Schließlich fand Montet ohne Steinsarkophag im Vorraum abgestellt den Silbersarg des Königs Scheschonk II. aus der 22. Dynastie. Links von ihm lag eine Frau, rechts ein Mann, zwei Unbekannte, die offenbar zu den engsten Vertrauten Scheschonks II. gehörten. Diese wiederholten Öffnungen und Schließungen des Grabkomplexes des Psusennes haben die Grabkammer dieses Königs nicht in Mitleidenschaft gezogen. Die Ordnung in den Grabbeigaben der verschiedenen Toten ist jedoch dadurch durcheinandergeraten und fand sich auf gut Glück vermischt über verschiedene Räume verstreut. Außerdem scheint das Grab des Generals Anchef-en-Mut bei der Bestattung Scheschonks II. zerstört worden zu sein.

So folgen über mehr als ein Jahrhundert mehrere Veränderungen. Bis zum Ende der 22. Dynastie waren schließlich im Grab Psusennes' I. mindestens acht Personen bestattet worden: der König Psusennes I., seine Gemahlin Mut-nedjemet, deren Mumie bereits entfernt worden war, um dem König Amenemope Platz zu machen, dann der Oberkommandierende Anchef-en-Mut, der Oberste der Bogenschützen Wen-djebau-en-djed und schließlich der König Scheschonk II., begleitet von zwei Unbekannten. Psusennes oder Mut-nedjemet wurden gegen 990 v. Chr. als erste in diesem Komplex beigesetzt, die letzten Bestattungen fanden gegen 880 v. Chr. statt. Von da an

115

116

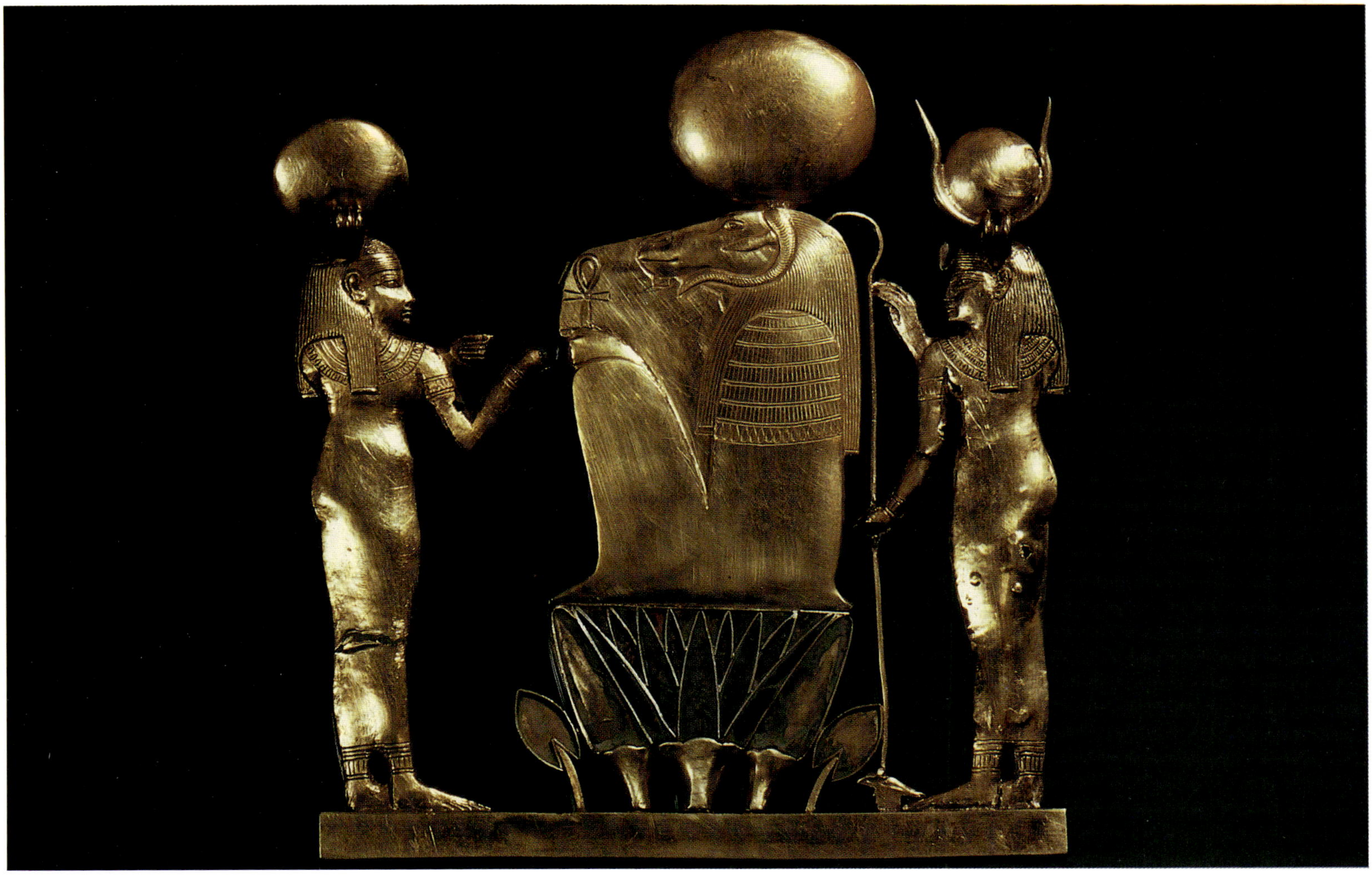

117

wurde das Grab nicht mehr geöffnet – bis zu Montets Grabungen 1939/40 und 1945/46.

Die unmittelbar nebeneinanderliegenden Gräber Scheschonks III. und Osorkons II. in der Südwestecke des Tempelbezirks von Tanis waren bei ihrer Entdeckung bereits ausgeraubt. In der Sargkammer des Königs Osorkon II. hatte man jedoch dessen Sohn bestattet, den ihm die Königin Karomama geboren hatte, den jugendlichen Amunpriester Hornacht, der schon mit neun Jahren gestorben war und dessen Grabausstattung den Grabräubern teilweise entging. Auf diese stolze Bilanz kann Montet als Ergebnis seiner Arbeiten im Königsfriedhof von Tanis blicken.

Zukünftige Entdeckungen

Hat Tanis damit alle seine Königsgräber preisgegeben? Montet selbst war anderer Ansicht. Er schreibt hierzu 1952 in seinem Buch »Les Enigmes de Tanis« (Die Rätsel von Tanis): »Seit die Untersuchung (der freigelegten Gräber) abgeschlossen ist und wir festgestellt haben, daß es in ihrer Nähe keine weiteren Gräber gibt, fragen wir uns immer wieder, wo die anderen Königsgräber der tanitischen Dynastien verborgen liegen.« Und er fährt fort: »Wir sind nach wie vor davon überzeugt, daß im Tell von San noch weitere Königsgräber stecken. Diese Überzeugung gewannen wir schon 1939 und 1940, als wir unter den Grabbeigaben Takelots II., Scheschonks II. und Scheschonks III. Objekte fanden, die ihren Vorgängern gehört hatten. (...) 1947 bekräftigte ein Zufallsfund diese Überzeugung. Im Juni-Heft 1947 des Bulletin of the Museum of Fine Arts Boston wird eine vollständig erhaltene Kalzit-Kanope veröffentlicht, deren Inschrift für den König Smendes, den Vater und Vorgänger unseres Psusennes, den Schutz von Amset und Isis erbittet.«

Seit einem Vierteljahrhundert hat das Areal von Tanis keine wichtigen Entdeckungen mehr geliefert. Man darf aber annehmen, daß weitere Gräber gefunden werden können, die vielleicht den Grabräubern entgingen – vorausgesetzt, daß mit entsprechendem materiellem Einsatz gearbeitet werden kann. Zunächst einmal müßte festgestellt werden, wo im riesigen Gelände von Tanis die noch fehlenden Königsgräber liegen könnten. Montet meint dazu: »Weitere Königsgräber verbergen sich weder innerhalb der Umfassungsmauer des Psusennes noch im Bezirk des Siamun. Künftige Archäologen werden sie außerhalb des Zentralbereichs des Tell von San suchen müssen – und vielleicht finden.« Er glaubte sogar, im Nordostbereich eine Geländestruktur entdeckt zu haben, die er für »eine Lehmziegel-Pyramide und vielleicht das Grab eines Hyksos-Königs« hielt.

Ohne Zweifel ist Tanis als Forschungsobjekt und Grabungsplatz noch lange nicht erschöpft. Jedenfalls hat Pierre Montet in Tanis mehr geleistet, als Reichtümer und Schätze auszugraben. Er hat nicht nur zwei unbekannte Pharaonen nachgewiesen, die im Königsbuch nicht belegt sind, Amenemope und Scheschonk II., sondern er hat auch eine Epoche pharaonischer Geschichte ins Bewußtsein gehoben, die bislang verkannt und mißachtet wurde. Er hat gezeigt, daß diese Epoche nicht eine Zeit des Verfalls und der Auflösung ist, wie allgemein angenommen wurde, sondern ganz im Gegenteil ein Zeitabschnitt, in dem das Ansehen Ägyptens bei seinen Nachbarn noch hoch im Kurs stand. Die tanitischen Könige der 22. Dynastie verstehen es, die dominierende Stellung wiederzugewinnen, die das Niltal traditionsgemäß im internationalen Handel einnahm, eine Stellung, die ihnen David und Salomo, die Könige Israels, vorübergehend abgenommen hatten. Sie stellten die ägyptischen Positionen in Vorderasien wieder her und griffen auch für einträgliche Geschäfte auf Libyen aus, das jetzt erstmals einen Aufschwung erlebte.

Die Grabungen von Tanis haben außerdem gezeigt, daß sich die Könige dieser Zeit im Tempelbezirk bestatten ließen, ein Brauch, den später laut Herodot ihre Nachfolger, die Könige der Saitenzeit, aufgreifen.

Aufwertung der Spätzeit

Aber auch auf kunstgeschichtlichem Gebiet haben die so erfolgreichen Grabungen von Tanis zu einer grundlegenden Neubewertung geführt. Montets Entdeckungen offenbaren künstlerische Ausdrucksformen von höchster Vollendung, Reinheit und Klarheit. In höchster Meisterschaft zeigen sich hier die technischen Fähigkeiten in der eigentlichen Goldschmiedekunst, in der Verarbeitung von bunten Edelsteinen oder im Bronzeguß nach dem Wachsausschmelzverfahren. Die Metallkunst ist in den Beigaben der Gräber von Tanis ohne Zweifel in höchster Qualität vertreten. Sicherlich mögen manche Stücke etwas schwach erscheinen, und man wird auch hier und dort einen Niveauverlust feststellen; aber gibt es das nicht zu allen Zeiten?

Generell können die drei Jahrhunderte von 1050 bis 750 v.Chr. als eine Blütezeit der Goldschmiedekunst gelten, wenn auch Plastik, Relief und Architektur einen deutlichen Qualitätsverlust erkennen lassen. Im politischen Bereich ist das Niltal allerdings nur lose vereinigt; obwohl die Rivalität zwischen den Königen von Unterägypten und den Hohenpriestern des Amun, und, wenig später, zwischen den aus Libyen stammenden Königen der 22. Dynastie und den religiösen Würdenträgern von Karnak ein Schwinden der Zentralgewalt bezeichnet, so sind doch die Könige von Tanis die Träger einer Autorität, die sich bis nach Palästina und Libyen ausdehnen kann und dank ihrer wirtschaftlichen Möglichkeiten die höfische Kunst und die Grabkunst auf einem höchst bemerkenswerten Niveau hält.

Ornat und Schmuck, Goldmasken und Amulette, Kultgefäße und Geschirr bilden in Tanis in ihrer Gesamtheit einen der Höhepunkte der Kunstgeschichte. In ihrer künstlerischen Qualität, in ihrem ungewöhnlich guten Erhaltungszustand, in ihrer zeitlichen Geschlossenheit – die Fundobjekte decken gerade ein Jahrhundert ab – gehören die Gräber von Tanis zweifellos zu den sensationellsten Entdeckungen der Archäologie. Aber für all die, die sich von vollendeter Schönheit begeistern lassen, künden die Tanis-Funde auch von einer Zeit, in der der Mensch in prachtvoller Fülle sein Schönheitsideal in den Beigaben Gestalt gewinnen läßt, die er den Toten für ihr ewiges Leben ins Grab mitgibt. Dreitausend Jahre vor unserer Zeit verstanden es diese Handwerker in ihrer Kunstfertigkeit und ihrem untrüglichen Geschmack, die von ihren Vorfahren entwickelten Techniken der Gold-, Silber- und Emailverarbeitung zu neuer Blüte zu führen, um sie kaum bekannten Königen einer vergessenen Epoche als prächtige Ausstattung für ein ewiges Leben mitzugeben.

In manchen Arbeiten gelang es diesen Goldschmieden, alle Formen noch reiner, einfacher, subtiler zu gestalten und zu der für den Grabschatz von Tanis so typischen Kraft und Schlichtheit des Stils zu führen. Bei anderen Stücken griffen sie auf traditionelle Ausdrucksmittel mit ihrer gleißenden Vielfalt von Farbeffekten und ihrer Überfülle von Schutzsymbolen zurück. So haben sie Beispiele altägyptischer Goldschmiedekunst geschaffen, deren Vielfalt im Nebeneinander von neuen Tendenzen und Traditionsbewußtsein zum Zeugnis höchster Kultur wird. Jedes einzelne Stück dieser Armreife, Pektorale, Colliers, Ringe, Gefäße und Amulette fordert in seiner Zeichnung und technischen Perfektion, in seiner außergewöhnlich feinen Abstimmung von farbigen Steinen und blankem Metall unsere Bewunderung heraus, und die Totenmasken rühren uns mit ihren individuellen Zügen an, die weit über die idealisierenden Konventionen der ägyptischen Kunst hinausgehen.

Schließlich erweitern die Funde von Tanis die Kenntnis der altägyptischen Metallkunst beträchtlich, denn die Typen der großartigen Metallgefäße waren zuvor nur ganz selten aus Tempel- oder Grabreliefs bekannt. Dieses Vermächtnis macht den Grabschatz von Tanis zu einem der interessantesten künstlerischen Zeugnisse des Landes der Pharaonen.

So ist die Bilanz, die sich aus den Grabfunden von Tanis ziehen läßt, für Ägypten durchaus positiv. Das ganze Verdienst dieser Rehabilitierung einer ganzen Epoche kommt Pierre Montet zu, dem großen Ägyptologen. Er hat sich in Neuland vorgewagt, hat ausgetretene Pfade verlassen und damit die Spätzeit Ägyptens auf neue Grundlagen gestellt. Als scharfsinniger Forscher und leidenschaftlicher Archäologe hat er eine neue, prächtige Seite im Buch der Kunstgeschichte der Pharaonen aufgeschlagen.

H. St.

Nachbemerkung des Übersetzers

Was für England die Entdeckung des »Tut«-Grabes ist, das wird mit fast fünfzigjähriger Verspätung die Königsnekropole von Tanis für Frankreich werden, wenn im Sommer 1987 die Sonderausstellung TANIS in Paris und Marseille erstmals außerhalb Ägyptens einen Querschnitt von Originalobjekten der französischen Grabungen von Pierre Montet 1939–1946 gibt.

Meine Versuche, diese Ausstellung auch in die Bundesrepublik zu holen, scheiterten an Finanzproblemen. Um so freudiger nahm ich die Anregung auf, eine deutsche Version des vorliegenden Bandes mitzugestalten, der weit über die Ausstellungsobjekte hinaus einen vollständigen und bis ins kleinste Detail gehenden Überblick über den Schatzfund von Tanis liefert. Ich erhoffe mir von der Übersetzung dieses Bandes einen Anstoß für eine umfassende Neubewertung der Epoche von Tanis, insbesondere ihrer Kunst. Architektur, Plastik, Relief, Malerei dieser Zeit verdienen es längst, Wissenschaft und Publikum in gleicher Weise bewußt gemacht zu werden wie die Goldschmiedekunst, die – obwohl nur ein kleines Teilgebiet – im vorliegenden Band in eindrucksvoller Weise die Stellung von Tanis in der Kunstgeschichte Ägyptens bezeugt.

Der besondere Charakter einer Publikation für einen französischen Leserkreis wurde bewußt beibehalten, war doch die Tanis-Grabung auch ein Stück Zeitgeschichte. Abweichungen vom französischen Original beschränken sich weitgehend auf die Aktualisierung fachlicher Details – vor allem der Datierungen – aufgrund neuester Forschungsergebnisse und auf eine Umgestaltung der Bibliographie für einen deutschsprachigen Leserkreis.

Dietrich Wildung

Dank

Der Autor und Fotograf drückt den folgenden Persönlichkeiten seinen tiefempfundenen Dank für die offizielle Genehmigung der Aufnahmen für das vorliegende Buch aus:

Dr. Ahmed Kadry, Präsident der Ägyptischen Altertümerverwaltung beim Ministerium für Kultur in Kairo;

Dr. Mohamed Saleh, Direktor des Ägyptischen Museums in Kairo, für seine großzügige Hilfsbereitschaft;

Jean-Louis de Cénival, Conservateur en chef des Département des Antiquités égyptiennes im Musée du Louvre in Paris und Kommissar der Ausstellung »Tanis« im Grand Palais in Paris, für die Gewährung vieler Erleichterungen.

Er erinnert sich mit Freude an die aktive Rolle, die Jean Cuendet und Luciano Mordasini, schweizerische Botschafter in Kairo, sowie Gerhard Haeny, Direktor des Schweizerischen Institus in Kairo, bei der Vermittlung von Kontakten zu den Behörden der Arabischen Republik Ägypten gespielt haben.

Des weiteren dankt er Camille Montet-Beaucour für die freundliche Erlaubnis, auf den Seiten 64, 83, 86, 102–103 und 127 Zeichnungen und fotografische Dokumente aus »La Nécropole royale de Tanis« von Pierre Montet zu reproduzieren.

Er weist darauf hin, daß die auf den Seiten 40, 55, 71 und 76 schwarzweiß abgebildeten Archivfotos aus der Zeit der Freilegung der Gräber von Tanis 1939–1946 von der Agentur Keystone in Paris zur Verfügung gestellt wurden.

Er dankt zudem Edna R. Russmann, Assistant Curator am Department of Egyptian Art des Metropolitan Museum of Art in New York, für die wertvollen Auskünfte, die sie ihm geben konnte.

Ebenso dankt er Marie-Françoise de Rozières, Restauratorin in der Ägypten-Abteilung des Musée du Louvre, für ihre aufmerksame Hilfestellung während der Aufnahmen in Kairo und Paris.

Schließlich möchte er die erfreuliche Zusammenarbeit hervorheben, die sich bei der Realisierung des vorliegenden Bandes zwischen ihm und Christiane Ziegler, Konservatorin am Musée du Louvre und Kommissarin der Ausstellung »Tanis«, ergeben hat.

Biographie

Pierre Montet, 1885–1966

Pierre Montet, dem die Welt eine der bedeutendsten Entdeckungen der Archäologie verdankt, wurde am 27. Juni 1885 in Villefranche-sur-Saône im Beaujolais geboren. Seit seiner Licence de lettres, die er 1905 erhält, wendet er sich entschlossen der Ägyptologie zu und besucht die Vorlesungen von Victor Loret in Lyon. Im Januar 1910 kommt er als Forschungsstipendiat des Institut français d'Archéologie orientale nach Kairo. Er wendet sich von Anfang an der Feldarchäologie zu und gräbt in Abu Roasch, nördlich von Gisa, in einer frühdynastischen Nekropole sowie in Mittelägypten in den Gräbern von Assiut und Beni Hassan. Anschließend unternimmt er, mit Kamelen ausgerüstet, eine Expedition in die Täler des Wadi Hammamat. Entlang dieser antiken Verbindungsstraße zwischen Niltal und Rotem Meer, wo die Puntexpeditionen in See stachen, gewannen die ägyptischen Steinbrucharbeiter Sandstein, Schiefer und Basalt. Montet nimmt hier zahlreiche unveröffentlichte Inschriften auf und publiziert 1912 die Ergebnisse dieser Expedition, die er zusammen mit dem Geologen Jules Couyat unter schwierigen Bedingungen durchgeführt hat.

Beim Ausbruch des Ersten Weltkriegs wird Pierre Montet eingezogen und wegen seiner Tapferkeit ausgezeichnet. Er wird vor allem im Vorderen Orient eingesetzt und lernt dabei diese geschichtsträchtige Region kennen. Mit Kriegsende wird er 1919 zum Professor für Ägyptologie an der Universität Straßburg ernannt. Von 1920 bis 1924 leitet er Ausgrabungen in der antiken Hafenstadt Byblos, wo schon vor dem Alten Reich die Pharaonen Zedernholz einkauften. Ernest Renan hatte hier 1860 zu graben begonnen. Bereits jetzt zeigt sich Montets Begabung als Feldarchäologe: Er entdeckt die giblitischen Königsgräber und vor allem eine Reihe unberührter Bestattungen aus der Zeit des Mittleren Reiches, deren reiche Beigaben zu einem großen Teil aus ägyptischen Objekten bestehen. Außerdem fördert er mit dem schönen Ahiram-Sarkophag die damals älteste alphabetische Inschrift zu Tage. Auch zwei Tempel legt er frei, deren einer einer ägyptischen Gottheit geweiht ist, ein Beleg für die engen Beziehungen zwischen Niltal und phönikischer Küste. Die Grabungsergebnisse werden 1928 in dem zweibändigen Werk »Byblos et l'Egypte« (Byblos und Ägypten) vorgelegt. In der Zwischenzeit hat Pierre Montet auch seine Doktorarbeit über die Grabreliefs und Malereien aus Memphis und Mittelägypten veröffentlicht; sie erschien 1925 unter dem Titel »Scènes de la vie privée dans les tombeaux égyptiens de l'Ancien Empire« (Szenen aus dem Privatleben in den ägyptischen Gräbern des Alten Reiches). Montet stellt hier ein Verzeichnis der Bildthemen auf den Mastabawänden auf, interpretiert sie im Zusammenhang und liefert damit eine beachtliche Gesamtdarstellung dieses Fragenkomplexes.

1928 gründet Pierre Montet die ägyptologische Zeitschrift »Kêmi« und leitet als Herausgeber dieses Fachorgan für ägyptische und koptische Philologie und Archäologie. In dieser Zeitschrift erscheinen in der Folgezeit mehrere Artikel über seine Entdeckungen in Tanis. Im gleichen Jahr beginnen die Forschungen in Tanis, über die an dieser Stelle nichts gesagt werden muß. Montets erfolgreiche Grabungen sollten sich bis 1956 hinziehen, für fünf Jahre unterbrochen durch den Zweiten Weltkrieg. Er veröffentlicht die Ergebnisse seiner Forschungen 1942 und 1947–1960.

1948 wird Montet zum Professor am Collège de France ernannt und 1953 in die Académie des inscriptions et belles-lettres gewählt. 1963 ist er Präsident der Akademie und Präsident des Institut de France. Er »arbeitete bis zum letzten Augenblick seines Lebens«, schreibt sein Kollege Jacques Vandier. »Wenige Stunden vor seinem Tod beteiligte er sich noch aktiv an unserer Arbeit. In der Nacht nach dieser Sitzung schlief er ein, um nie mehr aufzuwachen.« Das war am 18. Juni 1966, kurz vor seinem 81. Geburtstag. Der Ägyptologe Serge Sauneron faßt zusammen: »Pierre Montet war mit Leib und Seele Archäologe und Wissenschaftler. Byblos und Tanis verdanken ihm ihre Wiederauferstehung.«

Zeittafel zur Freilegung der Gräber von Tanis

1928
Montet erhält die Grabungskonzession für Tanis

1929
Beginn der Grabungen Montets in Tanis

1939
- 27. Februar, 14 Uhr: Montet betritt das ausgeraubte Grab Osorkons II.
- 18. März: Montet betritt das Grab des Psusennes und entdeckt im Vorraum den Silbersarg des Königs Scheschonk II.
- 20. März: Besuch der Konservatoren des Ägyptischen Museums Kairo
- 21. März: Öffnung des Silbersargs von Scheschonk II. in Anwesenheit von König Faruk
- 6. April: Montet bringt die Funde von Scheschonk II. ins Ägyptische Museum Kairo
- 30. April: Ende der Grabungskampagne

1940
- 15. Januar: Forsetzung der Arbeiten der Tanis-Mannschaft; Freilegung der Bestattung des Prinzen Hornacht im Grab Osorkons II.
- 15. Februar: Öffnung des schwarzen Granitsarkophags Psusennes' I. in Anwesenheit des Königs Faruk, der Montet beauftragt, seine Grabungen fortzusetzen
- 1. März: Öffnung des Silbersargs des Psusennes unter Assistenz von Etienne Drioton
- 3.–7. März: Bergung der Beigaben des Psusennes
- 7. März: Der Schatz des Psusennes wird nach Kairo gebracht und im Ägyptischen Museum ausgestellt
- 16. April: Montet betritt die Sargkammer, in der König Amenemope liegt
- 17. April: Öffnung des Sarkophags des Amenemope in Anwesenheit des Königs Faruk
- 3. Mai: Montet bringt den Schatz Amenomepes unter schwerer Bewachung nach Kairo, wo er im Ägyptischen Museum ausgestellt wird
- 13. Mai: Montet reist aus Ägypten ab, um erst 1945 wiederzukommen

1945
- 15. April: Montet zurück in Ägypten
- 18. April: Die Tanis-Mannschaft nimmt die Grabungen wieder auf
- 30. Juni: Ende der Grabungssaison

1946
- 23. Januar: Beginn der 14. Grabungskampagne
- 13. Februar: Alexandre Lézine aus Montets Mannschaft entdeckt das Grab des Wen-djebau-en-djed im Grabkomplex Psusennes' I.
- 8. April: Ende der Grabungskampagne

Ausgewählte Bibliographie

[Académie des inscriptions et belles-lettres] »Séances des 22 février et 1er mars 1946 sur les découvertes de Tanis«, in: *Comptes rendus des séances de l'année 1946*

Alfred, Cyril, *Die Juwelen der Pharaonen*, München–Wien–Zürich 1972

Barguet, Paul, *Le Livre des Morts des anciens Egyptiens*, Paris 1967

Beckerath, Jürgen von, *Tanis und Theben. Historische Grundlagen der Ramessidenzeit in Ägypten*, Glückstadt 1951

Brissaud, Philippe und Jean Yoyotte, in: *L'Egyptologie en 1979*, Bd. I, Paris 1982, S. 195–201

The Cambridge Ancient History, Bd. III: *The Middle East, the Greek World and the Balkans to the 6th Century B.C.*, Neuaufl., Cambridge 1982 (fasc. 1)

Cénival, Jean-Louis de, *Ägypten. Das Zeitalter der Pharaonen*, Fribourg–München 1966 (Weltkulturen der Baukunst)

Daumas, François, *Ägyptische Kultur im Zeitalter der Pharaonen*, München–Zürich 1969

Feucht-Putz, E., *Die königlichen Pektorale*, Bamberg 1967

Gamer-Wallert, I., *Ägyptische und Ägyptisierende Funde von der iberischen Halbinsel*, Wiesbaden 1978

Gomaà, Farouk, *Die libyschen Fürstentümer des Deltas*, Wiesbaden 1974 (Beihefte zum Tübinger Atlas des Vorderen Orients, Reihe B, Nr. 6)

Goyon, Georges, *Rituels funéraires de l'ancienne Egypte*, Paris 1972

Kitchen, K.A., *The Third Intermediate Period in Egypt*, Warminster 1973; 2. erw. Aufl., Warminster 1986

Leclant, Jean (Hg.), *Ägypten. Spätzeit und Hellenismus*, München 1971 (Universum der Kunst Bd. 28)

Lucas, Harris, *Ancient Egyptian Materials and Industries*, 4. Aufl., London 1962

Malaise, M., *Les Scarabées de cœur dans l'ancienne Egypte*, Brüssel 1978

Montet, Pierre, *Byblos et l'Egypte. Quatre campagnes de fouilles à Gebeil*, 2 Bde., Paris 1928

—*Les Nouvelles Fouilles de Tanis*, Paris 1933

—*Les Reliques de l'art syrien en Egypte*, Paris 1937

—»Colliers royaux trouvés dans les tombes de Tanis«, in: *Monuments et Mémoires de la Fondation Eugène Piot*, Bd. 41, 1941

—*Le Drame d'Avaris. Essai sur la pénétration des Sémites en Egypte*, Paris 1941

—»La Nécropole des rois tanites«, in: *Kémi IX*, 1942

—*Tanis, douze années de fouilles dans une capitale oubliée du Delta égyptien*, Paris 1942

—»Les Hôtes du tombeau de Psousennès«, in: *Revue archéologique*, 6. Reihe, Bd. XIX–XX, Paris 1943

—»La Nécropole royale de Tanis à la fin de 1945«, in: *Annales du Service des Antiquités d'Egypte* Bd. XLVI, 1947

—»La Quatorzième Campagne de fouilles à Sân el Hagar, le caveau d'Oundebaounded«, in: *Annales du Service des Antiquités d'Egypte* Bd. XLVII, 1948

—»Vases sacrés et profanes du tombeau de Psousennès«, in: *Monuments et Mémoires de la Fondation Eugène Piot* Bd. 38, 1941, und Bd. 43, 1949

—*Les Enigmes de Tanis*, Paris 1952

—*Isis, ou la recherche de l'Egypte ensevelie*, Paris 1956

—*L'Egypte et la Bible*, Neuchâtel 1959

—*La Nécropole royale de Tanis*, 3 Bde.: 1. *Les constructions et le tombeau d'Osorkon II à Tanis*, Paris 1947; 2. *Les constructions et le tombeau de Psousennès à Tanis*, Paris 1951; 3. *Les constructions et le tombeau de Chéchonq III à Tanis*, Paris 1960

—»Le Lac sacré de Tanis«, in: *Mémoires de l'Institut national de France* Bd. XLIV, 2. Teil, Paris 1966

Niwinski, Andrzej, »Problems in the Chronology and Genealogy of the XXIst Dynasty, New Proposals for their Interpretation«, in: *Journal of the American Research Center in Egypt* 16, 1979

Pirenne, Jacques, *Histoire de la civilisation de l'ancienne Egypte*, 3 Bde., Neuchâtel 1961–1963

Roemer, Malte, »Tanis«, in: *Lexikon der Ägyptologie*, Bd. VI, Wiesbaden 1985, Spalte 184–209

Sauneron, Serge, »Pierre Montet 1885–1966«, in: *Kémi* XVIII, 1968

—und Henri Stierlin, *Die letzten Tempel Ägyptens*, Zürich–Freiburg i.B. 1978

Schott, Siegfried, *Altägyptische Liebeslieder*, Zürich 1950

Stierlin, Henri, *Le Monde des pharaons*, Paris 1978; Genf 1982

—*Egypte, des origines à l'Islam*, Paris 1984

Trigger, Kemp und Lloyd O'Connor, *Ancient Egypt. A Social History*, Cambridge 1985

Vandier, Jacques, »Eloge funèbre de Pierre Montet«, in: *Comptes rendus de l'Académie des inscriptions*, séance du 8 juillet 1966

Vernier, Emile, *La Bijouterie et la Joaillerie égyptiennes*, Mémoires publiés par les Membres de l'Institut français d'archéologie orientale, Kairo 1907

—*Bijoux et orfèvrerie*, 2 Bde., Gesamtkatalog des Ägyptischen Museums Kairo, Kairo 1927

Vilímková, Milada, *Altägyptische Goldschmiedekunst*, Prag 1969

Wilkinson, A., *Ancient Egyptian Jewellery*, London 1971

Yoyotte, Jean, »Les Principautés du Delta au temps de l'anarchie libyenne«, in: *Mélanges Maspéro* I. 4, 1961

—*Die Kunstschätze der Pharaonen. Die Frühzeit, das Neue Reich, die Spätzeit*, Genf 1968

—und Philippe Brissaud, in: *Bulletin de l'Institut français d'archéologie orientale* 78, 1978, S. 103–140.

Zeittafel (I)

Daten und Epochen	Unterägypten	Oberägypten	Kunst und Kultur in Ägypten	Vorderasien
Frühzeit 3100–2700			Grabarchitektur in Sakkara und Abydos	1. Dynastie von Uruk
ALTES REICH				
3. Dynastie 2670–2600	König Djoser und sein Architekt Imhotep König Sechemchet		Beginn der Steinarchitektur Stufenpyramide von Sakkara mit Grabbezirk Unvollendete Pyramide in Sakkara	Byblos wird ägyptische Kolonie
4. Dynastie 2600 2570 2550	König Snofru König Cheops König Chephren König Mykerinos		Pyramiden von Medum und von Dahschur Große Pyramide von Gisa Schatz der Königin Hetep-heres Sonnenboot des Cheops Pyramiden von Gisa Sphinx Osiriskult in Abydos	1. Dynastie von Ur
5.–6. Dynastie 2475–2195	Könige Teti, Pepi I., Pepi II. (reg. 94 Jahre) Expeditionen nach Nubien		Sonnenheiligtümer von Abu Gurob; Pyramiden von Abusir und Sakkara Felsengräber in Mittel- und Oberägypten; Mastaba-Friedhöfe in Gisa und Sakkara	König Sargon von Akkad
ERSTE ZWISCHENZEIT				
2160–2040	Unruhen in ganz Ägypten, politischer Zerfall, Hungersnöte Zusammenbruch der Wirtschaft		Kulturelles Vakuum	
MITTLERES REICH				
11. Dynastie 2050		Mentuhotep, König von Theben, gründet das Mittlere Reich	Grabtempel des Mentuhotep in Deir el-Bahari (Theben)	Ende des akkadischen Reiches
12. Dynastie 1994–1964 1974–1929 1842–1794	König Amenemhet I. Residenz im memphitischen Bereich König Sesostris I. König Amenemhet III. Erschließung des Fayum	Nubien als Teil des Reiches	Pyramide von Lischt Tempel von Karnak Weiße Kapelle in Karnak Schmuck von Dahschur, Illahun und Lischt Pyramide von Hawara	Ägyptische Herrschaft und Kunst in Byblos 3. Dynastie von Ur Altes Reich der Hethiter Abi-Schemu von Byblos Verlust der ägyptischen Besitzungen in Vorderasien
ZWEITE ZWISCHENZEIT				
13.–14. Dynastie 1781–1650	Einwanderung der Hyksos im Delta	Vordringen der Hyksos nach Süden		Wanderung des Stammes Abraham Altes Reich von Assur Hammurabi von Babylon
15.–16. Dynastie 1650–1550	Hyksos herrschen über ganz Ägypten Residenz Auaris im Delta		Kult des Gottes Seth	
17. Dynastie 1650–1550		Thebanische Fürsten Kamose vertreibt die Hyksos aus Ober- und Mittelägypten	Pyramidengräber in Theben	
NEUES REICH				
18. Dynastie 1550–1291 1525–1504 1504–1492 1479–1458 1479–1425 1350–1333 1333–1323 1319–1291	Amosis vertreibt die Hyksos aus dem Delta und verfolgt sie bis Palästina König Amenophis I. König Thutmosis I. Königin Hatschepsut (Regentin) König Thutmosis III. König Amenophis IV./Echnaton Memphis wieder Residenz König Haremhab	Gründung der 18. Dynastie durch die thebanischen Fürsten Kamose und Amosis Gründung von Tell el-Amarna König Tutanchamun Wiederherstellung des Amunkults in Karnak	Erweiterung des Karnak-Tempels Schatz der Königin Ah-hotep mit Waffen des Amosis Königsgräber im thebanischen Tal der Könige Terrassentempel von Deir el-Bahari Sonnenhymnus des Echnaton »Amarna«-Kunst Grabschatz des Tutanchamun im Tal der Könige	Ägyptische Expansion in Palästina, Syrien und im Sudan Thutmosis I. überschreitet den Euphrat Ende von Knossos Höhepunkt von Mykene Expansion Ägyptens in Vorderasien und im Sudan
19. Dynastie 1291–1289 1289–1278 1279–1212 1212–1202	König Ramses I. König Sethos I. König Ramses II. Gründung der Ramsesstadt im Ostdelta König Merenptah Seevölkerkrieg		Säulensaal in Karnak Tempel in Abydos Tempel von Abu Simbel Ramesseum in Theben	Wiedereroberung Syriens Schlacht von Kadesch Salmanassar I. König von Assur Tukulti Nimurta schlägt die Hethiter bei Karkemisch

Zeittafel (II)

Daten und Epochen	Unterägypten	Oberägypten	Kunst und Kultur in Ägypten	Vorderasien
20. Dynastie 1184–1153	Thronwirren König Ramses III. Residenz in der Ramsesstadt im Delta		Tempel von Medinet Habu (Theben)	Zeit des biblischen Mose Wiedergewinnung der asiatischen Besitzungen Ägyptens
1184, 1174	Siege über die Seevölker			
1153–1075	Ramses IV. bis Ramses XI. Unruhen und Dezentralisierung der Macht		Plünderung der Gräber im Tal der Könige	
	Unter den letzten Ramessiden: Aufstände im Delta			Verlust der asiatischen Besitzungen und des Einflusses Ägyptens
um 1080	Zerstörung der Ramsesstadt	Herihor, Hoherpriester des Amun, herrscht über Oberägypten	Künstlerischer Niedergang Herihor schreitet gegen Grabräuber ein	Nabuchodonosor König von Babylon Philister unterwerfen die Hebräer
um 1075	Ende der Ramessidenzeit			
TANITENZEIT (»DRITTE ZWISCHENZEIT«)				
21. Dynastie 1075–1049 1045–994	Smendes I. König in Tanis Psusennes I. König in Tanis	Pinodjem I. König in Theben Pinodjem I. herrscht über ganz Oberägypten	Wenamuns Reise nach Byblos Tempelbau in Tanis Grabschatz des Psusennes	Aramäereinfall in Babylonien König Samuel (1040) König Saul (1030–1010) König David nimmt Jerusalem ein (1000)
997–985 985–979 979–960 960–945	Amenemope König in Tanis König Osochor König Siamun König Psusennes II.	Pinodjem II. Psusennes III.	Grabschatz des Amenemope Pinodjem II. läßt die Königsmumien in Deir el-Bahari wiederbestatten	König Salomo (970–931) Handelsmonopol Jerusalems Salomo heiratet Tochter Psusennes' II.
22. Dynastie 945–924	Libysche Könige Scheschonk I. König in Tanis	Scheschonk unterwirft sich die Hohenpriester von Karnak		
945 924–899	Jerobeam flieht nach Tanis Osorkon I. Scheschonk II. Koregent	Die tanitischen Könige ernennen die Hohenpriester von Karnak	Stiftungen Osorkons I. für die Delta-Tempel Scheschonk II. im Grab Psusennes' I. bestattet	Jerobeam kehrt nach Israel zurück Scheschonk I. erobert Jerusalem (925)
899–883	Takelot I.		Bronzestatue der Karomama	Tukulti Ninurta II. König von Assyrien
883–850 827–775	Osorkon II. Scheschonk III. Politischer Zerfall des Deltas		Grab Osorkons II. in Tanis	Ahab König von Israel Assyrereinfall in Palästina (805) 1. Olympiade (776)
23. Dynastie 820–795 769–729	Pedubastis Neuerliche Teilung Ägyptens Scheschonk V.	Takelot III., Sohn Osorkons II., herrscht in Oberägypten		Gründung Roms (753) Assyrer erobern Damaskus (732)
729–718	Osorkon IV.			Assyrer erobern Israel (721)
24. Dynastie 730–718	Sais als Residenzstadt Tefnacht I.	Machtvakuum in Theben Kuschitische Gouverneure		
25. Dynastie 745–713	Kuschitische Könige aus dem Sudan herrschen über ganz Ägypten Pije (»Pianchi«)		Königspyramiden in Nuri und el-Kurru bei Napata	
713–698 690–664	Schabaka herrscht in Napata (beim 4. Katarakt) Taharka		Pyramide des Taharka in Nuri Tempelbauten in Karnak	Sargon II. von Babylon (705) Sancherib kämpft gegen Palästina und Jerusalem (705–681) Sancherib zerstört Babylon (689) Assarhaddon König von Assyrien (681) Assurbanipal König von Assyrien (669)
671 669 667	Assyrer fallen im Delta ein Taharka erobert Memphis zurück Assurbanipal besetzt das Delta			
26. Dynastie 664–610	»Saitische Renaissance« Psammetich I. regiert von Memphis aus Vertreibung der Assyrer und Kuschiten Begrenzte Autonomie für die Hohenpriester von Karnak		Erneuerung der Kunst, klassizistische Rückgriffe auf frühere Epochen	Assurbanipal nimmt Babylon ein (648)
610–595	Necho II.		Wiederinbetriebnahme des Kanals zum Roten Meer	Meder erobern Ninive, die assyrische Hauptstadt (612)

Register

Die normal gesetzten Zahlen verweisen auf den Haupttext und die Kommentare zu den mit Großbuchstaben versehenen Bilddokumenten. Die kursiv gesetzten Zahlen beziehen sich auf die Nummern der Farbabbildungen.

Abi-Schemu 39
Abukir 25
Abu Simbel 6
Abydos 176; *84*
Achäer 106, 108
Achem-Falke *88*
Achet-Aton 105
Afghanistan 202
Afrika 106, 115
Agatharchides 196
Ägypten
  Mittelägypten 118, 122
  Oberägypten 109, 112, 114, 118, 119, 120, 122, 134, 162, 166, 180, 196; *38*
  Unterägypten 25, 66, 114, 115, 118, 119, 166, 180, 213; *38*
Ah-hotep 128
Ahmose 126, 177; *83*
Aldred, Cyril 126, 130
Amarna 128
Amenemhet III. 39, 122
Amenemope 7, 9, 16, 18, 73, 77, 82, 87, 100, 131, 134, 153, 157, 162, 163, 167, 170, 172, 174, 176, 177, 185, 197, 202, 206, 209, 212; *74, 75, 77–79, 82–87*
Amenhotep 80
Amenophis III. 6, 126, 184, 192, 196
Ammoniter 29
Amset 186; *89*
Amun 100, 126, 130, 137, 174, 196, 197; *8*
Amun-Rê-Harachte 166; *104*
Amuntempel 105, 150, 153, 204
  Hoherpriester 114, 118, 126, 170, 197, 213; *46*
  Priesterschaft 109, 157; *34*
Anchef-en-Mut 41, 54, 150, 153, 209
Anubis 102, 141, 156
Arabien 106, 115
Aram von Damaskus 28
Aramäer 29, 114
Asien 105, 106, 115
  Kleinasien 106
  Vorderasien 39, 200, 212
Aspelta 189
Assuan 23, 155
Assyrien 105, 114
Athen, Nationalmuseum 6, 100
Athribis 118
Atum 41
Auaris 6, 25, 122

Baal 122
Babylonien 114
Ba-neb-djedet 169
Barachel 112
Barguet, Paul 5
Barsanti 25
Bastet 80, 169; *61*

Beaucour, Fernand 6
Beirut 39
Bérard, Victor 41
Bitterseen 108
Bonaparte, Napoleon 23, 25, 41
Brissaud, Philippe 6
Brunton, G. 128
Bubastis 108, 109, 118, 137
Bucher, Paul 6, 61
Busiris 118
Buto 118
Byblos 5, 26, 39, 87, 112, 118; *111*

Capart, Jean 18
Carnarvon, George Herbert, Lord 7, 11, 130
Carter, Howard 7, 11, 80
Cénival, Jean-Louis de 119
Cha 184
Cha-em-wese 192
Champollion, Jean-François 25
Chefren 89
Cheops 89, 92, 128, 186, 189, 203
Chons-Neferhotep 137, 174
Cordier, Louis 23
Cuendet, Jean 7

Dachle 118
Dahschur 89, 92, 128
Dardanellen 106
Daumas, François 25
David 28, 29, 115, 212
Deir el-Bahari 109, 144, 189; *105, 106*
Deir el-Medina 192
Dendera 176
Derry 54
Dhorme, Edouard 29
Diodorus Siculus 144
Djehuti 128, 131, 180
Djoser 92, 185
Dolomieu, Dieudonné 23
Dorer 106
Drioton, Etienne 51, 67, 73
Drovetti, Bernardino 25
Duamutef 186
Dunand, Maurice 39
Dussaud, René 16

Echnaton 106, 128
Edfu 176
Edom 29, 115
Eilat 115
el-Kurru 189
Ephraim 34
Euphrat 106, 114

Faruk 14, 16, 18, 35, 51, 66, 73
Fayum 89, 122
Fougerousse, J.-L. 6, 48
Fuad I. 41

Gades 114
Gardiner, Alan H. 25
Gebail 39
Gebel es-Silsila 23
Gibraltar 114
Gilgamesch 173; *101*
Gisa 89, 128, 156

Goyon, Georges 6, 48
Griechenland 106
Griffith, F.L. 25

Hadad-Eser 28
Hapi 186; *89*
Harachte 41
Haremhab 167
Hatschepsut 92, 115; *2*
Hathor 5, 102, 185, 202
Hebräer 6, 38, 115
Henut-taui 140; *46*
Herakleopolis 122
Herihor 112
Herischef 169
Herodot 6, 144, 150, 213
Hetep-heres 92, 128, 186, 189
Hethiter 105, 106
Hierakonpolis 128
Hiram von Tyros 28, 29, 115
Hornacht 9, 16, 45, 54, 57, 82, 162, 167, 169, 170, 173, 186, 202, 206, 212; *88, 89*
Horus 130, 140, 160; *90, 93, 108–110*
Horussöhne 156, 186, 188; *7, 89*; s. auch Amset, Duamutef, Hapi, Kebehsenuef
Hurun 41
Hyksos 6, 25, 122

Illahun 128
Indien 106, 114
Ipuki 204
Isis 70, 73, 102, 126, 130, 140, 141, 144, 156, 162, 166, 169, 186; *22, 26, 60, 62, 98, 104, 108–110, 116, 117*
Israel 25, 26, 32, 34, 35, 38, 115, 212

Jerobeam 34, 115
Jerusalem 32, 34, 83, 115, 153, 197
  Tempel 26, 28, 29, 35, 38, 51, 83, 115, 118, 170
Juda 34, 115

Kadesch, Schlacht von 26, 105
Kadry, Ahmed 7
Kairo 18, 51, 54, 89
  Ägyptisches Museum 6, 7, 8, 9, 10, 25, 51, 70, 73, 77, 83, 156, 160, 177
Kama 192
Kanopus 186
Karkemisch 106
Karnak 102, 109, 112, 115, 118, 130, 137, 140, 176, 213; *34*
Karomama 6, 100, 200, 212; *115*
Kassiteriden-Inseln 114
Kebehsenuef 186
Kitchen, Kenneth A. 123
Knossos 106
Koptos 196
Kykladen 200
Kyrenaika 118

Laurion 200
Leclant, Jean 5, 102
Lézine, Alexandre 18, 64, 80, 98
Libanon 39
Libyen, Libyer 106, 108, 109, 200, 212, 213
Lischt 89, 122, 128
London, British Museum 188, 189

Loret, Victor 5
Lyker 108

Maat 166; *92, 104, 116, 117*
Mace, A.C. 128
Manasse 34
Manetho 122
Mariette, Auguste 5, 25
Maspéro, Gaston 25
Medinet Habu 109, 150, 176
Medum 89
Memphis 9, 87, 89, 105, 122, 150, 192, 204
Mendes 118, 170
Mentuhotep II. 29, 122
Menzale-See 23, 87
Merenptah 26, 64, 66, 70, 100, 108, 155
Merit 6
Meschwesch 106, 108, 115; *104*
Mesopotamien 105, 106, 114, 115; *101*
Mittelmeer 23, 106, 108, 109, 112, 115, 137
Moabiter 29
Montet, Pierre passim; *111*
Montet, Madame 5
Montet-Beaucour, Camille 6, 87
Montet-Lézine, Pernette 6, 102, 126
Morgan, J. de 128
Moses 29, 32
Mosu 6
Mut 137, 174
Mut-nedjemet 77, 87, 100, 140, 153, 170, 172, 182, 184, 209; *33, 47, 48, 72, 73*

Nebamun 204
Nechbet 162
Neith 186
Nephthys 70, 102, 126, 141, 144, 156, 166, 169, 186; *26, 60, 98, 104*
Nil 87, 89, 98, 105, 109, 137
Nilarm, pelusischer 105, 106
Nildelta 5, 7, 11, 23, 25, 39, 66, 87, 89, 98, 99, 100, 102, 105, 106, 108, 109, 112, 114, 115, 118, 119, 122, 134, 137, 144, 150, 169, 180, 192, 200
Niltal 5, 26, 39, 99, 105, 119, 120, 122, 123, 170, 202, 212, 213
Ninive 105
Nokrashi Pascha 18
Nubien 109, 112, 196, 197
Nuri 189
Nut 66, 67, 83, 126, 151, 155, 156

Orontes 105, 106
Osiris 5, 66, 70, 73, 100, 102, 130, 141, 144, 147, 151, 155, 156, 160, 163, 166, 176, 177, 186; *20, 21, 84, 86–88, 107–110*
Osiris-Sokaris 160
Osirismythos 26, 39, 140, 141
Osochor 153
Osorkon I. 118, 185; *111*
Osorkon II. 5, 14, 16, 45, 48, 54, 57, 77, 99, 130, 150, 153, 157, 160, 162, 169, 170, 185, 189, 192, 206, 212; *89, 107–110, 115*
Osorkon III. 102; *116, 117*

Palästina 106, 108, 109, 123, 213
Palmyra 32
Paris, Musée du Louvre 6, 9, 100, 177, 185, 200; *110–113, 115*

Pasenisis 150
Pepi II. 105, 120
Persischer Golf 114
Petosiris 155
Petra 32
Petrie, Sir William Matthew Flinders 5, 25, 128
Petubastis 6
Philister 29, 108, 115
Phöniker 109, 114, 200
Phönikien-Palästina 23
Picard, C. 20
Pinodjem I. 126, 140, 197; *46, 112*
Pi-Ramses (Ramsesstadt) 6, 25, 26, 105, 106, 108, 109, 112, 118, 123, 137, 153, 197
Pirenne, Jacques 109, 112, 114
Pithom 108
Piye (Pianchi) 189
Plutarch 141
Psusennes I. passim; *1–6, 8–10, 12, 14–17, 20, 21, 23, 24, 28, 30, 31, 34–38, 40, 41, 44, 45, 46, 49, 50, 51, 53–55, 64, 65, 68–71, 78, 79, 83, 85*
Psusennes II. 38, 153
Ptah 80, 204
Ptah-Sokaris-Osiris *63*

Qantir 25

Ramesseum 109
Ramessiden 6, 109, 115, 118, 119, 123, 137, 180, 192, 196, 197, 206
Ramses II. 6, 20, 25, 26, 61, 64, 66, 70, 80, 100, 102, 105, 106, 108, 109, 112, 126, 130, 155, 177, 192, 202; *42, 43*
Ramses III. 96, 108, 109, 112, 118, 130
Ramses IV. 96, 109, 119
Ramses VI. 96
Ramses XI. 109, 112, 119, 140
Ramsesstadt s. Pi-Ramses
Rê 141, 144, 163, 166
Rechmire 176, 204, 206
Rehabeam 34, 115, 118
Renan, Ernest 39
Rifaud, J.-J. 5, 25
Rotes Meer 32, 106, 108, 114, 115
Russmann, Edna R. 130

Saba, Königin von 32
Sachmet 174
Sainte-Fare Garnot, Jean 5
Sais 118
Sakkara 89, 185, 192, 204
Saleh, Mohamed 7, 83
Salmanassar I. 105
Salomo 6, 9, 28, 29, 32, 34, 35, 38, 115, 212
Samuel 115
San el-Hagar 5, 23, 39, 41, 98, 212
Sauneron, Serge 26, 83
Schemaja 34
Scheschonk, Prinz 192
Scheschonk I. 6, 26, 28, 34, 35, 38, 51, 82, 83, 115, 118, 126, 153, 170, 172, 197; *99, 104*
Scheschonk II. 7, 14, 35, 51, 54, 57, 82, 87, 126, 131, 134, 153, 157, 160, 162, 163, 166, 167, 170, 173, 176, 186, 189, 200, 202, 207, 209, 212; *90–104*

Scheschonk III. 38, 100, 153, 212
Scheschonkiden 98, 118
Schwarzes Meer 106
Sebekemsaf 196
Sechemchet 92
Selket 186
Semiten 26, 39, 41, 83, 123
Sesostris I. 122
Seth 122, 140, 141
Sethos I. 176
Sethos II. 130
Siamun 153; *113, 114*
Sidky Pascha 18
Sidon 87, 112, 114
Sinai 23, 200, 202, 203
Smendes 26, 112, 114, 137, 212; *34*
Snofru 89, 92, 182
Sokaris 102, 177, 204; *63, 90, 93*
Spanien 114
Spiegelberg, Wilhelm 6
Sudan 189
Sutäer 114
Syrien 26, 200
Syrien-Palästina 118
Syro-Phöniker 112

Takelot II. 102, 157, 162, 185, 212; *115*
Takuschit 6, 100
Tal der Könige 9, 11, 66, 92, 96, 98, 100, 118, 141, 150, 151, 153, 196
Tartessos 114, 200
Ta-useret 130, 180
Tell Mokdam 166; *116, 117*
Theben 87, 89, 102, 105, 109, 112, 114, 118, 119, 122, 144, 150, 197, 204; *46*
Thutmosis III. 66, 128, 130, 174, 180, 192; *2, 10*
Tigris 114
Tod 177, 197, 202
Troja 106
Tukulti Ninurta 105, 106
Tura 23
Tutanchamun 6, 7, 8, 11, 14, 16, 20, 54, 57, 70, 80, 83, 96, 98, 99, 114, 126, 128, 130, 131, 140, 147, 155, 157, 162, 173, 174, 180, 182, 185, 186, 188, 189, 192, 197, 200, 203; *3*
Tyros 112, 114

User-Maat-Rê *59*

Vaux, Pater de 28
Vernier, Emile 126

Wadi Hammamat 5, 134, 196
Wadi Tumilat 106, 108
Wenamun 39, 112
Wen-djebau-en-djed 7, 9, 18, 20, 80, 82, 102, 126, 131, 134, 150, 153, 157, 160, 162, 163, 169, 170, 173, 174, 176, 177, 180, 182, 186, 189, 196, 206, 209; *56–58, 60, 61, 63–73*
Winlock, H.E. 128

Yoyotte, Jean 6

Zagazig 180, 182, 184, 192
Zypern 112, 200

Inhaltsverzeichnis

Vorwort von Jean Leclant — 5

Erster Teil
von Henri Stierlin

Einleitung — 7

    Vom Tanis-Rausch zum Tanis-Buch — 7
    Zur Struktur des Buches — 8
    Abbildungen und Bildkommentare — 9

I.   Die Entdeckungen von Tanis inmitten der Kriegswirren — 11

    Sensationelle Funde ohne Echo — 14
    Wiederaufnahme der Grabungen — 18

II.   In Tanis graben: Warum? — 23

    Tanis, Auaris und Pi-Ramses — 23
    Die Bibel und der Tempelschatz — 28
    Die Zerstörung des Tempels — 32

III.   Ein ungewöhnliches Abenteuer: Montet findet die ersten Gräber — 39

    Die Öffnung der Königsgräber — 41
    Eine Riesenüberraschung — 51

IV.   Die unberührten Schätze des Psusennes und Amenemope — 57

    Vor dem unberührten Grab — 61
    Die Reichtümer Psusennes' I. — 66

	Die Gruft des Amenemope	70
	Rückkehr und letzter Fund	73
	Bilanz der Grabung	80

V. Die Sonderstellung der Königsgräber von Tanis   87

    Die Gräber in der Wüste   89
    Die Königsgräber von Tanis   98
    Sarkophage und Grabdekoration   99
    Auf das Wesentliche beschränkte Beigaben   102

VI. Von den späten Ramessiden zu den Königen von Tanis   105

    Die Invasion der Seevölker   108
    Der Zerfall der Zentralgewalt   109
    Tanis, Hauptstadt der 21. und 22. Dynastie   112
    Die libyschen Könige in Tanis   115

VII. Tanis und seine Schätze im Rahmen der ägyptischen Geschichte   119

    Die Erste Zwischenzeit   120
    Restauration und Zweite Zwischenzeit   122
    Der Tanis-Schatz und die ägyptische Kunst   123
    Der Stellenwert des Tanis-Schmucks   130

Zweiter Teil
von Christiane Ziegler   135

VIII. Das Königsbegräbnis   137

    Jenseitsvorstellungen   140
    Die Mumifizierung   144
    Die Bestattung   147

IX. Die Grabausstattung und ihre Bedeutung   155

    Der Schutz der Mumien   155
    Schmuck für die Ewigkeit   160
    Halsschmuck   162
    Armreife   169
    Ringe   173
    Waffen und Zepter   174

	Edelmetallgefäße	176
	Stein- und Tongefäße	185
	Die Kanopen	186
	Die Uschebtis	188
	Veränderte Jenseitsvorstellungen	189

X. Materialien und Techniken   193

    Die Edelmetalle   196
    Die Edelsteine   202
    Handwerker und Goldschmiede   203

Schlußwort   209

von Henri Stierlin

    Zukünftige Entdeckungen   212
    Aufwertung der Spätzeit   213

Dank   215
Biographie von Montet und Zeittafel zur Freilegung
der Gräber von Tanis   216
Ausgewählte Bibliographie   217
Zeittafeln   218
Register   220